KB064947

광해의
중립외교와
장만장군

조선 전쟁시대 45년 임진왜란부터 병자호란까지

낙서장만총서 1

광해의
중립외교와
장만장군

조선 전쟁시대 45년 임진왜란부터 병자호란까지

장석규

머리말

　나라가 어지러우면 영웅을 생각한다고 하였다. 연산군 때 광해군 때 백성들은 얼마나 답답했겠는가? 또 일제강점기에 우리 국민들은 얼마나 힘들고 답답했던가? 이 더러운 세상 언제나 뒤집어지려나! 하였다. 선비들은 삼삼오오 모여 앉아 나랏님 욕을 했다. 힘없는 백성들은 핍박과 압박 속에서 자신들을 구해 줄 영웅을 생각하였다. 선조에서 광해군을 거쳐 인조에 이르기까지, 백성들은 45년간이나 계속되는 전쟁에 시달리며 자신들을 구제해 줄 영웅을 기다리고 있었다.

　조선 전쟁시대에는 이순신과 장만이라는 두 영웅이 있었다. 남쪽에 이순신이 있었다면 북쪽에는 장만장군이 있었다. 그런데 이순신은 잘 알려졌지만 장만은 역사 속에서 사라져버렸다. 왜! 그랬을까? 이 글은 역사가들이 놓쳐버린 전쟁영웅 장만장군에 대한 이야기를 하려는 것이다.

　전쟁 영웅하면 싸움만 잘하는 인물로 알겠지만, 장만장군은 전투보다는 제갈공명 같은 전략가로서 전쟁을 막아낸 인물이다. 민본주의 철학자 장수로서 백성을 살려내기 위해 자신을 임명한 임금과도 싸우면서 일생을 바쳤던 백성들의 영웅이었다.

▌장만장군은 누구인가?

　장만장군은 선조·광해·인조 3대 임금에게 국방의 책임자로 발탁되어 위기에 빠진 나라를 3번이나 구해낸 조선 최고의 국방전문가다.

　조선은 1592년부터 1637년까지 불과 45년 동안에 임진왜란·정유재란·심하전쟁(沈河戰役)·인조반정·이괄의 난·정묘호란·병자호란 까지 7번이나 전쟁이 일어났다. 7번의 전쟁을 과연 누가 지켜냈을까?

임진왜란은 이순신이 지켜냈지만 그 뒤로 이어지는 다섯 번의 전쟁들은 모두 장만장군과 그의 전략적 사상을 이어받은 사위 최명길이 지켜냈다. 심하전쟁·이괄의 난·정묘호란은 장만장군이 지켜냈으며 인조반정·병자호란은 최명길이 지켜냈다. 장만장군과 최명길은 다섯 번이나 전쟁을 지켜내고도 역사 속에서 사라진 인물이 되어 버렸다.

▌조선은 왜 이렇게 여러번 전쟁을 당했나?

– 외교 무지 때문이다.

전쟁을 맡은 선조·광해·인조는 외교에 무지하여 존명사대(尊明事大)에만 빠져서 변화하는 국제정세를 제대로 읽지 못하였다. 쇠락하는 명에만 의존하며 왜(倭)와 청(淸)을 무시하다가 나라 전체를 전쟁으로 빠트려서 여러번 전쟁을 당했다.

장만장군과 최명길은 모두가 존명사대에 빠져 나라 전체를 전쟁으로 몰고 가려고 할 때 시대의 선각자로서 국제정세를 정확하게 읽어내고, 부상하는 후금(청)도 인정해야 한다는 중립외교 전략을 주창하여 여러번 전쟁을 막아냈다.

▶ 심하전쟁에서는 광해군의 오판으로 파병하여 전쟁에 끼어들었지만, 장만이 중립외교 전략으로 설득하여 전쟁의 확산을 막아냈다.

▶ 정묘호란에서는 인조의 외교 무지로 인하여 전쟁이 일어났지만 장만이 막아냈다. 결국 조·청간의 화친 맹약으로 전쟁이 수습되었다. 화친 맹약이란 명나라를 돕지 말고 중립을 지킨다는 약속으로 장만의 중립전략과 같은 맥락이다.

▶ 병자호란에서는 또 인조의 외교 무지로 전쟁이 일어났지만 최명길의 중립화친 협상으로 수습되었다. 그러나 인조의 결단이 너무 늦어서 항복하고 말았다. 중립화친도 명나라를 돕지 않고 중립을 지킨다는 약속으로 장만의 중립전략과 같은 맥락이다.

심하전쟁·정묘호란·병자호란 은 모두 장만장군이 주창한 '청도 인정해야 한다'는 중립외교 전략으로 수습되었다. 전쟁을 막는 방법은 군사를 훈련하여 싸워서 막는 것도 중요하지만, 더 중요한 것은 외교로 막는 것이다. 모두가 외교에 무지하여 나라 전체를 전쟁으로 빠트릴 때, 선각자 장만은 중립외교를 주창하여 여러번 전쟁을 막아냈다.

▌광해군의 중립외교 전략을 누가 만들었나?

- 광해군의 중립외교 전략은 1619년 4월 5일 체찰사인 장만장군에 의해서 만들어졌다.

역사가들은 광해군의 중립외교 전략을 누가 만들었는지에 대해서는 아무도 설명하지 않았다. 인조정권 실세들이 청에게 항복한 자신들의 무능함을 덮기 위해서, 장만과 최명길의 중립외교 철학을 배신의 정치라며 적폐로 몰아서 비판을 가하여 역사 속에서 지워 버렸기 때문이다. 그래서 장만과 최명길은 위기에 빠진 나라를 5번이나 구하고도 한국사(韓國史)의 중심에서 사라졌다. 장만과 최명길의 역사는 반드시 재조명되어야 할 역사이다.

▌조선의 전쟁들은 왜 일어났나?

- 외교 무지 때문에 일어났다.

▶ 임진왜란은 - 선조가 "설마! 왜가 감히 명을 상대로 전쟁을 할 수 있겠는 가?"하며, 대비도 없이 멍하니 있다가 당했다. - 선조의 외교 무능이다.

장만은 뒤늦게 선조에게 발탁되어 전후복구를 기적처럼 이루어 죽어 가는 백성들을 살려냈다. 그리고 적에게 넘어갔던 4군을 회복시켜 청과 의 전쟁을 준비하였다. 4군 회복은 심하전쟁에서 국경방어에 결정적인 역할을 하였다.

▶ 심하전쟁은 - 광해가 "설마! 청이 명을 이길 수 있겠는가?"하며, 장만 의 파병반대 주청을 무시하고 강홍립을 파병했다가 당했다. - 광해의 외교 오판이다.

장만은 "청이 명을 이길 수 있습니다. 파병을 중단하고 중립전략을 써야합니다." 하였는데, 광해가 처음에는 거절하다가 뒤늦게야 받아들 여 전쟁의 확산을 막았다.

▶ 인조반정은 - 광해가 "설마! 나를 칠 자가 있겠는가?"하며, 폭정을 중단하라는 상소에 화를 내며 장만을 잘라내자 쿠데타가 일어나 쫓겨나 고 말았다.

장만은 부하들의 쿠데타 건의에 반대하여 "내가 광해를 설득하여 폭 정을 막아보겠다." 하며, 폭정을 중단하라는 상소를 19번이나 올리다가 파직되었다. 장만이 파직되자 불안을 느낀 부하들이 쿠데타를 일으켜 광해군을 몰아내고 말았다.

▶ 이괄의 난은 - 인조가 "설마! 이괄이 반역을 하겠는가?"하며, 이괄의 반골 기질을 몰라보고 너무 높이 등용했다가 당했다. - 인조의 인사 실 패이다.

장만은 이미 성공한 이괄의 쿠데타를 뒤집고 끊어진 조선왕조를 다시 이어놓았다. 그러고도 모든 관직을 사양하고 낙향하였다.

▶ 정묘호란은 – 인조가 "설마! 명이 있는데 청이 조선을 침공하겠는가?" 하며, 태만하다가 대비도 못하고 당했다. – 인조의 외교 무지이다.

장만은 "청은 반드시 조선을 침공할 것입니다. 외교로 풀 수 없다면 안주성방략을 써야합니다." 하였다. 인조는 장만의 주청을 무시하다가 대비도 없이 당하고 말았다.

▶ 병자호란은 – 인조가 "설마! 청이 또 조선을 침공하겠는가?" 하며, 계속해서 청을 무시하고 명만 추종하다가 또 당했다. – 인조의 외교 고집이다.

최명길은 "청은 외교로 풀어야 합니다." 하였지만, 인조는 최명길의 주청을 무시하다가 또 당했다. 최명길의 화친전략으로 겨우 목숨만 건졌다.

만일 광해와 인조가 장만의 중립외교 전략을 처음부터 받아들였다면 심하전쟁 · 정묘호란 · 병자호란은 일어나지도 않았을 것이다. 참으로 아쉬운 역사이다.

▌조선 · 명 · 청 3국시대

조선역사 한복판에 1592년부터 1637년까지 45년 동안에 임진왜란 · 정유재란 · 심하전쟁 · 인조반정 · 이괄의 난 · 정묘호란 · 병자호란까지 7번이나 전쟁이 일어나는 전쟁시대가 있었다. 일곱 번의 전쟁을 과연 누가 지켜냈을까?

장만장군 유화복 영정 장만장군 공신복 영정
〈1599년 선조 때 하사받은 영정〉 〈1625년 인조 때 하사받은 영정〉

〈장만장군 유화복 영정〉 : 34세 때 봉산군수로서 철군하는 명군의 난동 문제를 평정하고 백성을 잘 다스렸다 하여 선조로부터 하사 받은 영정 이다. 이 영정은 젊은 문관에게 내려준 보기드문 영정으로 임진란 직후 참혹한 민생을 돌보는 장만에게 기대를 거는 선조의 애절한 마음이 담 겨진 자료다. [경기도박물관에 있다.]

〈장만장군 공신복 영정〉 : 이괄의 반란을 평정하고 진무공신으로서 1625년에 인조로부터 하사 받은 영정이다. 이 영정은 2015년 9월 13일 KBS 진품명품 방송에 방영되어 12억 원의 영정사상 최고의 감정가를 인정받았다. [경기도박물관에 있다.]

차례

부록(附錄)

중립정책과 장만장군

* * *

중립정책은 1619년 4월 5일 체찰사 장만장군에 의해서 만들어진 국방전략이다.

01. 광해군의 중립정책과 장만장군

　광해군의 중립정책은 심하전쟁 때 장만장군에 의해서 만들어졌다. 하지만 광해군의 중립정책을 장만장군이 만들었다는 사실은 알려지지 않았다. 이 내용은 『낙서집』 2권 상소편 8항, 9항, 10항에 나오지만 역사가들은 『낙서집』을 자세하게 살펴보지 못하였다. 그래서 광해군의 중립정책이 언제 누구에 의해서 만들어졌는가에 대해서는 설명하지 못하였다.

▌중립정책에 대한 역사적 오류

　광해군의 중립정책은 1619년 4월 5일 장만에 의해서 만들어졌다. 광해군의 중립정책은 이미 수십 편의 논문(論文)으로 나와 있어서 잘 알려진 역사처럼 되었지만, 정작 중립정책을 만든 장만에 대한 언급은 어느 논문에도 나오지 않는다. 광해군이 중립전략을 직접 만들었다면 그 치밀한 군사적인 지식과 애민사상과 철학과 배짱이 모두 광해군으로부터 나왔다고 보여질 것이다. 그래서 광해군이 현군으로 띄워진 것이다. 이는 분명한 역사의 오류다.

　광해군이 중립전략을 직접 만들어서 전쟁을 막아냈다고 하니, 광해군이 현명하고 멋있어 보인다. 폐모살제(廢母殺弟)도 그럴만한 이유가 있었을 것이고, 궁궐공사도 지을 만하니깐 지었을 것이다. 역사가들은 광해군이 중립전략을 직접 만들어서 전쟁을 막아냈다는 하나의 가설을 확인도 하지 않고 받아들여, 그로 인하여 광해군의 여러 가지 흠결을 덮어버렸다. 그래서 광해군의 현군(賢君) 환상을 만들어낸 것이다. 이는 역사가들의 잘못이다. 광해군은 결코 군사 지식이 많지 않고, 현명하지도 않으며, 백성을 사랑하는 애민사상도 별로 없는 인물이다. 오류의 역사는 빨리 바로 잡아서 올바른 역사를 후세에 전해주어야 할 것이다. 광해군의 중립정책은 장만을 넣고 다시 써야 한다.

▍광해군은 현군인가, 혼군인가?

　우리 역사 속에서 광해군처럼 그 평가가 심하게 엇갈리는 인물도 드물 것이다. – 왜! 그럴까? 그 이유는 중립정책이 잘못 알려졌기 때문이다.

　그렇다면 무엇이 잘못 알려졌는가? – 역사가들은 중립정책을 누가 만들었는지에 대해서는 간과하였다. 누가 만든 것이 왜 중요한가? 광해군의 사상과 철학을 논하는 데 있어서는 중립정책을 누가 만든 것이 매우 중요하다. 광해군의 중립정책은 1619년 4월 5일에 당시 체찰사였던 장만장군에 의해서 만들어진다. (『광해군일기』 1619년 4월 5일 기사, 『낙서집』 상소 8·9·10항 참조)

　지금 한국사에서는 광해군의 중립외교 정책을 이렇게 기술하고 있다. "광해군이 탁월한 통찰력으로 국제정세를 정확하게 파악하고 명·청 전쟁에서 어느 쪽에도 치우치지 않는 중립외교 정책을 고수하여 전쟁을 막아냈다." 여기서 한발 더 나간 일부 역사가들은 광해군을 현군으로까지 띄워 올렸다. "광해군이 백성을 위하는 마음이 깊어서 강단있는 소신으로, 명의 200년 이어온 존명사대와 임진란의 은혜를 갚으라는 압박에도 불구하고, 백성의 생명을 구하기 위해서 명의 강요를 거절하고 중립정책을 고수한 것이다. 따라서 광해군은 백성을 위하는 현군이다." 이런 주장은 일본의 역사가들이 주장한 것을 그대로 따른 것이다.

이제는 『조선왕조실록』도 공개가 되어서 누구나 광해군 역사를 검색해서 볼 수가 있다. 과연 광해군이 백성 사랑하는 현명한 애민(愛民) 군주였는지, 아니면 어리석고 이기주의적인 혼군(昏君)이었는지 그 여부는 누구나 직접 확인할 수가 있다. 확인하는데 필요한 자료를 정리하여 소개한다. 자료는 『조선왕조실록』과 『낙서집』에서 발췌하였다.

광해군의 어질지 못한 기록을 본 역사가들은 '광해군을 결코 현군으로 불러서는 안 된다'며 오히려 중립정책의 업적까지도 저평가했다. 중립정책은 장만이 만들었다 해도, 광해군이 선택하고 받아들여 전쟁을 막아냈으니 분명 광해군의 업적이기도 하다. 중립정책은 고도의 치밀한 군사 지식과 두터운 애민사상이 갖추어져 있어야 만들 수 있는 고도의 국방전략이다. 광해군은 그런 인물이 아니다. 장만장군의 역사를 살펴보면 고도의 군사 지식이 있었고, 두터운 애민 사상이 있었으며, 또한 배짱도 있었다. 그리고 임금과 대신들을 설득하는 지혜도 있었다.

광해군이 혼군이라고 해서 중립정책의 가치마저 저평가 되어서는 안된다. 장만의 중립정책은 단순한 중립정책이 아니라, 조·명·청 3국의 힘의 균형을 이용한 캐스팅보트 국방전략이다. "청이 먼저 전쟁을 일으키지만 않는다면 조선은 중립을 지켜 청을 치는데 동원되지는 않겠다." 라는 전략이었다. 이는 또 "청이 먼저 전쟁을 일으킨다면 조선은 또 명을 도와 청과 싸우겠다."라는 경고이기도 하였다. 누르하치도 이를 받아들여 8년간 전쟁이 억제되었다.

장만은 광해군을 설득하는데 더 신중하였다. 아무리 좋은 전략도 임금이 팽하면 그만이다. 장만은 조정 서열이 10번째다. 더구나 정권실세인 이이첨이 친명배청(親明背淸)을 강력하게 밀어붙이고 있었다. 장만은 광해군을 설득하기 위해서 심하전쟁 전후로 3번의 전략 상소를 올렸다. 임금을 설득하기 위해서 이야기를 빙빙 돌리지만, 핵심은 중립전략이었다. 광해군이 다행히도 이를 알아보고 받아들여 전쟁을 막았다. (『낙서집』 상소 8·9·10항 참조)

그러나 광해군이 장만의 중립전략을 처음부터 받아들인 것은 아니다. 처음에는 거절하다가 강홍립이 패한 뒤에야 받아 들였으니, 업적은 절반으로 줄어들었다. 만일 광해군이 장만의 중립전략을 처음부터 받아 들였다면 강홍립의 패전도 막을 수 있었을 것이다. 그렇다면 명의 압박을 어떻게 견딜 수가 있었을까? 장만은 그 전략도 마련하고 있었다. 요동경략 양호가 탐욕스러우니 물자로 대신할 수 있다고 하였다. 장만은 20년간 국방을 지휘해온 군사 전문가다. 전략마다 치밀하였다. 광해군은 장만을 "계획이 많고 생각이 깊은 사람이다."라고 하였다.

▌ 중립정책은 창피한 정책인가?

그렇지 않다. 중립정책은 강대국 틈새에 낀 약소국가가 살아갈 수 있는 현실적인 정책이다. 그렇다고 아무 때나 중립정책이 통하는 것은 아니다. 청이 만일 조선을 목표로 전쟁을 걸어왔다면 중립정책이 무슨 소용이 있겠는가? 청은 명과의 전쟁이 목표였기 때문에 조선과는 화친의 관계를 원하고 있었다. 다만 조선쪽에서 그동안 쌓은 명과의 의리 때문에 이미 기울어진 현실을 정확하게 보지 못하고 명쪽에 섰다가 심하전

쟁·정묘호란·병자호란을 당하게 된 것이다. 이때 장만장군은 현실을
정확하게 읽고 중립전략 사상을 주창하여 전쟁을 막아내고 수습하였다.
병자호란도 최명길에게 중립전략 사상을 전수시켜 수습하게 한 것이다.
이러한 사상을 어찌 창피한 사상으로 치부하고 말 것인가? 백성을 살려
내는 정책이다.

02. 심하전쟁과 광해군의 고민

중립정책이란? '명·청 전쟁에서 조선은 어느 편을 얼마만큼 들어야
하는가' 하는 고민이다. 존명사대의 의리와 현실주의 사이에서의 갈등
이다. 임금과 신하 모두가 변화된 국제정세를 읽지 못하고 존명사대에
만 지나치게 빠져서 나라 전체를 전쟁으로 몰고 가려고 할 때, 장만은
선각자로서 홀로 현실을 직시하고 중립외교 전략을 주창하여 전쟁을 막
아냈다.

▌심하전쟁의 시작

심하전쟁은 명의 파병 요청으로 우리 군사가 청군 진영을 침공한 북
벌(北伐)전쟁이다. 비록 명의 요청에 응한 것이지만, 청의 입장에서 침
공은 침공이다. 이 전쟁이 후일 정묘호란과 병자호란의 빌미가 되었다.
장만은 이렇게 빌미가 될 것을 염려하여 파병을 반대한 것이다. 명은
임진란 이후 정치가 타락하면서 계속하여 쇠락의 길을 걷고 있었다. 이
틈을 이용해 여진족 추장 누르하치가 1616년에 만주의 여진인들을 통합
시켜 후금을 만들었다. 후금이 후일 청(淸)이 되었다.

누르하치

1618년 2월에 누르하치는 그간 명에 당한 복수를 다짐하며 요동을 공격하여 요동 땅 절반을 차지해 버렸다. 이에 화가 난 명황제 신종은 요동경략 양호에게 10만의 군사를 주어 후금을 정벌하라고 하였다. 그러면서 조선에게도 임진란 때 도와준 의리를 들어 파병군을 보내라고 하였다.

존명사대(事大)로 보나 임진란의 은혜로 보나 조선은 명을 도와 청과 싸워야 당연한 입장이었다. 그러나 전쟁은 그렇게 쉽게 볼 문제가 아니다. 명이 청에게 먼저 침공을 당한 후 청을 정벌하려고 조선에게 지원군을 보내라고 하였다. 지원군을 보내면 조선은 청과 전쟁하게 된다. 그런데 명은 쇠락하는 중이고 청은 부상하는 중이다. 명·청 중에 누가 이길지 오리무중이다. 광해군은 고민에 빠졌다. 그래서 대신들에게 묻는다. – "어찌 하면 좋겠는가?"

▌광해군의 첫 번째 고민 [파병]

– 여기서부터 청과의 전쟁이 시작된다.

1618년 5월 명의 파병(派兵) 요청을 받은 광해군은 고민에 빠졌다. 임진란 때 도와준 의리를 생각하면 당장 파병해야 하지만 또 근접한 강대국 후금(청)의 힘을 생각하면 무섭다. 그래서 광해군은 대신들을 불러놓고 의견을 물었다. – 이때 조정의 주장은 두 패로 갈린다.

▶ 이이첨을 비롯한 대부분의 중신들은, 임진란의 의리를 들어 파병해야

한다고 하였다. "조선은 임진란 때 명으로부터 은혜를 입었으니 의당 명을 도와 청과 싸워야 합니다." 이를 두고 후세의 역사가들은 명분론 (名分論) 이라고 이른다. 하지만 전쟁에서 명분론은 없다. 전쟁에서는 오직 살아 남아야 한다는 실리론만 있을 뿐이다. 이들도 단지 의리만으로 파병을 주장한 것은 아니다. 명이 청을 거뜬하게 이길 것으로 오판하여 파병을 적극적으로 주장한 것이다. 당시 조정은 이이첨이 주도하고 있었다. 광해군은 장만의 능력을 인정하면서도 강단이 약해서 이이첨의 주장을 누르지 못했다.

▶ 체찰부사 장만장군은 홀로 파병을 반대하였다. "사대도 살려고 하는 것입니다. 조선 군사는 성을 지키는 데는 쓸 만하지만 적지에 나가서 기마군과의 싸움은 곧 죽음입니다. 요동경략이 탐욕이 있으니 유능한 외교관을 활용하면 은혜는 물자로 갚을 수도 있습니다." 하였지만, 장만의 주장은 소수의견으로 밀려 버렸다. 장만은 선조 때부터 국방을 맡아서 누르하치의 부상을 가장 먼저 예고하며 전쟁 대비를 주도해온 인물이다. 그러나 장만의 서열은 10번째다. 서열이 낮아도 임금이 알아보고 선택하면 정책으로 결정이 될 수 있다. 하지만 광해군은 그렇게 현명하지도 강단이 세지도 못하였다.

그때나 지금이나 우리나라는 비(非)전문가들이 전문가를 누른다. 경험도 지식도 없는 비전문가들이 더욱 판을 친다. 이는 무능한 임금 탓이다. 선조도 임진왜란 직전 비전문가들의 말을 듣고 "전쟁이 없다"라는 김성일의 주장을 선택하는 오판을 저질러 준비 없이 전쟁을 당하게 하였다. 이는 김성일의 잘못보다 선조의 잘못이다. 광해군도 오판하여 파병을 반대하는 장만의 주청을 버렸다. 이를 두고 후세의 역사가들은 신하들의 극성에 어쩔 수 없었다고 한다. 하지만 최고 결정권자인 광해군은 이때 장만의 주장을 받아들여 파병을 거절했어야 옳았다. 만일 그렇게 했다면 광해군은 현군으로 인정할 만하다.

▶ 광해군은 장만의 파병반대에 힘을 얻어서 잠시 파병반대를 피력하였다. "장만의 주장도 논리가 있다. 아무래도 파병은 무리인 듯하다. 파병은 그만두고 은혜는 물자로 대신하면 안 되겠는가?" 하였지만 신하들은 광해군을 압박하였다. "이번 전쟁은 조선은 파병만 하면 명이 거뜬하게 이길 텐데 무엇을 염려하십니까? 만일 파병을 거절했다가 명이 이긴 후에는 명황제의 책임추궁을 어떻게 감당하시려 하십니까?" 광해군은 책임추궁이라는 말에 겁을 먹고 파병을 결정하였다. 그리고는 안질을 핑계대고 논의를 거절하며 불만을 표출한다. 광해군은 장만의 능력을 믿으면서도 혹시 명이 이길지도 모른다는 요행을 버리지 못하였다. 그래서 파병을 결정한 것이다. 하지만 께름칙했다. 파병이 결정되자 도체찰사에 박승종을, 부체찰사에는 장만을, 도원수에는 강홍립을 제수하여 파병군을 요리하게 하였다. 그러나 도체찰사 박승종이 상(喪)중임을 핑계로 사직하니 사실상 장만이 도체찰사 역할을 하였다. 장만이 총사령관이다.

민본주의 철학자인 장만은 오직 군사의 생명을 중요시하였다. 아까운 군사의 생명을 남의 나라 전쟁에 희생시킬 수는 없었다. 장만은 자신의 주장을 관철시키기 위해서 거듭 사직서를 올렸다. 장만의 사직은 허약한 광해군에게 결단을 촉구하는 뜻이다. "파병 반대가 옳다고 생각했으면 강단으로 밀어붙이소서!" 하는 의미였지만 광해군은 자신의 생각을 강단있게 밀고 나가지 못하였다. 1만 3천의 파병군이 결코 적은 군사가 아니다. 장만은 앞으로 일어날 비극을 이미 알고 있었다. 그래서 최선을 다하여 광해군을 설득하였다.

장만은 1618년 6월에만 3번이나 사직상소를 올렸다. 전시에 총사령관의 사직상소는 항명(抗命)이다. 사직상소는 광해군의 잘못된 결정을 고쳐 달라는 질책의 문구와 궁궐공사를 중단하여 민생을 살려 달라는 내용이었다. 장만은 조선 군사는 은폐물이 없는 적지에서 기마군과 싸우면 죽는다는 현실을 잘 알고 있었다. 그래서 파병만은 막아보려고 최선을 다했지만 광해군의 결단을 이끌어 내지는 못했다. 광해군은 다만 장만의 재능을 아껴 다독거리기만 하였다. "어찌 경이 이런 시기에 사직서를 내는가? 불허한다. 병 치료는 염려하지 말고 천천히 치료하며 군무를 보살펴라!"(『낙서집』 상소문 8·9·10항 참조)

조선왕조실록 자료

광해10년(1618) 6월 2일 **장만이 도감과 비변사 유사 중 하나를 사직을 청하다**

광해10년(1618) 6월 6일 **장만이 사직을 하며 궁궐역사의 중단을 청하다**
"우선 큰 **공사를 중단하여** 백성의 소망을 따르소서. 속히 애통해 하는 조서를 내리고 인재를 선발함으로써 난국을 극복토록 하시고, **징병에 관한 일을 충분히 강구하고 헤아려서 선처토록** 하소서." 하니, **왕이 답하기를,** "이 차자를, 궁궐에 대한 일은 빼고 비변사에 내려 의논해서 처리케 하라." 하였다.

광해10년(1618) 6월 13일 **장만을 부체찰사로 제수하다**

광해10년(1618) 6월 15일 **장만이 체찰부사의 사직과 궁궐공사 중지 등을 청하다**
장만이 상차하기를, "삼가 원하옵건대 성상께서는 체찰부사의 명을 환수해주소서… 그리고 이 기회에 삼가 염려되는 바를 진달드릴까 합니다… **훈련되지 않은 우리나라의 군졸 단독으로** 새로 정비된 오랑캐를 맞닥뜨리게 할 경우 그 승패의 형세가 과연 어떻게 되겠습니까?… 재지(才智)와 말솜씨가 있는 인사를 차견하여 **경략**(명의 총대장)에게 간청을 함으로서 **조선군 단독으로 청군을 맞닥뜨리게 하는** 명령을 면할 수 있게만 된다면 어찌 행운이 아니겠습니까? 삼가 원하옵건대 성명께서는 유념해 주소서."

광해10년(1618) 6월 20일 **비변사 당상 등이 인대하여 책응할 일을 청하다**
비변사 당상 '박홍구·유희분·이상의·이이첨·이시언·조정·유공량·이경전·심돈·장만·우치적·강홍립·임곤·권반·박자흥' 등이 아뢰기를, "삼가 바라옵건대 오늘 여러 신하들을 인대하시어 책응할 일을 요리하소서." 하니, 왕이 전교하기를, "나를 본다 하더라도 더 알아낼 일이 뭐가 있겠는가. 내가 안질 때문에 현재 고생하고 있으니 조리한 다음에 직접 만나 의논하겠다." 하였다.

낙서집 자료

[낙서집] 08. 기무에 대해 진달하고 이어서 공역(工役)의 정지를 요청한 차자

이 적(敵:청)은 명나라와 전쟁을 일으켰는데, 서쪽(명쪽)으로는 명의 대병(大兵)이 있습니다. 이 적이 병력이 비록 사납고 강하다 해도, 어찌 내지(內地:조선쪽)로 깊숙이 들어와서 남의 나라를 치려다가 앞뒤로 상대방의 공격을 받아 스스로 패멸하려는 쪽을 택할 수가 있겠습니까? 이는 다만 수백 명의 군사로 우리나라의 국경을 겁주고 견제하는 계책을 씀으로써 우리나라로 하여금 명나라를 원조하지 못하게 하자는 데 불과한 것입니다. 적이 우리나라의 내지로 깊숙이 진병하지 못하는 이상에는 **경성(京城:서울)에서 먼저 군사를 움직인다는 것은 또한 너무 이른 처사입니다.** …… 가만히 보건대, 명나라 조정의 제본(題本)에는 '조선의 힘을 빌려서 저들의 예봉을 꺾자' 라는 말까지 들어 있습니다. 이는 단지 한 부대의 병력을 빌리자는 것이 아니라, 우리나라로 하여금 스스로 한 방면을 담당하게 하여 **먼저 오랑캐의 칼날을 맛보게 하려는 것입니다.** 이 의논이 실행된다면 우리나라의 근심은 어찌 한량이 있겠습니까? 그것은 명나라가 우리나라에 바라는 것이 너무 큰 것입니다.

[낙서집] 09. 부체찰사로서 평안도에 갔을 적에 계언을 진달한 차자

저 명나라는 우리나라의 병력을 지원받아 기각(掎角)의 형세를 이룸으로써 호적(胡賊)으로 하여금 뒤를 돌아보는 걱정을 지니게 하여 감히 명나라를 향해 돌진하지 못하도록 하고 싶은 생각이 오죽이나 간절하겠습니까? 때문에 명은 북관(北關)의 두 오랑캐를 순찰하는데 조선이 병력을 보내 도와준 미덕을 성대히 칭찬하고 있으며, 또 요동 경략(經略)에게 칙유(勅諭)한 내용 중에는 심지어 '조선을 고무하여……' 등의 말이 들어 있었습니다. 이로써 전후하여 우리나라에 바라는 바가 깊고도 두터움을 대개 알 수 있습니다.

▎강홍립의 출정(出征)

1619년 2월 21일 도원수 강홍립이 1만3천의 군사를 이끌고 압록강을

넘어 청군 진영으로 진군하였다. 광해군은 강홍립이 떠나기 전에 장만에게 파병군의 전략을 물었다. 장만은 투항까지도 염두에 두는 전략을 제시하였다. "전하! 조선 군사는 적지의 들판에서 기마군을 만나면 싸우지 못합니다. 조총부대도 은폐물이 없으면 위력이 없습니다. 조선 군사는 사태를 관망하다가 명이 패하게 되면 투항도 고려되어야 장차 청과의 관계를 회복시킬 수 있습니다. 만일 끝까지 싸운다면 이는 명이 바라는 이이제이(以夷制夷) 전략에 말려드는 것입니다. 강홍립에게 경계를 일러주시기를 청합니다." 광해군도 그런 마음은 있었지만 구체적으로 방법을 몰랐는데, 장만이 방법을 자세하게 조언하자 바로 강홍립에게 비밀지령을 내렸다. "경은 군사를 보호하는 것이 최고의 목표다. 만일 명이 패한다면 빨리 투항하여 장차 청과의 관계를 원만하게 만들라!"

광해군이 강홍립을 파병군 대장으로 선택한 이유도 이 때문이었다. 강홍립은 중국어를 잘하여 출세했지만, 군사 전략은 잘 모른다. 하지만 이번 전쟁은 용맹하게 싸울 필요가 없다. 오히려 눈치껏 싸우다가 이기는 쪽에 재빨리 붙는 외교적 수완이 더 중요하다. 여기에는 통역 능력이 뛰어난 강홍립이 적임자다. 그러나 이런 지령은 철저하게 비밀로 내려진다.

1618년 10월 도원수 강홍립은 광해군의 비밀지령을 받고 서울을 출발하여 창성에 주둔하여 명·청의 정세를 살폈다. 강홍립은 명·청의 전쟁이 혹시나 저절로 끝나지 않을까? 하는 요행을 바라며 창성에서 갖은 이유를 대며 4개월이나 미적거렸다.

요동경략 양호는 강홍립의 군대가 오기를 눈이 빠져라 기다리고 있었는데, 강홍립이 창성에서 4개월이나 미적거리고 있다는 보고를 받고 분노가 폭발하여, 동로군 대장인 유정에게 강홍립이 당장 국경을 넘어오지 않으면 강홍립의 목을 치라고 하였다. 이 소식을 접한 강홍립은

심하전투초

심하전투중

1619년 2월 21일에 압록강을 넘어 심양으로 진군하였다. 적지로 들어간 군대는 보급로 확보와 사주경계가 필수다. 하지만 강홍립은 자신의 목을 치라는 말에 놀라서 보급로 확보나 사주경계에는 신경 쓸 여지가 없었다. 그저 유정이 이끄는 대로 진군만 할 뿐이다.

강홍립의 심하전투 패배는 예정된 패배였다. 적당히 쇼를 하다가 투항하는 것이 전략이다. 1만3천 군사에서 절반이상이 죽는 계획은 아니었을 것이다. 명의 의심을 받지 않으려면 어느 정도 용맹하게 싸우는 척은 해야 하겠지만, 전술이 너무도 허술하여 1만3천 군사에서 절반 이상이 죽었다. 나머지는 청의 포로가 되었다. 장만은 이런 상황을 미리 예상했다. 그래서 비극적인 상황을 막기 위해서 여러 번 파병을 반대하는 상소를 올렸지만 받아들여지지 않았다. 광해군은 조선군사 절반이 죽을지도 모른다는 장만의 뜻을 알고는 있었지만 혹시 명이 이길지도 모른다는 요행을 바라고 파병을 결정한 것이다. 그런데 결과는 너무도 참혹했다.

1619년 3월 4일 강홍립은 청의 수도인 심양으로 진군하다가 심하 땅 부차지역에서 청군을 만나 접전(接戰)하였는데 대패하고 결국 광해군의 지시대로 투항하였다. 그리고 누르하치에게 광해군의 비밀지령을 전달하였다. "우리 주군은 임진란 때 명에게 입은 은혜 때문에 부득이하게 군사를 보냈지만 청과의 전쟁은 원하지 않습니다. 그래서 투항하여 그 뜻을 전하라고 하였습니다." 하지만 화가 난 누르하치는 조선을 용서할 수 없다며 조선 정벌을 명했다.

▌ 장만이 나가서 청군의 침공을 막았다

청군이 압록강으로 밀려오자 놀란 광해군은 장만을 급히 파견하여 청군의 침공을 막으라고 했다. 광해군은 청군의 침공을 전혀 예상하지 못하고 있었다. 강홍립이 자신의 뜻을 누르하치에게 전달만 하면 무마되는 줄 알았다. 그래서 파병군을 떠나보내는 시점에서도 궁궐 공사에만 관심을 쏟고 있었다. 광해군의 판단 능력은 이 정도 수준이었다. 전쟁 중에 궁궐이나 짓고 있었다. 하지만 예상 밖으로 청군이 압록강으로 밀려오자 당황한 광해군은 장만을 급히 파견하여 청군을 막으라고 하였

창성지도

다. 압록강으로 달려간 장만은 자신이 오래 전부터 준비해온 매뉴얼대로 창성에 중진(重鎭)을 세우고 신속하게 과시형전술로 압록강 방어선을 구축하였다. 청군은 장만의 방어전술에 막혀 도강을 못하고 9개월이나 기회를 엿보다가 군사를 철수시켰다.

　만일 이때 장만의 탁월한 지휘력이 아니었다면 압록강 방어선은 뚫리고 광해군은 항복했을 것이다. 병자호란 때 인조가 항복하는 치욕을 광해군이 먼저 당했을 것이다. 장만의 능력으로 청군이 물러가자 광해군은 장만에게 엄청난 상(賞)을 내렸다. 장만을 종1품으로 승진시키고 체찰사에 병조판서까지 겸직시켜 국방을 오직 장만 한 사람에게만 맡겼다. 이때 광해군의 장만 사랑은 실록의 곳곳에서 감지된다.

중진(重鎭)이란 무엇인가? 군사를 한 곳에 모아놓는 거점(據點) 방어 전략으로, 1611년에 장만이 평안도에서 새로 만든 전략이다. 종전에는 지역방위 개념인 진관제가 조선의 주류 방어전략이었다. 진관제란 '그 지역은 그 지역 군사로 지킨다'는 지역방위 개념으로 소규모 전쟁에서는 유효하지만 대규모 전투에서는 무기력하였다. 그래서 장만은 "적은 뭉쳐서 오는데 우리는 흩어져서 지키니 감당이 안된다."고 하며 적의 침공로에 대규모 군사를 모아 놓는 중진(重鎭) 제도를 만들었다. 장만이 창성을 중진으로 삼고 대규모 군사들을 모아 압록강 방어선을 구축하니 적이 감히 도강하지 못하였다.

진관제는 내 지역만 지킨다는 지역방어 전략이지만 중진제는 적의 침공로를 막는다는 거점방어 전략이다. 장만은 지역방어 전략은 의미가 없다고 판단하였다. 그래서 후일 안주성방략을 만들었다. 안주성방략은 대표적인 거점방어 전략으로 요새지인 안주성에 모든 군사를 모아 놓고 한 판의 전투로 승부를 가리자는 장만의 군사 전략이었다.

조선왕조실록 자료

광해11년(1619) 1월 21일 **비변사가 서북방어를 원수가 책응토록 할 것을 아뢰다**
비변사가 아뢰기를, "지금 서북을 방비하는 이 일은 갑자기 일어난 임진년의 변고와는 다릅니다 … **장만을** 모사(某使)로 개칭해서 속히 출발시켜 서북도절제의 임무를 맡기는 것이 진실로 일에 합당 할 듯합니다." 하니, **왕이 전교하기**

를, "유공량을 관서검찰사로, 이필영을 해서통어사로 칭하여… 출발하게 하라." 하였다.

광해11년(1619) 2월 21일 비변사가 유공량 대신 장만을 보내고자 아뢰다

비변사가 아뢰기를, "원수가 강을 건너고 나면 서북의 3도를 절제하여 책응할 여지를 마련하는 것은 극히 중요한 임무이므로 당초에 **장만이** 아니면 안 된다고 했던 것입니다. … 지금 일이 더욱 급하게 되었으니 비록 재주와 지혜가 **장만과** 같은 자라고 하더라도 갑자기 차송하였다가는 일의 전말을 제대로 알 수가 없을 것입니다. … 본사 신하들이 다 '**장만을** 급히 보내지 않아서는 안 된다.'고 생각하고 있으므로 감히 아룁니다." 하니, **왕이 전교하기를,** "궁궐을 짓는 일이 하루가 급한데, 제조 중에 전말을 상세히 알고 감독하는 데에 마음을 다하는 사람이 많지 않다. 불행히 **이충** 마저 병이 위중해져 **장만이** 있을 뿐이니, 절대로 내보낼 수 없다. 다른 사람을 차송하라." 하였다.

광해11년(1619) 3월 12일 평안감사가 중국군과 조선군이 패배했다고 치계하다

평안감사가 치계하기를, "중국 대군(大軍)과 우리 삼영(三營)의 군대가 3월 4일 삼하(三河)에서 크게 패전하였습니다."

광해11년(1619) 3월 13일 비변사가 장만을 변방에 파견하기를 청하다

비변사가 아뢰기를, "서쪽의 일이 극도로 위급한 오늘날 절제하고 책응하는 일이 전적으로 체찰사에게 달려 있으니 **유공량을** 즉시 출발시켜야 하겠습니다만, 그는 재주와 계략이 좀 부족한 자입니다. **장만은** 전부터 서북지방의 직책을 맡아왔으므로 오랑캐와 변방의 정세에 대하여 잘 알고 있고, 이번에 군대가 동원된 이후로 특별히 부체찰사로 임명되어 무릇 군무(軍務)에 관계되는 일이라면 일찍부터 관심을 기울여왔습니다. **지금처럼 일이 긴급한 때에 이 사람이 아니면 해결해 나갈만한 자가 없을 것이니,** 사람들의 뜻이 다 이와 같습니다. 본사가 전후로 계청하였던 것은 부득이한 일이었기에 감히 이렇게 거듭 여쭙는 바입니다." 하니, 아뢴 대로 하라고 전교하였다.

어제 강홍립의 패전 소식이 도착 되었다. 청군이 압록강으로 몰려오고 국경의 놀란 수령들이 도주한다는 소식도 전해졌다. 비변사는 다급하여 다시 장만을 국경으로 파견해야 한다고 주청하였다. 광해군도 청군이

밀고 내려온다는 소식에 놀라서 이번에는 장만의 파견을 승인하였다. 장만은 명을 받고 급히 달려가 창성에 중진(重鎭)을 세우고 압록강 방어선을 신속하게 구축하여 청군의 도강을 막았다. 장만은 군사지식이 해박하고 지휘능력이 탁월한 지휘관이다. 그리고 오래전부터 청군의 현황을 연구하여 효과적인 전략을 잘 알고 있었다. 그래서 방어선이 신속하게 구축되었다. 청군도 장만의 능력을 잘 알며 두려워하고 있었다. 이때 장만이 조금만 늦었다면 청군이 도강하여 광해군이 잡혀갔을 지도 모른다.

▌누르하치의 협박문서

장만은 처음부터 파병을 반대했었다. 하지만 이이첨 등 정권 실세들의 강력한 주장으로 파병이 결정되어, 조선군사 1만3천이 적지로 들어가 싸우다가 절반의 군사가 죽고 나머지 군사는 포로가 되었다. 장만이 국경으로 나가 청군의 침공을 막으면서 돌아오는 조선 군사들을 점고해보니 채 1천인도 되지 못하였다. 총사령관 장만은 창성 성루에 올라 돌아오지 못하는 군사들을 애타게 기다리며 시 한 수를 지었다. "이 비극 어찌할꼬! 이 논의 누가 했는가?" 원망이 앞선다.

장만은 이 시에서 파병을 몰아붙인 대신들을 질책하였다. "군사 실패한 심하 땅 죽임이 많았구나!… 이 논의 누가 했는가?" - 이 시는 사실 광해군을 질책하는 시다. (『낙서집 보유』 1권 시편 참조)

1619년 4월 2일 조선 조정에 누르하치의 협박문서가 도착되었다. 누르하치가 장만의 방어전술에 막혀 도강이 어렵게 되자 전략을 바꾸어 광해군에게 협박문서를 보내온 것이다. "조선 군사가 대금국을 침공한 일은 매우 잘못된 일이다. 하지만 강홍립의 말에 의하면 조선이 금국과 화평하게 지내기를 원한다고 하니 한 번의 잘못은 용서하겠다. 그러나 이제부터는 명과의 관계를 끊고 금국과 화친하여 의심을 풀어야 할 것이다. 만일 그렇지 않는다면 금국은 조선을 정벌할 것이다." 이에 광해군은 또 다시 겁을 먹고 청과의 화친을 주장하였다. 단지 겁을 먹고 센 쪽에 붙자는 단순한 인물이다.

조선왕조실록 자료

광해11년(1619) 4월 2일　화친을 도모한 호추의 서신을 대신에게 논의하게 하다
호차(청의 사신)가 국경에 와서 노추(奴酋:누르하치)의 서신을 바쳤다. 서신에 명나라에 보고한 것은 잘못이라 하고 우리와 좋게 지내기를 바란다고 심하게 썼는데, 언사가 매우 오만하고 패역스러웠다.

　서신의 내용은 밝히지 않았다. 하지만 언사가 매우 오만하고 패역스럽다고 하였으니 광해군을 깔보고 협박하는 내용일 것이다. 광해군은 또 다시 겁을 먹고 대신들에게 청과 화친하자고 하였다. 대신들은 청과의 화친은 명을 배신하는 일이라며 반대하였다. 답답해진 광해군은 장만에게 물어오라고 했다. 이때 장만에 의해서 중립정책이 만들어지자 광해군이 받아들였다.

▌광해군의 두 번째 고민 [화친]

- 여기서 중립정책이 만들어진다.

　1619년 4월 2일 청의 화친 강요를 받은 광해군은 두 번째 고민에 빠졌다. 그래서 대신들을 불러놓고 의견을 물었다. - 이때 조정의 여론은 세 패로 갈린다.

▶ 이이첨을 비롯한 대부분의 신하들은 여전히 친명배청을 주장하였다.

"청과의 화친은 명을 배신하는 일입니다. 임진란 때 도와준 의리와 200년 이어온 사대의 의리를 배신으로 갚을 수는 없습니다." 그러나 이번에는 광해군도 화를 내고 대들었다.

▶광해군은 친청배명(親淸排明)을 주장하였다. "나도 명과의 의리가 소중함은 잘 안다. 그러나 현실은 그렇게 녹녹치만은 않다. 경들은 작년 파병논쟁 때도 파병만 하면 단숨에 이길 것으로 오판하여 수천의 군사를 내보내서 죽게 하였다. 지금은 명이 청을 당하지 못한다. 만일 청과의 화친을 거절한다면 청군이 당장 쳐들어 올 텐데 조선군사가 막을 수 있겠는가? 명군이 막아줄 수가 있겠는가? 그 때는 화친하려고 해도 늦는다. 지금 화친하여 안전을 도모하는 것이 좋을 것이다."

그러나 신하들도 지지 않고 대들었다. "설령 전하의 말을 거역하더라도 의리를 저버리고 황제께 죄를 지을 수는 없습니다." 이 말을 들은 광해군은 등골이 오싹했다. "이놈들은 도대체 누구의 신하인가? 나와 명황제가 대립하면 이놈들은 나를 잡아다가 황제에게 바치고도 남을 놈들이구나!" 생각이 여기에 미친 광해군은 목소리를 낮추었다.

1619년 4월 5일 신하들과의 논쟁에서 답답함을 느낀 광해군은 장만에게 물어오라고 하였다. "경들의 말에도 일리는 있다. 하지만 현실은 그렇게 만만치만은 않다. 국가의 운명이 달린 일이니 신중해야 한다. 장만은 계획과 생각이 깊은 사람이니, 이 문제는 장만에게 물어보는 것이 좋겠다."

광해군이 대신들 앞에서 굳이 "장만은 계획과 생각이 깊은 사람이다."라고 장만을 띄운 이유는, "그대들은 군사 일을 잘 모른다. 그래서 파병 논쟁 때 오판하여 수천의 군사를 죽였다. 그러고도 무슨 할 말이 있는가? 이제는 군사 일을 잘 알며 생각이 깊은 장만에게 물어보자!"라는 의미였다. 신하들도 장만의 능력은 잘 아는지라 반대하지 않았다.

▶ 장만의 답변은 명도 청도 아닌 중립전략을 주창하였다. 명에게는 미봉책(彌縫策)을, 청에게는 강경책(强硬策)을, 조선에게는 자주국방 자강책(自强策)을 제시하였다.

"지금 명은 이이제이(以夷制夷) 전략을 쓰려고 합니다. 조선군사로 하여금 스스로 청군과 원수지게 하여 자신들의 위협을 조선에 떠넘기려는 것입니다. 명이 시키는 대로 해서는 안 됩니다. 조선은 청을 원수로 만들어서는 안 됩니다. 사대의 의리도 소중하지만, 수백 년 이어온 이웃의 관계도 중요합니다. 하지만 청과의 화친도 안 됩니다. 청은 조선을 무장해제 시킨 후 자신들의 전쟁에 동원시킬 것입니다. 명에게는 미봉책으로 달래고, 청에게는 중립을 선언하고 쎈 척하며 강경책으로 나가야 전쟁을 막을 수 있습니다. 이제 조선의 전략은 자강책으로 스스로 지키는 전략뿐입니다."

장만의 답변은 1619년 4월 8일 아침에 도착되었다. 선전관이 말을 달려 국경에 있는 장만에게 다녀오는데 3일이 걸렸다. 광해군은 장만의 답변에 기대하고 있었다. "장만은 전부터 파병을 반대했으니 나의 화친 주장에 찬성해줄 것이다." 그러나 광해군의 기대는 어긋났다. 장만의 답변은 명도 청도 아닌 중립전략이었다. 광해군은 실망했지만, 답변을 다 읽고는 장만의 중립전략에 따르기로 하였다. 그래서 4월 8일 중립전략을 발표하였다. "명을 섬기는 일은 해이하게 하지 말고, 왕성한 청을 미봉하는 일이 국가를 보전할 수 있는 좋은 계책이다." 광해군은 장만의 답변을 읽기 전만해도 청과의 화친을 주장하고 있었다. 그런데 이제는 소신을 바꾸었다.

지금 광해군이 가장 겁을 먹고 있는 부분은, '화친을 거절했을 때 청군이 쳐들어 올 텐데 조선군사가 막을 수 있겠는가' 하는 문제였다. 장만은 막을 수 있다고 하였다. 광해군도 이번에는 장만의 주청을 따랐다.

"지금 청도 매우 어려운 입장입니다. 6만의 군사로 겨우 명과 대치중인데 조선이 명을 지원하니, 조선부터 정벌하여 배후의 위협을 막고 물자를 확보하려는 생각이야 오죽 하겠습니까? 하지만 명과 대치중에 군사를 둘로 나누어 조선을 침공하는 것이 쉬운 일은 아닙니다. 만일 군사를 나누어 2·3만의 군사로 침공한다면 어찌 조선 군사가 2·3만의 청군을 막아내지 못하겠습니까? 이제 조선은 겁부터 먹지 말고 상하가 똘똘 뭉쳐 지키려는 의지를 갖는다면 청은 결코 조선을 침공하지 못할 것입니다."

장만은 정세판단이 정확한 군사 전문가였다. 누르하치의 속셈을 훤히 꿰뚫어 보고 있었다. 실제로 청군 진영에서는 조선 정벌논쟁이 뜨거웠다. 홍타이시를 비롯한 젊은 장수들은 조선정벌을 강력하게 주장하였지만, 누르하치나 수하르치 같은 노년 장수들은 앞뒤로 적을 만들어서 결코 유익하지 않다며 조선과는 화친전략을 주장하였다. 아직 권력은 누르하치에게 있었다. 또한 청의 위력이 아직은 조·명을 상대로 양쪽으로 전쟁을 일으킬 만한 힘이 없었다. 장만은 이러한 청의 실정을 잘 알고 중립전략을 강행한 것이다. 누르하치도 장만이 이미 청의 실정을 알고 있다고 판단하여 장만의 중립전략 선에서 심하전쟁을 봉합하고, 이후 8년간 전쟁이 억제되었다.

▌장만은 3단계 방어전략을 썼다

장만은 청군의 침공을 막아내는데 상황에 따라 3가지 전략을 썼다.

* 1단계 비상시에는 원거리 요새지 방어전략을 썼다. 이 전술은 정묘호란 직전에 사용한 안주성 방어전략으로, 적의 기습침공에 대적하는 전략이다. 적이 언제 올지 모르고 우리 군사는 턱없이 부족한 상황에서

쓰는 원거리 요새지 방어전략이다. 요새지인 안주성에 진을 치고 적과 한판 붙어보려는 전략이다. 인조의 반대로 무산되어 절반만 실행되었지만, 만일 온전하게 실행되어 요새지 안주성에 1만의 군사만 배치했다면 정묘호란 전투는 안주성에서 조선이 승리했을 확률이 높다. 남이흥이 뒤늦게 안주성으로 들어가 3000의 군사로 싸웠어도 백중세를 이루었으니, 처음부터 1만의 군사로 싸웠다면 틀림없이 이겼을 것이다.

* 2단계 비상시는 중거리 방어전략을 썼다. 이 전술은 지금 쓰고 있는 구성 방어전략으로 심하전쟁의 급한 고비가 넘어가자 군사들을 국경에서 후퇴시켜 조금 휴식하면서 적의 동태를 살피자는 방어전략이다. 장기전에 대비하는 전략이다.

* 3단계 비상시는 근거리 방어전략을 썼다. 이 전술은 심하전쟁 초기에 긴급한 상황에서 사용한 창성 방어전략이다. 적에게 과시형 전술을 보여주기 위해서, 또 적의 침공이 임박한 초비상 상태이므로 국경에서 당장 전투를 벌일 수 있는 전략이다.

장만은 전쟁의 상황에 따라서 방어 전술을 달리 하였다. 정묘호란 직전에는 적이 언제 올지 모르는 상황이므로 근접방어는 백패의 전술이라고 하였다. 군대는 비상상태를 2달 이상 유지하기가 어렵다. 따라서 언제 올지 모르는 상황에서 근접방어를 하게 되면 적의 기습 침공으로 초기에 타격을 입어서 패하게 된다는 주장이다. 그래서 정묘호란 직전에는 원거리 요새지인 안주성 방어전략을 강력하게 주장한 것이다. 그러나 심하전쟁 당시에는 적의 침공이 긴급하여 근접 방어전략인 창성 방어전략을 썼다. 압록강에 방어선을 구축하고 적을 막았다. 적이 지구전으로 들어가자 조선의 방어 전략도 지구전으로 들어가 구성 방어전략으로 바꾸었다.

광해11년(1619) 4월 5일　**왕이 장만에게 노추에 대한 답신을 물어 보게 하다**
왕이 전교하였다. "장만은 계획과 생각이 깊은 사람이다. 노추의 서신을 답하는
일이 다급하니 선전관을 보내 하유하여 물어 오라."

광해11년(1619) 4월 8일　**왕이 노추(후금)를 잘 미봉하고 명에 대한 의리로 국방의
계책을 삼다**
"오늘날 우리나라를 위한 계책으로는 군신 상하가 마땅히 잡다한 일은 버리고
오로지 부강에만 힘써야 할 것이다… 대국 섬기는 성의를 더욱 다하여 해이하
게 하지 말고 한창 기세가 왕성한 적을 잘 미봉하는 것이 바로 오늘날 국가를
보전할 수 있는 좋은 계책이다."

광해11년(1619) 4월 14일　**노추의 서신에 대한 일을 논의하게 하다**
"이상의·김신국·장만·최관·권반 등의 의견을 잘 가감하여 속히 답하여 보내
도록 하라."

광해11년(1619) 4월16일　**왕이 군사 정책을 비국으로 하여금 상의하게 하다**
"앞으로 자강지책은 군병을 양성하고 교련하는 것보다 더 급한 것은 없다. …**장
만**의 차자 중에도 이일을 진술하였으니, 비변사로 하여금 충분히 세밀하게 상
의하여 속히 거행하게 하라."

광해11년(1619) 4월 17일　**왕이 답신의 내용을 수정하도록 비국에 하교하다**
"내 비록 영민하지는 못하나 숙맥(菽麥)을 약간 분별할 줄 아는데 어찌 의리에
근거하여 **화친**을 거절할 줄을 모르겠는가. 진실로 우리나라에 털끝만큼도 믿
을 만한 형세가 없기 때문에 어쩔 수 없이 잠시 나의 뜻을 보인 것이다."

광해11년(1619) 4월 21일　**노추의 서신에 대한 [회답]**
"삼가 생각건대, 두 나라의 국경이 서로 접하여 있고 황제의 신하로 함께 천조
(명)를 섬긴지 지금 2백 년이나 되었으나 일찍이 털끝만큼도 혐오나 원망의
뜻이 있지 않았습니다. … ★【천조는 우리나라에 있어서 마치 부모와 자식 같으
니 부모가 명령을 한다면 자식이 따르지 않을 수 있겠습니까?】★ 이는 대의가
있는 것이라 진실로 그렇게 하지 않을 수 없지만 이웃과 좋게 지내는 정리인들
어찌 없을 수 있겠습니까?
[노추의 마법이 보내온 재답신]

"칸(汗)께서 이르시기를, '나의 마음에 애초부터 대국(명) 황제를 범할 뜻이 있었다면 푸른 하늘이 어찌 감찰하지 않겠는가.' 고 하였는데, 이 마음은 충분히 세업(世業)을 보전하고 길이 하늘의 복을 누릴 수 있습니다. 어찌 아름답지 않겠습니까. 앞으로 함께 대도를 걷는다면 천조의 총애하는 은전이 오래지 않아 크게 내릴 것입니다. 그리고 두 나라가 각자 자기의 국토를 지키며 서로 옛 우호를 다진다면 실로 양국의 복이니 이 뜻을 전해 주신다면 매우 다행이겠습니다." 하였다.

광해11년(1619) 4월 29일 **비변사가 정충신이 병으로 노추에 가기 어려움을 아뢰다**

광해11년(1619) 7월 8일 **체찰부사 장만이 포로로 도망한 자들의 수를 치계하다**
장만이 치계하기를, "포로가 되었다가 도망쳐 돌아온 사람이 각도를 모두 합하면 1천 4백여 명인데 지금까지 끊이지 않고 있습니다." 하였다. 이에 앞서 강홍립을 따라 압록강을 건너간 정예 병사가 1만 3천여 명이었는데, 투항한 후 장사(將士)는 거의 모두 죽음을 당하고 군졸은 모두 농민에게 무더기로 나누어 주어 (지키게)하였으므로 계속 도망쳐 돌아왔다.

광해11년(1619) 7월 17일 **왕이 장만에게 변방의 방비책을 강구하게 하다**
체찰부사 **장만**이 아뢰기를, "신은 노적(虜敵) 속에 있는 신하 강홍립과 소시에 한 마을에 살았던 친분이 있습니다. 그런데 그가 자기 몸이 이미 절교하여야 할 입장에 빠져 있는 것을 헤아리지 않고 이번에 양간(梁諫) 등이 나올 때 통사 김언춘(金彦春) 편을 통해 한 통의 서찰을 보내 왔는데, 사리로 헤아려 보면 신이 사사로이 받아보아야 할 도리가 없으니 비변사로 하여금 뜯어보게 하소서." 하니, 답하기를, "아뢴 대로 하라. 변방의 일이 나날이 급하니, 속히 내려가 방비책을 강구하라." 하였다.

광해11년(1619) 8월 8일 **비변사가 변방의 시급함을 아뢰고 장만을 보내도록 청하다**
비변사가 아뢰기를, "신들이 의주부윤 정준의 장계를 보니, 적병이 새로이 철령을 침범하여 이른바 하(河)·이(李) 두 총병이 수백 명을 참획하였다는 말이 사실이라 하더라도 승패의 운세는 알 수 없는 상황입니다. 요양(遼陽)이 이미 위급한 지경이 되어 우리나라 변방의 방비가 실로 시급하니 체찰부사 **장만**을 하루 이틀 안으로 보내고, 지금과 같이 서쪽 변경의 보고가 심각한 때에는 감사와 수령도 즉시 조치해야 될 일이 많으니 황연감사(黃延監司), 벽동군수(碧潼郡守), 개천군수(价川郡守)를 모두 급히 차출하여 보내는 것이 마땅하여 감히 아룁니다." 하니, 전교하기를, "아뢴 대로하라. **장만**을 직접 불러 유시해서 12일에 보내도록 하라." 하였다.

광해11년(1619) 8월 16일 **장만에게 속히 변경으로 가 대처하게 하다**
전교하였다. "서쪽 변경의 사태가 날이 갈수록 더욱 위급해지고 있다. **장만**에게 속히 의주로 달려가서 한시바삐 계책을 세워 대처하도록 하는 일을 하유하라."

광해11년(1619) 9월 27일 **비변사가 변방의 군사 징발을 시행하기를 청하다**
비변사가 아뢰었다. "비망기에서 '대개 **장만**을 인견하였을 때 그가 군사 5만 명을 더 보충하여야만 지킬 수 있다고 하였다. 군사 5만 명을 한꺼번에 징발하여 보내지는 못하더라도 4만 명은 한 명도 빠짐없이 징발하여 관서지방으로 들여보내야 되겠다."

광해11년(1619) 12월 26일 **구성부사 남이흥을 장수 방어사로 겸임하게 하다**
비변사가 아뢰었다. "구성부사에 적합한 사람을 신들이 바야흐로 의논하여 천거하였습니다. 삼가 생각하건대, 본부(本府:구성)가 비록 성수(城守)의 지역은 아니나 연평령(延平嶺)이 창성과 삭주의 사이에 있으니, 마땅히 막아서 끊어야 합니다. **장만**이 올린 방략에 구성부사를 장수로 삼아 파수하게 해야 한다고 한 것은 일리가 있는 것입니다."

광해군이 장만의 답변을 읽은 후 자신의 청과의 화친주장을 바꾼데 대해 변명하였다. 광해군이 소신을 바꾼 일을 부끄럽게 생각한 것이다. 광해군의 언사는 대부분 장만의 상소문에서 나오는 표절 문구들이다.

광해군이 장만의 답변을 토대로 답변을 보냈고 또 후금으로부터 재답신을 받았다. 누르하치도 장만의 능력을 알아보고 협박전략을 거두고, 심하전쟁의 앙금을 조선의 중립정책 선에서 봉합하였다. 위의 조선왕조실록 자료에서 ★표 부분은 장만의 주장에 따른 것이다. 신하들이 누르하치의 심기를 건드릴 수 있다며 빼자고 했지만, 장만은 이 문구가 있어야 전쟁을 막을 수 있다고 하여 넣었다. 이 문구가 조선이 겁먹지 않고 있음을 청에게 전달하는 캐스팅보트 문구였다. 청과 화친해야 한다고 주장했던 광해군 입장에서는 대단한 반전의 문구였다.

적의 전략이 지구전으로 들어가자 장만도 지구전에 대비하였다. 장만은 군사의 피로도를 감안하여 사령부를 창성에서 후방인 구성으로 옮겼다. 비변사의 전략은 모두 장만이 짜고 있었다. 적은 압록강에 군사를 두지 않았는데, 심하전쟁 이후에는 대군을 압록강에 주둔시켜 긴장을 유발시켰다. 여차하면 압록강을 넘어 침공할 태세였다. 이에 조선도 압록강에 방어선을 구축하였다. 이런 긴장상태는 9개월이나 지속되었다. 심하전쟁은 강홍립의 파병으로 시작되었지만, 이후 수습은 장만이 도맡아서 하였다.

낙서집 자료

[낙서집] 10. 오랑캐의 서찰에 응답하여 보내는 사의(事宜)에 대해 진달한 차자

삼가 아룁니다. 신이 선전관 **권이길**이 전해준 서장(書狀)을 받들어 보건대, "… 경은 대답할 말을 잘 생각해서 헌의(獻議)하되 급속히 치계 하라."는 내용이었습니다. …

신의 어리석은 생각으로는, 지금 이 오랑캐의 서찰에 대해서는 그 원문과 함께 명나라의 조정에 털끝만큼도 숨김이 없이 아뢰는 것이 좋겠습니다. … 그리고 오랑캐(후금)를 향해서는 회답하기를, **"명나라와 우리나라는 아버지와 아들의 관계와 같다. 우리나라와 그대의 나라는 손톱만큼의 유감도 없는 사이이다. 명나라가 우리나라에게 원병을 요구하지 않는다면 그만이지만, 명이 또 요구한다면 아버지의 명령에 자식이 따르지 않을 수 있겠는가?"** 하는 등으로 말하되, 그 말을 부드럽게 하여 그들을 격노시키지 않도록 하여야 할 것입니다. 이렇게 한다면, 오랑캐가 비록 인의(仁義)의 마음이 부족하고 교활한 마음이 많다고 하지만, 우리나라의 실정을 살펴보지 않겠습니까?

위의 글은 1619년 4월 5일 장만이 광해군의 하문을 받고 올린 상소다. 앞의 8·9항의 상소 때는 광해군이 친명(親明) 쪽으로 기울어서 파병하려고 하니 이를 말리느라 명의 요구를 조심하고 청과의 관계를 옹호하였지만, 지금은 입장이 바뀌었다. 광해군이 강홍립의 패전 후에는 청(淸)

쪽으로 기울어서 청과의 화친을 주장하였다. 장만은 이제 청과의 화친을 말려야 할 입장이 되었으므로 명과의 관계를 역설하였다. 위 표의 밑줄 친 부분은 조선이 청의 협박에 겁먹지 않고 싸울 의지가 있다는 뜻을 알려 청의 도발을 막자는 전략이다. 의역(意譯)하자면 이런 내용이다.

"청이 명을 치면 조선은 청의 후미를 칠 것이고, 청이 조선을 치면 명이 청의 후미를 칠 것이다. 하지만 청이 먼저 전쟁을 일으키지만 않는다면 조선은 이웃의 의리로 중립을 지킬 것이다. 지난번처럼 명과 연합하여 청을 먼저 치는 일은 결코 없을 것이다. 조선은 청과도 화평하게 지내기를 바란다." 이는 캐스팅보트 중립전략이다. 이 문구는 조선도 아직은 스스로 지킬만한 힘이 있다는 과시의 표현이었다. 누르하치도 이를 받아들여 이후 8년 동안 전쟁이 억제되었다.

장만장군은 이렇게 광해군을 설득하여 중립전략을 성공시켰다. 장만은 조·명·청 3국의 평화적인 공존만이 전쟁을 막을 수 있다고 하였다. 광해군이 장만의 중립전략을 받아들여 전쟁을 막아냈다.

"전하! 사대(事大)도 살려고 하는 것입니다. 전쟁이란 의리로 하는 것도 아니며, 또 청에게 항복하는 것도 아닙니다. 지금 명·청은 어느 쪽도 쉽게 이기지 못합니다. 동맹도 끼어들 자리 안끼어들 자리가 있는 것입니다. 명은 지금 이이제이(以夷制夷) 전략을 쓰려고 하는데 이에 말려들면 안됩니다. 또 청과의 화친은 무장해제 되고 청의 전쟁에 동원될 것입니다. 이제 조선의 전략은 중립을 천명하고 명에게는 미봉책으로 사대와 전쟁을 분리하고, 청에게는 강경책을 써서 단호하게 꾸짖으며 조선은 자강책을 써서 스스로 지킬 힘을 길러야 합니다. 그러기 위해서는 궁궐공사를 중단하고 탐관들을 잘라내어야 흩어진 민심이 뭉쳐질 것입니다."

03. 장만장군의 중립정책 삼분지계

장만의 중립정책은 굽실거리는 중립전략이 아니다. 조·명·청 3국의 힘의 균형을 이용한 강력한 캐스팅보트 국방전략이었다.

▌ 제갈공명의 천하 삼분지계

장만은 전략가다. 명이 쇠락하는 상황에서 부상하는 청을 누를 수 없다고 판단하였다. 어차피 명이 청을 누를 수 없다면, 세상은 3국이 공존하는 공존시대로 갈 수 밖에는 없다. 상황이 그렇다면 조선도 이에 적극적으로 역할분담을 하여야 한다.

장만에게는 광해군의 설득이 제일 급한 문제였다. 아무리 좋은 아이디어도 임금을 설득하지 못하면 소용이 없다. 지난번 파병할 때 장만은 광해군을 설득하지 못하여 낭패를 보았다. 다행히 광해군은 강홍립의 패전 후에는 장만에게 전권을 맡기다시피 하였다. 장만은 이때 광해군에게 제갈공명의 삼분지계를 소상하게 설명하였다. 삼분지계는 세상을 3패로 나누는 전략이다.

"전하! 제갈공명이 위나라와의 싸움에서 힘이 부족하자 오나라를 끌어들여 세상을 삼분지계로 만들어서 힘의 균형을 이용하여 약한 상황을 극복하고 나라를 지켜냈습니다. 청이 세다고는 하나 어찌 조·명을 상대로 동시에 전쟁을 일으켜 침공할 수가 있겠습니까? 조선이 비록 힘은 약하지만 조·명·청의 힘의 균형을 잘만 이용한다면 제갈공명의 삼분지계의 계략을 쓸 수 있을 것입니다." 하니, 광해군이 안심하고 장만의 전략에 따랐다.

▌누르하치에게 보낸 답신

1619년 4월 21일 광해군은 누르하치에게 답장을 보냈다. 여기에 "천조(명)는 우리나라에 있어서 마치 부모와 자식 같으니, 부모가 명령한다면 자식이 따르지 않을 수 있겠습니까?"라는 문구가 있었다. 신하들은 이 문구가 누르하치의 심기를 나쁘게 할 수 있다며 빼자고 했지만, 장만은 오히려 이 문구가 있어야 조선이 겁먹지 않고 있음을 보여 줄 수 있다며 고집하였다. 이 문구는 장만의 상소문에서 나온 문구다. (『낙서집』 상소문 10항 참조)

이 문구의 의미는 이렇다. "청이 명을 치면 조선은 청의 후미를 칠 것이고, 또 청이 조선을 치면 명이 청의 후미를 칠 것이다. 하지만 청이 먼저 전쟁을 일으키지만 않는다면 조선은 분명히 중립을 지킬 것이다. 지난번처럼 조·명이 연합하여 청을 치는 일은 절대로 없을 것이다. 조선은 청과의 인연도 중요시하고 있다."

장만의 중립전략은 양쪽 눈치만 살피는 중립이 아니다. 해볼 테면 해보자며 세게 나가는 전략이다. 광해군은 청이 침공할 것을 겁먹고 두려워하였지만, 장만은 청이 명과 대치중에 절대로 조선을 침공하지 못한다는 군사적 상황을 잘 알고 있었다. 그래서 겁먹고 있는 광해군을 설득하여 중립전략으로 이끌었다. 장만은 정세 판단이 정확하고 야전군사령관 경험을 갖춘 유능한 전략가다. 광해군이 장만의 특이한 전략을 믿고 따른 것은 광해군의 능력이다. 장만은 누르하치의 속셈을 꿰뚫고 있었다. 광해군이 가장 겁을 먹고 있는 부분은 '청이 침공하면 조선군사가 막을 수 있는가?' 하는 점이다. 장만은 광해군에게 이렇게 설명하였다.

"청이 세다지만 수비와 공격은 다릅니다. 지난번 심하전투는 조·명이 연합해도 공격자가 되어 청의 수비를 꺾기 어려웠지만, 청이 공격자

정충신

가 되어 조·명과 동시에 전쟁한다면 청이 불리해집니다. 누르하치가 이를 모를 리 없습니다. 그래서 조선을 겁주어 먼저 속국으로 만들려는 작전입니다. 조선이 겁을 먹고 화친에 응한다면 청의 노예가 될 것입니다. 조선은 2-3만의 청군을 막아낼 힘만 있으면 떳떳하게 캐스팅보트 중립전략을 이끌어 나갈 수 있습니다. 조선은 겁먹지 말고 상하가 똘똘 뭉쳐 지키려는 의지만 갖추면 됩니다. 그렇게 하면 누르하치도 감히 어쩌지 못할 것입니다."

장만은 공격자와 수비자의 힘의 비율을 잘 알고 있는 군사전문가다. 조선 군사가 공격자로서는 무능하지만 수비자로서 성을 지키는 전투는 잘한다. 장만이 광해군에게 이렇게 설명하자 광해군이 비로소 안심하며 중립전략으로 돌아선 것이다.

그러나 중립전략이 나 혼자서 발표한다고 되는 것은 아니다. 청의 동의를 받아내야 비로소 전략이 된다. 답장이 건너간 후, 장만은 후속 조치로 자신의 심복인 정충신을 청으로 보내서 중립정책의 뜻을 설득하게 하였다. 중립정책을 완성시키기 위한 세부전략이다. 정충신이 가자 누르하치의 책사인 마법은 정충신의 목에 칼을 들이대고 속임수를 실토하라고 협박하였다. 그들은 중립전략이 속임수라고 생각하였다. 적당히 중립인 체하다가 갑자기 조·명이 합세하여 자기들을 칠지도 모른다고 의심하였다. 하지만 정충신은 조금도 동요되지 않고 장만의 중립전략을 소상하게 설명하였다.

"청이 먼저 전쟁을 일으키지만 않는다면 조선은 분명히 중립을 지킬 것이다. 속임수는 없다. 하지만 청이 먼저 전쟁을 일으킨다면 조선은 명을 도와 또 싸울 것이다.”

누르하치는 결국 장만의 중립전략을 받아들였다. 이는 정충신의 역할도 있었지만 누르하치의 부장들도 장만을 신뢰하고 있었기 때문이다. 장만은 함경도관찰사 때부터 청의 부상(浮上)을 경고하고 대비를 촉구하였지만, 청을 적으로 만드는 전략은 절대로 쓰지 않았다. 명이 유도해도 말려들지 않았다. 이웃한 청을 적으로 만드는 일은 국익에 엄청난 손실이기 때문이다. 장만은 명의 동맹 의리와 청의 이웃의 의리가 충돌한다면 중립해야 한다고 생각했다. 존명사대에 치우친 대신들과는 상당히 다른 사상을 가지고 있었다.

장만의 중립정책으로 인하여 이후 8년 동안 전쟁이 억제되었다. 이는 조·명·청 3국의 힘의 균형을 이용한 캐스팅보트 국방전략의 효과였다. 중립전략이 어찌 문서 한 장 잘 써서 보냈다고 성립되겠는가? 무수히 많은 장만의 전략들이 광해군을 설득하고 누르하치를 설득하여 전쟁을 막아낸 것이다.

낙서집 자료

[낙서집] 08. **기무(機務)에 대해 진달하고 이어서 수선하는 공역의 정지를 요청한 차자 [陳機務, 因請停繕修役箚.]**

삼가 아룁니다. 서쪽 변경의 소식이 한번 이르자 온 나라의 사람들이 근심하고 놀란 나머지, 사람들은 모두 아침저녁을 보전할 수 없는 듯이 가재도구를 이고 지고 피난길을 나서니, 나라가 완전히 무너질 염려가 목전에 임박하였습니다. 적군이 이르기도 전에 인심이 이와 같으니, 만일 흉적의 칼날이 국경을 침범한다면 나라가 궤멸될 모습을 상상해볼 수 있습니다. …

① 이 적(敵)은 명나라와 쟁단(爭端)을 일으켰는데, 북쪽(조선쪽)으로는 이와 같이 기회를 엿보고 있고 서쪽(명쪽)으로는 요좌(遼左: 요동지역)의 대병(大

兵: 명의 군사)이 있습니다. 이 적이 병력이 비록 사납고 강하다 해도, 어찌 내지(內地:조선쪽)로 깊숙이 들어와서 남의 나라를 치려다가 앞뒤로 상대방의 공격을 받아 스스로 패멸하려는 쪽을 택할 수가 있겠습니까? 이는 다만 수백 명의 군사로 우리나라의 국경을 접주고 견제하는 계책을 씀으로써 우리나라로 하여금 군대를 발동시켜 명나라를 원조하지 못하게 하자는 데 불과합니다. 적이 우리나라의 내지로 깊숙이 진병하지 못하는 이상에는 경성(京城:서울)에서 먼저 군사를 움직인다는 것은 또한 너무 이른 처사입니다.

② **두 궁궐의 공사가 거의 절반 쯤 지어졌습니다.** … 그러나 오늘날의 사세(事勢)는 지난날과 같지 않으니, 국사가 매우 위태로워 이미 심각한 지경에 이르렀습니다. … 우선 몇 달 동안 공사를 정지하심으로써 신민들의 바램을 위로해 주신 다음, 변경의 보고가 조금 완만해지기를 기다렸다가 경내가 무사해지면 다시 공사를 시작하시기 바랍니다. 이는 단지 시일을 조금 늦추게 될 뿐입니다. 삼가 바라옵건대 밝은 성상께서는 더욱 헤아려 생각하시되 시세(時勢)를 깊이 염려하시고 민정(民情)을 밝게 살피소서! …

③ **가만히 보건대, 명나라 조정의 과도관 및 제신(諸臣)들의 제본(題本)에는,** 심지어 '조선의 힘을 빌려서 저들(청)의 예봉을 꺾자'라는 말까지 들어 있습니다. 이는 단지 한 부대의 병력을 빌리자는 것이 아니라, 우리나라로 하여금 스스로 한 방면을 담당하게 하여 먼저 오랑캐의 칼날을 맛보게 하려는 것입니다. 이 의논이 실행된다면 우리나라의 근심은 어찌 한량이 있겠습니까? 명나라가 우리나라에 바라는 것이 너무 큽니다. 기대에 미흡할 경우 꾸지람이 이를 것은 뻔합니다. 바라옵건대 밝으신 성상께서는 더 깊이 생각하시고 신하들에게 널리 자문하시되 반복해서 헤아리시어 잘 조처하소서.

이 글은 장만이 1618년 5월 명의 파병요청 후 올린 상소다. 장만은 심하전쟁 때에 8·9·10항 세 차례의 전략상소를 올렸다. 장만은 광해군이 명쪽으로 기울면 청쪽으로 당기고 또 청쪽으로 기울면 명쪽으로 당겨서 중립전략을 유지하고자 하였다.

①의 내용은, 광해군이 명쪽으로 기우니 이를 말리는 내용이다. 당시 광해군은 청이 장차 조선을 정벌할 것을 겁내서 이번에 명이 청을 정벌하는데 적극적으로 참여하려 하였다. 그러나 장만은 청이 조선을 직접

침공하지 않는 한 명·청 전쟁에 섣불리 끼어들지 말기를 주청하였다. 이것이 장만의 파병 반대이며 중립전략의 기조였다. 하지만 광해군은 파병하고 말았다.

　②의 내용은, 광해군이 전쟁이 시작되는 시점에서도 궁궐공사에 빠져서 국력을 낭비하고 있음을 질책하는 내용이다. 그러나 광해군은 궁궐공사를 멈추지 않았다.

　③의 내용은, 장만이 '명이 조선을 이용하여 이이제이(以夷制夷) 전략을 쓰려고 한다'면서, 이에 말려들지 말기를 경고하는 내용이다. 9·10항 두 차례의 전략상소를 올렸다.

낙서집 자료

[낙서집] 09. 부체찰사로서 평안도에 갔을 적에 계언을 진달한 차자 [副體察使往關西時陳戒箚]

①저 명나라는 우리나라의 병력을 지원받아, 기각의 형세를 이룸으로써 호적(胡賊)으로 하여금 뒤를 되돌아보는 걱정을 지니게 하여 감히 명나라를 향해 돌진하지 못하도록 하고 싶은 생각이 오죽이나 간절하겠습니까? … 우리나라의 명나라에 대한 관계는 의리로 보면 군신(君臣)의 분수가 있고, 은혜로 보면 부자(父子)의 정분이 있습니다. 이렇게 보나 저렇게 보나, 국력이 약하다는 이유로 원병을 사양하기는 어렵습니다. 오직 모든 병력을 다 동원하여 따라주며 온 나라를 들어서 한 번 쓰러짐으로써 대의(大義)를 온 천하에 밝힘이 마땅할 뿐입니다. 그러나 계획이 이러한 생각에서 나오지 않고, 다만 '곤란하고 불쾌하다'는 기색만을 여러 번 자문(咨文)에 드러내었으니, 명나라가 혹 우리를 겁쟁이로 여기거나 관망만 한다고 의심하는 일은 곧 우리가 자초한 일입니다. …

군대의 출동 시기가 가까이 임박하여 병사들의 전진 배치를 다 마쳤건만 경략의 밖으로 대우함이 이와 같으니, 후일의 여러 일에 대해 무엇을 연유삼아 품정(稟定)하는 바가 있겠습니까? 어리석은 신이 생각하기에는, 우리가 명나라 장수 및 병사들의 마음을 잃는 것은 오랑캐의 기마 병력이 남쪽으로 내려와서 침략하는 일보다도 더 참혹하다고 할 것입니다. 왜냐하면 근년에 요동과 광녕 사이의 흉악하고 잔혹한 말들은 틀림없이 우연히 나온 것이 아니기 때문입니다. 오늘날 경략에게 참언(讒言)이 행해지는 것은 이 무리들의 뒷말이 아니라고는 할 수 없기 때문입니다. 그러니 우리나라가 조처할 도리를 어찌 소략하게만 하고 말겠습니까? 삼가 바라건대 전하께서는 더욱 더 신중히 생각하시고 신의 이 차자를 비국(備局)에 내리셔서 경략의 마음을 위로하고 오해를 풀게 하는 일에 모든 수단과 방법을 다 쓰도록 하소서.

② 이러한 시기에는 군신 상하가 모두 힘을 합쳐서 서로 도우며 국사를 처리해나가더라도 오히려 해결하기가 어렵지 않을까 염려되거늘, 안으로는 두 궁궐의 공역을 정지하지 않아 '어기영차' 외치는 인부들의 소리가 그치지 않는가 하면, 목재 베는 거조와 공사비 걷는 명령도 잇따라 내려질 판국이며, 밖으로는 군대의 동원, 군량의 운반, 성곽의 축조 등으로 수많은 부역이 동시에 진행되며 매질 소리가 낭자하고 탐관오리들이 곳곳에서 가렴주구(苛斂誅求)합니다. 더구나 서북 지방의 농사가 흉작이어서 겨울철이 절반도 지나지 않았건만 백성들은 거의 다 떠나고 흩어져 버렸습니다. 이러한 천시(天時)와 인사(人事)는 참으로 '통곡할 만하고 눈물을 흘릴 만하며 크게 탄식할 만한 일'이라 하겠습니다. 전하께서는 오늘날의 국사 중에 만에 하나라도 믿을 만한 형세가 있다고 여기시는지요? 어찌해서 심사숙고 하지는 않으시고, 도리어 관례를 따르면서 눈앞의 안일을 추구하고 구차스럽게 무사하기만을 바라십니까?

이 글은 강홍립을 파병하기 직전에 장만이 올린 상소다. 장만은 부체찰사이지만 도체찰사 박승종이 사직한 상황이라 사실상 도체찰사 역할을 하고 있었다.

①의 내용은, 언뜻 보면 장만이 명쪽에 기우는 듯하지만, 장만의 뜻은 세부조항에 있었다. 명과의 친밀한 관계는 그대로 유지하면서도 전쟁만큼은 철저하게 분리하여 명·청 전쟁에 섣불리 끼어들지 말자는 중립전략이었다. 그러한 실리를 챙기기 위해서는 단순하게 "곤란하다. 불쾌하다." 라는 언사로는 안된다는 지적이다. 지금은 이미 파병을 결정하였으니 중요한 것은 피해를 줄이는 전략이다. 피해를 줄이려면 조선군 단독으로 청군을 대적하는 전략을 피해야 하는데 이는 전적으로 명의 경략에게 달려있으니, 경략이 조선군의 저의를 의심하게 만들어서는 안 된

다는 세부전략을 주청하였다. 툭하면 "곤란하다. 불쾌하다."라는 언사를 쓰지 말고 믿음을 주는 실리 외교적 언사를 쓰라는 주청이었다.

②는 장만이 광해군의 전쟁에 임하는 안이한 태도를 질책하는 내용이다. 광해군은 파병만 하면 전쟁이 끝나는 줄 알고 궁궐공사에만 치중하고 있었다. 장만은 파병 후 전쟁이 조·청 전쟁으로 옮아 붙을 것을 염려하며 광해군의 안이한 태도에 경고하였다.

낙서집 자료

[낙서집] 10. 오랑캐의 서찰에 응답하여 보내는 사의(事宜)에 대해 논하고, 이어서 소회를 진달한 차자 [論胡書答送事宜, 仍陳所懷箚.]

삼가 아룁니다. 신이 선전관 권이길이 전해준 승정원의 유지서장(有旨書狀)을 받들어 보건대, "정응정 등이 가지고 온 오랑캐의 서찰을 등서하여 보내니, 경은 대답할 말을 잘 생각해서 헌의(獻議)하되 급속히 치계 하라."는 내용이었습니다. …

① 그러나 오랑캐의 서찰에 대한 답변은 조정의 막중한 계획에 관계되니, 한낱 외방의 신하로서는 비록 얕은 견해가 있다 하더라도 어찌 감히 당돌하게 말씀드릴 수 있겠습니까? 더구나 신은 어리석어서 유독 여러 신하들의 수준 아래에 있으니, 무슨 기묘한 계책이 있다고 그 사이에 끼어들어 의론하겠습니까? 대신들이 있고 비국의 많은 관원들이 있으며 심지어 육경(六卿)과 삼사(三司)에 이르기까지 모든 관제를 갖추지 않음이 없으니, 이것이 신이 등대(登對)하여 성상을 뵙던 날에 두 번 씩이나 성상의 하교를 받들고도 감히 대답해드리지 못했던 까닭입니다.

② 생각건대 저 호적(胡賊)은 이미 '우리나라가 명나라로부터 은혜를 입어 명나라를 배신할 수 없는 의리를 가지고 있다'는 점을 잘 알고 있으면서도 이 포로를 통해서 우리나라의 속셈을 시험해보려는 것입니다. 그래서 병력으로 위협하고 유언비어로써 이간하며 마치 어린아이를 손바닥 위에 올려놓고 희롱하듯 하오니, 심장이 떨리고 뼈마디가 끊어지는 아픔이오나 어찌 하겠습니까? 우리나라는 예로부터 예의(禮義)로써 온 세상에 알려져 있으니, 차라리 나라와 함께 죽을지언정 하나의 '의(義)'자는 끝내 저버릴 수 없습니다.

신의 어리석은 생각으로는, 지금 이 오랑캐의 서찰에 대해서는 그 원문과 함께 명나라의 조정에 털끝만큼도 숨김이 없이 아뢸 것이며, 이어서 이 오랑캐의 흉포한 악행과 우리의 손상을 통렬히 진술하여 지휘해줄 것을 요청하고, 이에 곁들여 문서의 왕복을 통해 그들을 한편으로는 회유하고 한편으로는 정탐해야 한다는 뜻을 말하는 것이 좋겠습니다.

③그리고 오랑캐(후금)를 향해서는 회답하기를, "명나라와 우리나라의 관계는 아버지와 아들의 관계와 같다. 우리나라와 그대의 나라는 손톱만큼의 유감도 없는 사이이다. 명나라가 우리나라에게 원병을 요구하지 않는다면 그만이지만, 명이 또 요구한다면 '아버지의 명령에 자식이 감히 따르지 않을 수 있겠는 가?'" 하는 식으로 말하되, 그 말을 부드럽게 하여 그들을 격노시키지 않도록 하여야 합니다. 이렇게 한다면, 오랑캐는 비록 인의(仁義)의 마음이 부족하고 교활한 마음이 많다고 하지만, 우리나라의 실정을 살펴보지 않겠습니까?

④무릇 천하의 일 처리는 진실하게 하는 것이 가장 소중합니다. 비록 불행한 일이 생기더라도 마음속에 부끄러운 점이 없어야 합니다. 이렇게 한다면, 만약 명나라에서 재차 원군을 요청하는 일이 있더라도, 우리 스스로를 지킬 겨를조차도 없는 모양은 말하지 않는 중에도 나타나 있는 만큼, 장차 원군의 요청으로부터 벗어나기를 요청하는 데 여유가 있을 것입니다. 미천한 신의 견해는 원래 조정의 계책을 돕기에 부족합니다. 하지만 이미 전하의 물으심을 받은 이상 끝내 입 다물고 있을 수는 없기에 감히 이상과 같이 망언(妄言)을 진달하오니, 오직 조정에서 채택하시기에 달려 있을 뿐입니다.

이 글은 장만이 1619년 4월 5일 광해군의 하문을 받고 올린 상소다.

①의 내용은, 장만이 자신의 위상을 임금에게 알리려는 내용이다. 당시 장만의 조정 서열은 10번째다. 다행히 광해군이 장만의 능력을 인정하고 전략을 듣고자 하니 장만의 전략이 전달되었다. 장만은 명·청 전쟁에 섣불리 끼어들지 말자는 중립전략을 시종 주장했지만, 조정 서열이 쟁쟁한 이이첨 같은 대신들이 파병을 강력하게 주장하고 있으니 강단이 허약한 광해군이 장만의 전략을 받아들이기는 어려운 상황이었다. 장만 또한 이런 상황에서 거듭 고집만 부릴 수도 없었기에, 이런 상황을

광해군에게 설명하는 것이다. 이번에는 광해군이 특별히 장만의 의견을 듣고자하여 올리는 상소다.

②는 명·청 전쟁에 섣불리 끼어들지 말자는 중립전략이 중심이지만, 세부적인 전략으로는 명의 신뢰를 바탕으로 하여 외교를 중요시하자는 내용이다. 광해군은 명과 멀리하는 중립전략을 쓰려고 하였지만, 장만은 광해군의 이러한 아마추어적인 외교태도를 지적하였다.

③은 청에게는 강경책을 써야 전쟁을 막을 수 있다는 내용이다. 청에게 부드러운 언사를 썼지만 내용은 강경하여, 조선이 아직 겁먹지 않고 있음을 보여주어야 청이 깔보지 않아 전쟁을 도발하지 않는다고 하였다. "명나라와 우리나라의 관계는 아버지와 아들의 관계와 같다. … 아버지의 명령에 자식이 감히 따르지 않을 수 있겠는가?" 이 내용은 조선이 청에 대하여 겁먹지 않고 있음을 보여주는 내용이다. 이 구절이 장만의 주장으로 4월 21일 청에 보내는 답신에 들어갔다.

④는 광해군이 강홍립의 패전 후 청쪽으로 지나치게 기울자, 장만이 명쪽으로 잡아당기려는 내용이다. 중립전략을 쓰되 명과의 신뢰는 유지시켜야 전쟁을 막을 수 있다. 광해군은 단순하여 강홍립의 패전 후에는 노골적으로 청쪽에 붙으려고 하여, 명을 멀리하며 숨기려는 태도를 보였다. 장만은 광해군의 이러한 아마추어적인 외교 태도를 지적하였다. 우리 실정을 명에게 솔직하게 고하여 신뢰를 쌓아야 중립전략을 성공시킬 수 있다고 하였다. 그래야 2차 파병의 요구에도 거절할 명분이 생긴다.

장만은 어차피 청은 경계의 대상이며, 이런 상황에서 명과의 관계까지 끊는다면 중립전략은 어렵다고 보았다. 명과의 신뢰를 끊지 않는 상태에서의 중립전략이 중요한 전략이었다. 이러한 외교술은 고차원적인 외교전술이었다. 명도 조선과의 관계를 쉽게 버릴 수가 없었다. 장만은 명의 속셈도 누르하치의 속셈도 훤히 꿰뚫어 보면서 고도의 중립전략을 세웠다.

▌ 광해와 장만장군
– 광해군은 장만의 중립정책을 받아들여 심하전쟁을 막아냈다.

장만이 아니었다면 광해는 1619년 4월에 청나라로 잡혀갔었을 것이다. 그러나 광해는 장만의 간언을 무시하다가 기르던 개(인조)에게 물리고 말았다.

04. 광해군의 폭정에 항거하다

장만의 중립정책으로 인하여 국경이 조용해지자 광해군은 이 공로로 장만에게 엄청난 상(賞)을 내려주었다. 종1품으로 승진시키고 체찰사에 병조판서까지 겸직시켜 국방을 오직 장만 한 사람에게만 맡겼다. 엄청난 대우였다.

하지만 장만은 하나도 고맙지가 않았다. 광해군이 궁궐공사로 민생을 파탄내고 있었기 때문이다. 이이첨은 임해군옥사·영창대군옥사 등 가짜 역모사건을 만들어서 광해군을 겁주어 권력을 휘어잡고 호가호위하며 백성들의 재물을 착취하고 있었다. 장만은 광해군에게 1618년 6월부터 1622년 8월까지 4년 동안에 폭정을 중단하라는 항명(抗命)상소를 19번이나 올렸다. 이는 공직자의 진정한 용기였다. 어느 공직자가 폭군에게 폭정을 중단하라는 상소를 19번이나 올릴 수 있겠는가? 오직 장만만이 배짱으로 할 수 있는 용기였다.

▌ 장만이 광해군에게 민본군주의 도리를 가르쳤다

선조는 1597년 10월에 장만을 세자시강원 사서로 제수하였다. 선조는 강직하면서도 머리가 잘 돌아가는 장만을 쓸 만한 인재로 점찍었다. 장만의 민본군주 이론을 들어보니 대단한 철학이었다. 그래서 장만에게 세자를 가르치게 한 것이다. 선조는 장만의 민본군주론이 광해군을 현군으로 이끌기를 바랬다. 장만은 거백옥 같은 민본주의 정치가를 꿈꾸는 인물이다. 장만의 시(詩)에서는 거백옥이 자주 등장한다. 거백옥은 위나라 때 재상으로 나이 50에 자신의 잘못을 깨달았다는 유명한 정치가다. 공자가 존경하는 인물로 꼽은 인물이다. (조선왕조실록 1597년 10월 16일 기사 참조)

장만은 이때 세자인 광해군에게 자신의 철학인 민본군주의 도리를 열심히 강의하였다. "군주는 백성이 병들면 어버이가 되어서 밤잠을 안 자고 고민해야 합니다."

광해군도 23세로 세자가 된지 5년이나 되었으니 군주에 대한 꿈을 품었다. 그래서 장만의 강의에 공감하면서 열심히 경청하였다. 이때부터 광해군은 장만을 지식이 많은 사람으로 존경하였다. 그래서 자신이 집권하자마자 장만에게 국방개혁을 맡겼다. 장만 또한 광해군이 논리를 가지고 대응하므로, 잘만하면 현군으로 부상할 수 있을 것으로 판단하여 정성을 쏟았다. 광해군과 장만은 이렇게 해서 만나진 인연이다.

▌ 광해군의 성품과 의심 정치

광해군은 머리는 조금 돌아가는데 의심이 많고 이기주의가 심했다. 의리도 없고 소심하며 심신이 미약하고 집착이 심했다. 선조·인조·숙종 같은 임금들도 이기주의가 심했지만 광해군이 더 심했다. 왕권 수호의 집착이 심해서 조금만 의심되면 모두 죽였다. 후일 왕권에 위협이 된다는 이이첨의 꼬임에 현혹되어, 동복형인 임해군과 9살짜리 이복동생인 영창대군을 증거도 없이 역모라는 의심만으로 죽였다.

광해군은 심신이 미약한 이기주의 혼군이다. 심신이 미약하면 의심이 많아지고 겁이 많다. 영창대군을 죽여놓고보니 인목대비가 자신을 죽이려고 한다고 의심하였다. 의심이 환상으로 나타나서 괴롭혔다. 누군가가 쿠데타를 하면 인목대비가 자신을 죽일 것이라고 생각하니 견딜수가 없었다. 그래서 물불 가리지 않고 인목대비를 폐출시켰다. 광해군이 궁궐공사에 집착한 것도 심신미약이 만들어낸 비극이다. 광해군이 죽인 임해군·영창대군·능창군의 귀신들이 밤마다 나타나 괴롭혔다. 그래서 새 궁궐로 피신하려고 궁궐을 열심히 지었지만, 이사를 가서도 또 귀신이 나타나니 도로 돌아오기를 반복하였다. 심신미약 증상이다.

군왕은 백성을 이끌고 살려야 하는 지도자다. 백성을 위해서 자신을 희생 할 줄 아는 덕목이 있어야 왕이다. 그런데 광해군은 백성을 위해서 자신의 희생은커녕, 자신에게 조금이라도 해가 된다는 의심만가면 형제라도 죽였다. 그 뿐이 아니라 심신까지 미약해서 귀신놀음에 잘 빠졌다. 임해군·영창대군이 자신을 죽이려는 환상이 보이니 죽인 것이다. 결국 광해군의 심신미약이 궁궐공사에 빠지고, 이이첨 같은 탐관들의 현혹에 빠지고, 민생을 고갈시켜 쿠데타를 불러들인 것이다.

▌광해군이 신임한 장만·이이첨·김개시

광해군이 신임한 사람은 장만·이이첨·김개시 세 사람이다. 장만은 선조 때부터 군사 전문가로서 이미 이름이 나있어서 국방에 등용하였다. 장만은 백성을 다스리는 재능 또한 탁월하니 국경을 잘 다스려 광해군의 민생정치에 크나 큰 도움을 주었다. 그런데 이이첨과 개시는 왜 신임한 것인가?

이이첨은 탐욕스런 사람이다. 이이첨은 역모사건을 꾸며 만드는 재주가 탁월하였다. 광해군의 의심 병을 잘 활용하여 가짜 역모사건으로 광해군을 겁주고 속여서 왕권을 지켜줄 사람으로 신임받게 된 것이다. 결국 광해군의 의심 병이 가짜 인재인 이이첨을 등용하여, 광해군은 이이첨의 국정농단으로 인하여 민심을 잃고 쫓겨나고 말았다.

김개시도 광해군의 의심 병을 이용하여 권력을 잡았다. 그는 천한 출신이지만 광해군을 홀릴만한 두 가지 재능이 있었다.

첫번째 재능은 이야기를 꾸며 만드는 재주가 있어서 광해군의 신임을 받았다. 개시는 하나의 이야기를 들으면 열 개의 이야기를 그럴듯하게 만들어내니, 이야깃거리가 풍부하고 재미가 있었다. 광해군은 의심이 많아서 내전(內殿)에서 일어나는 일에도 관심을 보였는데 김개시가 뉴스 전달자였다. 광해군이 김개시의 뉴스와 해결책을 들으면 앞이 훤히 보이는 듯 시원하였다. 광해군이 김개시의 뉴스에 홀려서 그를 신임하며 많은 권한을 주었다.

두번째 재능은 특이한 성적(sex)인 재능이다. 광해군은 소심하여 연산군 같은 성적인 망나니는 못 되었지만 내심으로는 성적인 불만이 있었는데, 이를 김개시가 풀어주었다. 실록에는 이렇게 기록되어 있다. "김개시는 얼굴은 피지 못했으나 비방(秘方)으로 주상의 마음을 사로잡았다." 그가 미모는 되지 않는데 비방으로 주상의 마음을 사로 잡았다면 무엇이겠는가? 당시 중전이나 후궁들은 체면 때문에 또 도덕성 때문에 특이한 성적인 모션은 어렵겠지만, 김개시는 천한 신분에 미모도 안 되면서 주상의 마음을 잡고자 하니 무슨 짓인들 못하였겠는가? 과격한 모션이 나왔을 것으로 추정된다. 당시 임금의 잠자리는 비밀도 아니다.

김개시가 광해군에게 취한 특별한 성적인 모션이 어찌 나인들 사이에서 퍼져나가지 않았겠는가? 퍼져 나갔으니 사관이 '비방으로 주상의 마음을 사로잡았다'고 기록하지 않았겠는가?

▌광해군의 폭정이 시작되었다

광해군의 폭정을 세 부분으로 나누어 볼 수 있다. 첫째는 인목대비를 폐출하고 임해군과 영창대군을 죽인 폐모살제(廢母殺弟)이다. 둘째는 이이첨의 대북파 세력들과 김개시 같은 호위무사들에게 지나친 권력을 주어서 이들이 백성을 착취하게 만든 일이다. 셋째는 자신이 궁궐공사에 빠져서 민생을 고갈시킨 일이다.

장만은 1616년에도 대북파와 이이첨의 전횡(專橫)을 탄핵했다가 파직을 당한 전과(前過)가 있었다. 하지만 고통 속에서 헤매는 백성들을 이대로 두고 볼 수가 없어서, 복권되자마자 또 다시 광해군에게 폭정을 중단하라는 상소를 무려 19번이나 올렸다. 이런 장수가 장만 말고 또 있겠는가? 장만의 상소는 『낙서집』에 그대로 남아 있다. 읽어보면 머리가 저절로 숙여진다. 백성을 살리려는 간절한 마음이 그대로 전해진다. "전하! 백성은 나라의 근본입니다. 백성이 병들면 나라가 망합니다."

광해군의 정치는 전기 10년과 후기 5년으로 나누어 살펴볼 필요가 있다. 전기 10년간은 그래도 민생을 돌보는 정치를 구현했지만, 후기 5년간은 그야말로 방종하는 정치를 했다. 전기에는 이원익·이덕형·이항복 등 명망있는 대신들과 국방전문가 장만을 등용하여 함경도·평안도 국경지역을 개척하며 민생정치를 수준 이상으로 끌어올렸다. 하지만 광해군은 의심이 많아서 왕권의 위협세력을 과잉으로 제거하였다.

그렇다면 이이첨은 왜 광해군을 부추겨서 형제들을 죽이게 하였는가?

이이첨은 군사들이나 선비들의 신망을 받을 수 없는 탐욕스런 인물이다. 축재를 위해서 권력이 필요한데, 그가 취할 수 있는 권력은 오직 임금을 속여서 얻어내는 방법 밖에는 없었다. 그래서 의심 많은 광해군에게 가짜 역모를 만들어서 겁먹게 한 후 자신이 해결해 주는 듯 속여서 광해군의 신임을 얻어 권력을 취했다. 임해군옥사·영창대군옥사는 이이첨의 속임수와 광해군의 의심 병이 합작으로 만들어낸 가짜 역모사건이다. 광해군은 판단 능력이 없어서 이이첨의 속임수에 걸려들어 영혼까지 이이첨에게 지배를 당하였다. 그래서 이이첨이 부정한 줄 알면서도 어쩌지 못한 것이다.

▌광해군이 인목대비도 폐출시켰다

집권 10년째인 1618년 1월에는 인목대비마저 왕권에 위협이 된다고 폐출시켰다. 왕통상의 어머니를 자식이 폐출시킨 것이다. 인목대비는 광해군에게 영창대군을 살려달라고 애원했지만, 광해군은 9살짜리 영창대군을 결국 죽이고 말았다. 이이첨은 인목대비 곁에 첩자를 심어놓았다. 인목대비가 광해군을 원망하는 말을 하자, 이 첩자가 이이첨에게 고하고 이이첨이 광해군에게 고하니 광해군이 대노하여 인목대비를 폐출시킨 것이다.

여기서도 광해군의 야비한 성품이 그대로 보인다. 광해군이 영창대군을 죽인 후 인목대비가 자신을 욕할 것을 예측하고, 그 증거를 확보한 후 인목대비를 폐출하려고 함정(陷穽)을 만들어 놓은 것이다. 광해군은 첩자를 통하여 증거가 확보되자 모든 신하들에게 공개하고 의견을 내라고 하였다. 실록에서 그 기록을 보면 참으로 야비하다는 생각이 든다. 자식을 죽여 놓고 그 어머니마저 폐출시키려고 함정을 파고 임금을 욕했다는 증거를 확보하여 죄인으로 만드는 과정이 실록에 그대로 나온다.

　여기서 이이첨의 대북파 앞잡이들이 대거 등장하여 인목대비를 탄핵하는 상소를 연일 올렸다. 광해군은 겉으로는 어머니를 죄줄 수 없다고 능청을 떨며, 뒤로는 이이첨을 사주하여 연일 탄핵상소를 올리게 하였다. 광해군은 동복형인 임해군을 죽일 때도 이처럼 겉으로는 형제를 죽일 수 없다고 능청을 떨며 뒤로는 앞잡이들에게 탄핵상소를 올리라고 사주하였다. 이것이 광해군의 본 모습이다. (『광해군일기』 1617년 11월 25일 기사 참조)

▌광해군이 명재상 이항복도 죽였다

이항복

　인목대비 폐출은 효(孝)사상을 중요시하는 당시 사대부 사회에서 엄청난 파장을 불러 일으켰다. 이 일을 막다가 이덕형은 스트레스로 죽고, 이원익과 기자헌은 유배되고, 1618년 5월에는 이항복마저 유배지에서 죽었다. 이항복은 장만의 부친과 절친으로, 장만이 어릴 적부터 친형처럼 따르는 인연이었다. 이항복은 덕이 높아 따르는 선비들이 많았다. 이이첨이 광해군을 속여서 권력을 잡고 국정을 농락하니 청렴한 선비들이 이이첨을 탄핵하였다. 선비들은 대부분 이항복의 문인들이다. 이이첨은 이항복을 제거해야 자신을 탄핵하는 세력이 무너질 것으로 판단하여 이항복 제거 계획을 세웠다. 이이첨의 주적

(主敵)은 이항복과 장만이었다.

이이첨은 인목대비 폐출사건에 이항복을 엮어 넣었다. 이때 이항복은 벼슬을 사직하고 고향에서 제자들을 가르치고 있었다. 이이첨은 이항복을 끌어내기 위해서 상소를 올렸다. "전하! 대비 문제처럼 중요한 국사 문제는 옛부터 원로대신들에게 하문하여 처리 하였습니다. 지금 이항복은 많은 선비들의 추앙을 받는 원로대신으로 고향에 머물고 있습니다. 지금 국사에 어려운 일을 당하였으니, 그에게 하문하여 처리토록 하소서!" 이렇게 해서 임금의 하문이 이항복에게 도착되고 이항복은 의견을 내어놓아야 하였다.

이항복은 이이첨의 농간임을 알아 차렸지만 자신이 살기위해서 대비를 벌주라고 할 수는 없었다. 그래서 자식이 어미를 벌주는 법도는 없다고 하였다. 이 상소가 도착 되자마자 이이첨은 측근들을 시켜 이항복을 탄핵하게 하였다. "전하! 이항복은 대비 중요한 것만 알지 전하 욕먹는 일은 하찮게 여기는 불충한 자입니다. 유배를 보내소서!" 이런 상소가 연일 올라오자 광해군은 이항복의 유배를 결정하였다. 이렇게 해서 늙고 병든 이항복을 한 겨울에 함경도 북청으로 유배를 보냈다. 겉으로는 원로대신을 걱정하는 체 했지만, 결국 죄 없는 이항복을 한 겨울에 함경도 북청으로 유배를 보내서 죽게 하였다. 이항복은 유배를 가기 전부터 병에 걸렸는데, 추운 겨울에 함경도 북청으로 유배를 가니 몇 달 버티지 못하고 죽었다.

유배지라면 전라도도 있는데 왜 하필이면 겨울에 함경도로 보냈을까? 다분히 고의적인 처사였다. 겉으로는 원로대신을 걱정하는 체 하면서 뒤로는 죽을 자리로 보내는 것이 광해군의 본성이었다. 광해군은 일을 꾸며서 정적을 제거하는 일에서는 지능이 매우 높았다. 이항복은 광해군이 죽인 것이다.

장만은 친형처럼 따르던 이항복마저 죽자 광해군에게 실망하였다. 하는 짓이 점점 현군과는 거리가 멀었다. 그래서 장만은 광해군 곁을 떠나려고 1618년 6월부터 사직서를 연달아 냈다. 사직서를 내면서 그때마다 백성들의 고통을 호소하며 폭정을 중단할 것을 간청하였다. 그러나 광해군은 이제 자신을 겁줄 세력들이 없어졌다고 판단하여 더욱 방종한 정치를 하였다. 이제까지는 왕권을 지키는 일이 겁이 나서 마음 졸이며 조심하고 살았는데, 이제는 위협세력들이 모두 없어졌다고 판단하여 방종하였다. 전쟁을 코앞에 두고도 궁궐공사에 더욱 더 열을 올렸으며, 가렴주구는 더욱 극심해졌다. 따라서 장만의 폭정을 중단 하라는 항명(抗命) 상소도 더욱 심해졌다.

광해군의 성품은 특이하다. 임해군·영창대군·능창군·이항복을 죽였지만 단 한 번도 직접 죽이라고 한 적은 없다. 분명 죽을 것을 알면서도 방치하거나 비밀리에 죽일 것을 넌지시 사주하였다. 인목대비도 그런 방식으로 죽이려고 했는데, 이번에는 이이첨이 거절하였다. 이이첨도 이건 너무 심하다고 본 것이다. 광해군은 지도자로서는 맞지 않는 야비한 성품이다.

▌장만이 죽을 결심을 하고 항명상소를 올렸다

1622년 5월에 장만이 굳게 마음을 먹고 휴가를 신청하여 평산으로 내려갔다. 평산 온천에서 목욕하고 마음을 가다듬어 상소하였다. 지금 백성들은 죽을 지경이다. 5년의 전쟁 부역만으로도 죽을 지경인데 궁궐공사의 부역이 8년이나 이어지며 겹쳤으니, 백성들의 삶은 피폐해질대로 피폐해져서 그야말로 아비규환의 지옥 같았다. 그런데 이이첨의 대북파들은 광해군의 궁궐 공사에 편승하여 빨대를 꽂고 백성들을 착취하였으니 백성들이 살아날 길이 없었다. 그래서 장만이 18번이나 폭정을 중단하라는 항명 상소를 올렸지만 광해군은 들은 척도 하지 않았다.

이제 장만은 죽을 결심을 하고 마지막 상소를 올렸다. 상소는 6월 29일에 조정에 도착되었다. 광해군을 비난하는 문맥이 아주 심했다. 광해군도 이번에는 참지 못하고 폭발하여 장만을 잘라내고 말았다. (『광해군일기』 1622년 6월 29일 기사 참조)

조선왕조실록 자료

광해14년(1622) 2월 2일　**병조판서 장만이 사직을 청하나 받아들이지 않다**

광해14년(1622) 4월 23일　**병조판서 장만이 사직을 청하나 받아들이지 않다**

광해14년(1622) 5월 18일　**병조판서 장만이 종기로 목욕하고자 휴가를 청하니 허락하다**

광해14년(1622) 5월 27일　**병조판서 장만이 사직을 청하였으나 허락하지 않았다**

광해14년(1622) 6월 29일　**장만이 사직하면서 두 궁궐의 역사에 원망이 많다고 아뢰다**
병조판서 장만이 상차하여 사직하면서 마땅히 조치해야 할일을 진달하고, 또 두 궁궐의 역사가 원망을 불러일으키고 있으니 때가 아니라고 하였는데, **왕이 답하기를,** "위를 공격하는 말만 하지 말라. 경도 마찬가지로 나라뿐이니 빨리 올라와서 마음을 다하여 직무를 보살펴서 군사에 대한 일을 잘 처리하도록 하라." 하였다.

광해14년(1622) 8월 12일　**장만이 병을 이유로 사직을 청하자 비로소 허락하다**
병조판서 장만이 병때문에 여러 번 사직 하였는데, **이때에 이르러 비로소 체직되었다.**

▍ 광해군은 결국 쿠데타를 당하고 말았다

장만은 형제처럼 지내던 이항복이 광해의 폭정을 막다가 죽은 후 1618년 6월부터 1622년 8월까지 4년 동안 광해의 폭정을 질책하는 상소를 19번이나 올렸다. 하지만 광해군은 이미 이성이 마비되어 듣지 않고 가렴주구를 계속하였다. 광해군은 다른 신하들의 상소는 무시했지만, 군권을 잡고 있는 현직 국방장관인 장만의 상소에는 관심을 보였다. 군권을 잡은 장만이 쿠데타를 할 수 있기 때문이다. 그래서 장만의 상소 때마다 다독거리며 답변했지만, 항명 상소가 19번이나 이어지자 결국 대노하여 장만을 잘라내고 말았다. 장만을 잘라낸 일은 광해군의 가장 큰 실책이었다. 장만이 직접 쿠데타를 일으키지는 않았지만, 장만을 잘라낸 일로 인하여 쿠데타를 당하고 말았다.

장만은 광해군 때 21번 사직상소를 올렸는데 초기 2회만 순수한 사직서이고 나머지 19회는 모두 폭정을 중단하라는 질책을 겸하는 사직소였다. 장만은 광해군의 신임이 두텁고 부귀영화가 보장된 실세 국방장관이었다. 하지만 장만은 임금의 신임을 자신을 위해서는 하나도 쓰지 않았다. 오직 백성 살리는데 임금의 신임을 모두 다 소진하였다. 오늘날의 장관들이 귀감으로 삼아야 할 귀중한 역사이다. 대통령이 잘못하면 장만같이 할 수 있는 장관이 있겠는가? 국민은 이러한 공직자를 원하고 있다.

장만의 부하들은 이전부터 장만에게 쿠데타를 건의하였다. 성미가 급한 신경진이 대표로 건의하였다. "장군께서는 백성도 살리고 주군도 살리려고 위험한 상소를 여러 번 올렸지만 번번이 거절 당했습니다. 이제 백성을 살리는 길은 오직 주군을 바꾸는 거사 뿐입니다." 하지만 장만은 쿠데타를 말리며 "내가 광해군을 더 설득하여 폭정을 막아보겠다." 라고 하였다. 그래서 죽을 결심을 하고 마지막 상소를 올리려고 휴가를 청하였다. (『광해군일기』 1622년 5월 18일 기사 참조)

광해군은 쿠데타가 두려워 형제인 임해군과 영창대군까지 죽인 인물이다. 현직 국방장관인 장만이 항명 상소를 거듭하자 쿠데타가 두려워 잘라냈다. 장만은 1622년 8월 12일 사직으로 처리되었지만 사실은 문책성 파직이었다. 장만은 파직된 후 고향인 통진으로 내려가 병을 치료하였다. 장만이 파직되자 불안을 느낀 서인 인맥들이 쿠데타를 본격적으로 추진하였다. 쿠데타를 이끄는 인물은 이귀와 최명길이다. 이귀는 장만의 종형의 사위이고, 최명길은 장만의 데릴사위다.

이귀

하지만 모두가 장만의 참여 없이는 움직일 수가 없다고 하였다. 이를 눈치 챈 이귀가 최명길을 대동하고 통진으로 장만을 찾아왔다. 쿠데타가 장만의 반대 때문에 진행되지 못하고 있다는 사실을 알고, 장만과 담판을 지으려고 온 것이다. 이귀가 먼저 말문을 열었다. "영공께서는 백성을 살리려고 여러 번 위험한 상소를 올렸지만 실패하였습니다. 이제 백성을 살리는 길은 거사 뿐입니다." 장만은 "나의 방법은 실패하였습니다. 이제 그대들의 방법을 말릴 명분이 없습니다." 하였다.

최명길이 장만에게 어렵게 말문을 열었다. "장군께서 반대하기 때문에 거사는 한 발짝도 앞으로 나가지 못하고 있습니다. 장군께서 앞에 나서서 주셔야 거사가 성공할 것입니다." 장만이 어렵게 입을 열었다. "나는 광해 정권에서 정책을 편 일이 많습니다. 비록 폭정을 말리다가 파직을 당했다고 해도, 내가 앞장서서 광해를 심판하는 일은 또 다른 의리를 범하는 일입니다. 나는 다만 백성 살리는 뜻에만 동의를 하겠습니다." 장만의 동의가 있자 거사는 신속하게 이루어졌다.

이 때가 1623년 1월 초순이다. 장만은 이귀와 최명길을 보낸 후 광해군에게 마지막 상소를 올렸다. 마지막 상소문에서는 쿠데타의 징조를 암시하는 문구도 있었다. "백성은 오직 나라의 근본입니다. 한번 흩어진 뒤에는 누구와 더불어 호위하오리까?"

폭정이 계속되면 쿠데타가 일어날 수도 있을 것이라는 암시의 뜻도 담겨 있었지만, 광해군은 알아보지 못해 쿠데타를 당하고 말았다.

인조반정은 신경진이 먼저 이서·구굉과 함께 모의를 시작했지만 이들은 모두 무관들로 선비들을 끌어모으는 능력은 없었다. 결국 문과 급제자인 이귀와 최명길이 구체적인 계획을 만들었다. 그러나 이귀는 70세가 다 된 노인이고, 사실상 인조반정에서 젊은 세력을 이끈 인물은 최명길이었다. 인조반정은 1623년 3월 12일 밤에 일어나 광해군을 몰아내고 인조를 보위에 올려놓았다. 이로서 광해군의 폭정도 끝이 나고 백성을 착취하던 이이첨과 개시는 처형되었다.

▎ 인조반정에서 장만의 역할

인조반정 주체 세력들은 장만의 부하들이다. 장만은 좋든 싫든 어떠한 역할을 할 수밖에 없는 위치에 있었다. 광해정권은 이이첨이 이끄는 대북파가 국정을 농단하며 민생을 도탄에 빠트리고 있었다. 그러면서 걸림돌이 되는 서인 인맥들을 모조리 숙청해 버렸다. 최명길도 잘나가는 병조좌랑에서 이이첨의 모략으로 쫓겨나 9년 동안 야인으로 썩었다. 이귀도 역모로 몰렸다가 김개시에게 뇌물을 먹이고 겨우 풀려났다. 이런 상황에서 마직막 남은 장만장군마저 잘려나가자, 서인 인맥들은 이대로 있다가 이이첨에게 다 죽느니 한 판 해보자! 하는 생각이 널리 퍼져있었다. 그래서 쿠데타의 길을 선택한 것이다. 장만이 끝까지 반대했다면 인조반정은 없었을 것이다. 인조반정은 장만의 동의가 핵심이었다. 장만은 "백성이 먼저입니까? 주군이 먼저입니까?" 하는 최명길의 질문에 "백성이 먼저다!" 하며 반정에 동의를 했다.

〈19번의 사직상소〉

1. 광해10년(1618) 6월 2일   장만이 영건도감과 비변사중 하나를 체차시켜달라고 하다

답하기를, "우선은 사직하지 말고 조리하면서 직무를 살피도록 하라." 하였다.

2. 광해10년(1618) 6월 6일   장만이 궁궐역사 중단을 청하며 사직을 청하다

답하기를, "사직하지 말고 마음을 다해 직무를 살피도록 하라." 하였다.

3. 광해10년(1618) 6월 15일   장만이 체찰부사의 사직과 궁궐공사 중지 등을 청하다

답하기를, "차자를 보고 잘 알았다. 이런 때에 어찌 사직해서야 되겠는가?" 하였다.

4. 광해10년(1618) 12월 10일   장만이 비변사 유사당상직의 체차를 청하다

답하기를, "경은 혹시 병이 있더라도 조리하여 일을 보도록 하고 사직하지 말라." 하였다.

5. 광해11년(1619) 1월 21일   형조판서 장만이 사직을 청하다

답하기를, "경은 다시 사직하지 말고 마음을 다하여 직무를 보도록 하라." 하였다.

6. 광해12년(1620) 1월 19일   체찰부사 장만이 올린 사직 서장에 답하다

답하기를, "경은 편안한 마음으로 조리하고 다시는 사직하지 말라." 하였다.

7. 광해12년(1620) 2월 18일   장만이 올린 사직차자를 정원에 머물러 두라고 명하다

답하기를, "차자를 정원에 두고 들여보내지 말라." 하였다.

8. 광해12년(1620) 3월 25일   체찰부사 장만이 병을 이유로 사직상소를 올리다

답하기를, "안심하고 조리하면서 정성을 다하여 나의 바람에 부응하도록 하라." 하였다.

9. 광해12년(1620) 5월 22일   장만이 토목공사의 폐단을 지적하며 사직을 청하다

답하기를, "토목공사의 일은 일찍이 경이 마음을 다하여 감독한 덕분에 이미 낙성을 보게 되어, 내가 가상하게 여겼다. 그런데 지금 어찌하여 물러가서는 뒷말을 하여, 스스로 솔직한 것을 내세워 명예를 요구하는 사람이 되었는가?" 하였다.

10. 광해12년(1620) 8월 11일 **부체찰사 장만이 사퇴를 청하나 불허하다**

답하기를, "이때에 경이 어찌 이런 말을 하는가. 비록 낫지 않은 증세가 있더라도, 병을 조리하면서 직무를 살피도록 하고 사퇴하려고 꾀하지 말라." 하였다.

11. 광해13년(1621) 3월 1일 **겸병조판서 장만이 사직을 청했으나 불허하다**

답하기를, "차자를 살펴보고 모두 잘 알았다. 오늘날 사마(司馬)의 장관으로는 오직 경이 가장 합당하다. 그러니 사직하지 말고 몸조리를 하여 직책을 살피도록 하라." 하였다.

12. 광해13년(1621) 윤3월 3일 **장만이 숭정대부 가자의 사면을 청하니 허락지 않다**

13. 광해13년(1621) 7월 7일 **장만이 위사들의 녹봉을 내릴 것과 사직을 청하다**

장만이 상차하기를, "속히 녹정(봉급)을 마련하여 위졸들의 소망을 풀어 주시고, 신의 직임을 체차하여 직무 없는 몸으로 조리할 수 있도록 해 주소서." 하였다.

14. 광해13년(1621) 7월 20일 **겸병조판서 장만이 또 녹봉을 내릴 것과 사직을 청하다**

장만이 상차하기를, "본조의 녹정(祿政)은 비단 위사(衛士)들을 위하는 것만이 아닙니다. … 신은 병세로 보아 출사할 가망이 없습니다. 앞으로 결코 거둥하는 데에 따르기가 어려우니, 속히 체면하소서." 하니, 답하기를, "… 경은 안심하고 오래도록 조리하여 대례(大禮) 전에는 기어이 나와 직임을 살피도록 하라" 하였다.

15. 광해14년(1622) 2월 2일 **겸병조판서 장만이 사직을 청하나 받아들이지 않다**

답하기를, "질병이 있더라도 조리하고서 직무를 살피도록 하라." 하였다.

16. 광해14년(1622) 4월 3일 **겸병조판서 장만이 사직을 청하나 받아들이지 않다**

답하기를, "사직하지 말고 조리하고서 나오도록 하라" 하였다.

17. 광해14년(1622) 5월 27일 **겸병조판서 장만이 사직을 청하였으나 허락지 않다**

겸병조판서 장만이 고향에 내려간 뒤에 차자를 올려 사직하니, 답하기를, "나랏일이 한창 급한 이때에 경은 병조판서로서 외방에 오래 머물러서는 안될 것이다. 의당 대죄하지 말고 속히 올라오도록 하라!" 하였다.

18. 광해14년(1622) 6월 29일 **장만이 사직하면서 궁궐역사에 백성의 원망을 아뢰다**

병조판서 장만이 상차하기를, 두 궁궐의 역사가 원망을 불러일으키고 있다고 하였는데, 답하기를, "위를 공격하는 말만 하지 말라. 경도 마찬가지로 나라뿐이니 빨리 올라와서 마음을 다하여 직무를 보살펴서 군사에 대한 일을 잘 처리하도록 하라." 하였다.

19. 광해14년(1622) 8월 12일 **장만이 병을 이유로 사직을 청하자 비로소 허락하다**
병조판서 장만이 병때문에 여러 번 사직 하였는데, **이때에 이르러 비로소 체직되었다.**

20. 광해15년(1623) 1월 초순 **장만이 사직하며 시폐를 논하는 상소를 올렸다**

장만은 1618년 6월 2일부터 1622년 8월 12일까지 4년 동안 광해군에게 폭정을 질책하는 상소를 19번이나 올렸는데 이때 와서야 사직되었다. 그러나 병조판서직만 사직되고 부체찰사의 직함은 그대로 있었는데, 1623년 1월 초순에 그마저 사직하며 폭정을 질책하는 마지막 상소를 올렸다. 광해군은 그래도 듣지 않다가, 1623년 3월 12일 인조반정이 일어나 결국 탄핵 당했다.

낙서집 자료

[낙서집] 21. 휴가를 청하여 목욕한 뒤 직임을 사임하면서 당시의 정사를 논한 차자
전하께서는 오늘날 국가의 형세에 대해 어떠하다고 여기시는지요? … 심하(深河)의 전쟁에서 패한 뒤에는 수천 명의 군사들이 떠나가서 돌아오지 못했는데, 그 중에 어찌 간사하고 흉포한 병졸들로서 오랑캐들의 충복(忠僕)이 된 자들이 없겠습니까? 오랑캐는 이미 우리나라의 허실과 강약을 손바닥을 들여다보듯이 훤히 알고 있을 것입니다. 게다가 명나라의 수군(水軍: 모문룡)이 지금 우리나라의 국경에 와 있습니다. 이에 오랑캐가 한 번 우리나라를 침략하리라는 것은 삼척동자라도 잘 알고 있을 것입니다.

오랑캐는 개·돼지 같은 족속입니다. 타이르는 말이나 덕화(德化)로써 그들의 마음을 되돌릴 수 없습니다. 반드시 우리는 무력의 힘을 먼저 갖춘 다음에 자강(自强)하는 방법을 다 사용해야 할 것이니, 장수감의 인재를 잘 선발하고 병사들을 잘 훈련해야 합니다. 성곽의 제도를 엄격히 마련하여 철기군의 느닷

없는 침입을 방비하고, **험준한 요새를 잘 지켜서** 깊숙이 들어오는 흉적의 칼날을 막아야 합니다. 또한 **적을 회유하면서** 정찰하는 한편 호랑이처럼 사나운 **적의 노여움을 돋우지 말아야 마땅하며,** 그들이 쳐들어오지 않으리라는 **요행을** 공연히 믿어서는 아니 됩니다. …

국가가 보존되는 것은 나라의 근본인 백성이 있기 때문입니다. 맹자가 말하기를 "백성을 보위하면서 왕 노릇한다면, 아무도 막지 못한다." 하였고, 병법에서도 이르기를 "발이 차가우면 심장이 상하고, 백성이 병들면 나라가 망한다." 하였습니다. 예로부터 어찌 백성이 없는데도 나라를 잘 보전한 경우가 있었습니까? …

궁궐을 보수하는 공역이 을묘년(1615)에 일어났으며, 전쟁이 일어난 것은 무오년(1618)에 시작 되었습니다. 8년 동안 토목공사를 일으키고 5년 동안 국경을 지키느라 팔도가 소란스러웠고, 국고와 가계가 거덜났습니다. 백성들의 피부를 벗기고 골수를 깨뜨리니 들판에 곡소리가 처절하며, 서로 이끌며 도망쳐서 10집 가운데 9집이 비었습니다. 곳곳의 수령들은 탐욕과 방종으로 재물을 약탈하니, 마치 도적들이 강탈하는 것과 같았습니다. …

그런데도 묘당에서는 이를 말하지 않으니 이는 묘당이 전하를 저버린 것이요, 사헌부와 사간원은 입을 다문 채 한 마디의 말도 하지 않으니 이는 사헌부와 사간원이 전하를 저버린 것이며, 사인(士人)과 서민들까지도 아무도 한 마디 말을 올려 우리 임금께 알려주는 사람이 없으니 이는 사인과 서민이 전하를 저버린 것입니다.

전하께서 깊숙이 구중궁궐에서 지내시니, 어찌 생민들의 도탄에 빠진 상황과 고을의 재물이 고갈된 형편이 이 정도로 극도에 이르렀음을 아시겠습니까? 전장의 물자 수요를 어찌 하찮다고 이르겠습니까? 한 가지의 공역의 문제만 가지고도 백성들의 힘을 손상시키고 백성들의 재물을 고갈시키기에 충분한데, **하물며 또 새 궁궐의 큰 역사를 일시에 모두 일으키는 경우이겠습니까?** … 삼가 바라옵건대 밝은 성상께서는 궁궐의 공역을 잠시 정지하시고 모든 힘을 오랑캐 방비에 기울이도록 하실 것이며, 변경의 사태가 조금 누그러지기를 기다렸다가 한꺼번에 공역을 마치도록 하소서. 이는 다만 1, 2년 정도 조금 늦추는 셈이니, 공정에 무슨 지장이 있겠습니까? …

성상께서는 매양 이 시대의 인심을 염려하시지만, 예로부터 인심과 세도는 단지 그 당시의 임금이 백성을 인도함에 옳은 방법을 택했는가에 달려 있을 뿐입니다. 참으로 자강(自强)하는 계책을 진작하고 나라 지키는 계책을 더욱 굳건히 할 것이며, **명나라의 조정을 예(禮)로써 섬기고 서쪽의 오랑캐를 의(義)로써 대우할 것이며,** 잠시 토목공사를 정지하고 무비(武備)에 전력하소서. 장사(將士)를 선발하고 군법을 엄격히 밝힐 것이며, 궁금(宮禁)을 엄격히 통제하여 요행히 진출하는 일을 막을 것이며, 상벌을 공정히 하여 인심을 가다듬을 것이며, 감사와 수령을 잘 선임하고 번거로운 부역을 줄여줌과 동시에 무거운 부세(賦稅)를 제거해주실 것입니다.

애통하게 여긴다는 교서를 내리시고, 기왕의 일을 후회한다는 뜻을 진술하시며, 탐관오리를 주벌(誅伐)하심으로써 백성들에게 사과를 하신다면, 인심과 세도가 눈이 녹듯이 한꺼번에 변할 것입니다. 이러한 일은 다만 전하께서 마음을 한 순간 돌리는 데 달려 있을 따름입니다. … 이에 감히 평소에 잊지 못하고 간직했던 생각을 병석에서 죽음을 무릅쓰고 말씀드립니다. 삼가 바라건대 밝은 성상께서는 조금이나마 살펴주소서.

왕이 비답(批答)에서 다음과 같이 답하였다. 직임을 사양하지 말라. … 궁궐을 영건(營建)하는 일에 대해서는 경의 뜻이 이와 같다면, 어찌하여 무오년(1618) 사변이 생길 당초에 말하지 않았던가? … 한갓 윗사람을 공박하기만 하는 말은 하지 말라. 경 또한 나라 근심 뿐이니, 급히 올라와서 마음을 다해 직임을 살피고 군무(軍務)를 잘 처리하도록 하라.

이 글은 1622년 6월 29일에 올린 상소다. 장만이 체찰사겸 병조판서, 즉 총사령관의 직책에 있으면서 자신을 임명한 광해군에게 폭정을 중단하라는 상소를 올린 것이다. 그러나 광해군은 폭정을 고칠 기미를 보이지 않았다. 장만은 부하들이 쿠데타 건의를 하였지만 이에 반대하며 자신이 광해를 설득하여 폭정을 막아보겠다고 하였다. 그래서 이번에는 죽을 각오를 하고 휴가까지 얻어서 평산에서 목욕한 다음 마음 단단히 먹고 이번 상소를 올린 것이다. 군권을 갖은 국방장관으로서 임금에게 이런 상소를 올리는 경우는 아주 드문 일이다. 아마도 이런 상소를 올릴 수 있는 사람은 장만장군 뿐일 것이다. 지금도 국방장관이 대통령에게 이런 상소를 올릴 수 있겠는가? 광해군은 장만의 질책상소를 18번이나

잘도 참아 주었지만, 이번에는 대노하여 1622년 8월 12일 장만을 파직 시켜 버렸다.

낙서집 자료

[낙서집] 22. 시폐(時弊)를 논(論)하는 차자 (1623년 1월 초순)

신(臣)은… 상년(1622년) 동짓달부터 모든 병이 심해져 음식을 못함이 수십일에 목숨이 다하다가 이제 겨우 깨어 났아오나, 스스로 생각하기를 머지않아 입지(入地:죽음)하고 다시는 하늘을 보지 못할까 하옵다가, 다행히도 천지부모(임금)께서 의원과 약을 내리시며(1622년 10월 23일) 숨이 끊어지기 전에 구원해 주심에 힘 얻어서 한가닥 목숨을 만 번 죽는 나머지에서 소생했습니다. …

신의 병이 더하면서부터 반년 동안 경기도 사이에 몸을 붙이며 몇 골의 민정(民情)을 살펴보오니, 선혜청(宣惠廳)을 마련하면서부터 민간의 불평이 십(十)에서 팔구(八九)는 없어졌습니다. 그런데 근자에 천사(天使:명사신)의 왕래와 건축잡물(궁궐공사)의 책정으로 부역이 날로 일어남으로 인하여, 민(民)이 명령에 견디다 못해 서로 거느리고 도망함으로 십실(十室)에서 구(九)는 비었습니다. 대개 세도가 한번 변하면서 사람들이 염치가 없어집니다. 모든 군읍(郡邑)의 배당이 반드시 세력있는 자의 **방납(防納:세금의대납)** 있음으로 해서, 꼴과 곡초와 말뚝과 들풀 같은 것은 산과 들에서 자라오니 쉽게 해결 되는 것으로 대단한 민폐(民弊) 거리가 아니온대도, 경중(京中)의 사람들이 다투어 해당관청의 고관에게 부탁하여 싼 값으로 사서 **도감에게 대리 납품을 함으로** 해서, 민간(民間)에 떠맡기어 이익의 굴(窟)로 삼으니 한 묶음의 풀과 한가지의 나무가 많은 것은 이삼십냥(二三十兩)에 이릅니다.

그 사이에는 백성들이 직접 갖추어 납부하려 하면 관청에서는 물리치고 받아주지 아니하여, 시골 백성으로 하여금 오래 머물지 못하도록 하는가 하오며 발도 붙이지 못하도록 하였습니다. **방납업자로부터는 오히려 범람하도록 무절제하게 받아들여 놓고는,** 이로 인하여 방납업자들은 사나운 종들을 대동하고 직접 민간(民間)으로 찾아가서 방납비용의 독촉을 성화(星火)같이 하여, 백성들은 소 팔고 집 팔아도 겨우 급한 원금비용만 완료할 뿐 뒤에 오는 이자가 꼬리를 이으면서 채찍과 몽둥이가 낭자합니다. …

구중궁궐 고운자리 상(上: 임금)께서 어떻게 백성의 지붕 밑에 이러한 시름이 있음을 알으시오리까? 남자는 부지런히 밭을 갈고 여자는 길쌈을 해도 일 년의 수탈을 감당하기에도 부족하다며, 늙은이 부축하고 어린아이 이끌고 흩어져서 다른 곳으로 가는 것을 족히 괴이쩍다 할 것도 없습니다. 풀과 나무도 이와 같사옵거든 하물며 돈과 비단이야 오죽 하오리까. 경기도 안에서 이와 같은 터에 외지방(外地方)이야 더 생각함즉 합니다.

이익(利益)은 간사한 놈의 손으로 들어가고 원망은 구중(九重:임금)의 대궐로 돌아가는 것을 신(臣)은 간절히 아파합니다. **백성은 오직 나라의 근본입니다. 한번 흩어진 뒤에는 누구와 더불어 호위하오리까?** 이것은 유사(有司)의 신(臣)들이 성인(임금)의 뜻을 본받지 아니하며 직(職)을 봉(奉)함이 무상(無狀)해서 이루어지는 것입니다. 신은 창덕궁의 역사를 시작하는 처음부터 완공 할 때까지 전후 십여 년 수임(受任)함이 오랜 것으로 신 같은 자도 없을 것입니다. 신이 서울에서 임금님 모시고 있으면서 일찍이 교외(郊外)의 지척에서 민생의 수고가 **이와 같이 극에 달함을 알지 못하였사오니,** 신의 죄 마땅히 백번 죽어도 오히려 가볍지오마는, 대궐의 역사가 이미 끝나게 되니 이제 중지하기도 어렵습니다.

금일에 급한 사무는 유사(有司)를 신칙하여 쌓인 폐단을 개혁하며 번거롭고 가혹함을 없이하여 범람하도록 정하는 절차를 금지하사, **방납(防納)의 법을 엄하게 하여** 민생의 거꾸로 매어달인 급함을 늦추어 주시오면 오히려 고기의 목마름의 바람을 위로하기에 족하겠습니다. 엎드려 비옵니다. 성명(聖明)께서는 살피소서.

이 글은 1623년 1월 초순경에 올린 상소로 추정된다. 장만이 1622년 8월 12일에 병조판서 직에서 사직되어 통진에서 치료하는 중에 올린 상소다. 병이 심하여 10월 23일에는 임금이 의원을 보냈다는 실록의 기록이 있고, 이 상소문에도 구원해주심에 감사함을 표하였다. 또 후손들의 구전(口傳)에 의하면 이귀와 최명길이 한겨울에 통진을 다녀갔다고 전하고 있으니, 본상소의 시기가 1월 초순으로 추정된다. 이 시기에 장만은 쿠데타가 진행되고 있다는 사실에 동의했거나, 최소한 감지했을 것이다. 그래서 마지막으로 광해군을 설득하는 상소를 올렸다. "백성은 오직 나라의 근본입니다. 한번 흩어진 뒤에는 누구와 더불어 호위하오

리까?" 하였지만, 광해군은 끝내 알아보지 못하고 두 달 후인 1623년 3월 12일에 인조반정을 당하고 말았으니 애석한 역사다. 장만은 광해군을 살려보려고 마지막까지 최선을 다했다.

대개 비리는 임금이 모르는 곳에서 일어난다. 충신이 용기를 내서 고발하면 임금은 대노하며 적폐를 청산해주는 것이 상례다. 그래야 좋은 세상이 되는 것이다. 그런데 광해군은 장만이라는 고위직 충신이 이처럼 애절하게 여러 번 백성의 민폐에 대한 적폐를 상세하게 고발하는데도 조금도 고칠 기미가 없었다. 결국 광해군 자체가 폭군이고 적폐였다. 폭군 밑에서 백성 살리겠다고 충신 노릇하는 장만만 불쌍하다.

05. 탈북자를 살려내다

명나라가 망해가자 청나라 박해를 피해서 탈북자들이 조선으로 망명했는데, 광해군이 이들을 죽이라고 했지만 장만장군이 살려냈다.

▍탈북자들이 넘어오고 있었다

광해군은 겁이 많아서 누르하치의 비위를 거스르지 않으려고 전전긍긍 하였다. 1621년 여름에 강홍립의 군대가 심하에서 패하고 누르하치가 화가 나서 압록강으로 쳐 들어오니, 장만이 압록강으로 나가서 적을 막아냈다. 적들이 9개월간 틈을 보다가 장만의 방어가 견고하니 군사를 돌려 돌아갔다. 우리는 압록강에서 늘 지키지만 저들은 압록강에서 지키는 일이 없었다. 우리가 그쪽으로 침공할 리가 없기 때문이다. 그런데 탈북자들이 우리 쪽으로 넘어오고 있었다.

▌도망자들을 잡아 보내라!

누르하치는 1616년에 나라를 세우고 명나라를 공격하기 시작하였다. 1618년에는 요동 땅 절반을 차지하고, 1619년에는 10만이 넘는 명군을 전몰시켰으며, 우리의 1만 3천군사도 전몰시켰다. 요동 땅은 대부분 청나라의 세력권으로 들어가고, 항복한 명나라 장수들이 청군의 장수가 되어 명나라 백성들을 탄압하였다. 그러니 요동에 있던 명나라 백성들이 툭하면 조선쪽으로 도망쳐 왔다. 지금의 탈북자들과 흡사하였다.

이 문제가 커지자 누르하치가 겁 많은 광해군에게 협박하는 문서를 보내왔다. "도망해오는 명나라 사람들을 모두 잡아 돌려보내라! 그들은 간첩질을 한 죄인들이다. 간첩들을 잡아 보내지 않는다면 조선이 청나라에 대한 적대행위로 간주하고 우리는 조선을 징벌할 수밖에 없다. 우리는 형제의 나라인데 불행한 일이 있어서는 안 될 것이다." 참으로 오만방자한 협박이었다.

▌망명자들을 죽여라!

광해군은 또 다시 잔뜩 겁을 먹고 삼정승과 비변사 당상들을 불러놓고 누르하치의 요구대로 조선으로 넘어오는 명나라 군사들을 잡아 보내자고 하였다. 그러자 대신들이 "도망해오는 명군을 잡아서 보내는 것은 명나라와의 의리상 불가합니다." 하니, 광해군이 꾀를 내어 "그러면 그자리에서 불문곡직하고 그냥 죽이자."라고 하였다. "후일 명나라에서 항의해도, '우리는 명군인 줄 모르고 국경으로 침공하는 청나라 첩자인 줄 알고 죽였다.'고 하면 될 것이다." 하였다. 실로 광해군다운 얄팍한 모책이었다.

이렇게 해서 국경 방책이 결정되고 이 명령이 국경으로 시달되어 실행케 되었다. 이 당시 삼정승은 박승종·박홍구·조정이었는데 광해군의 의견을 막을 만한 배짱도 없는 인물들이다. 비변사 당상들도 처남인 유희분과 이이첨·유공량 등이었는데, 광해군의 의견을 돌릴만한 인물은 없었다. 이제 꼼짝없이 탈북자들이 죽음에 몰렸다.

▌장만장군이 탈북자들을 살려냈다

이때 장만장군은 국경으로 나와 있었다. 이런 국방정책을 통보받을 즈음 조정의 낭관(郎官)들이 장만장군에게 도움을 요청하였다. "실제로 국경에서 이런 조치가 취해진다면 정말 큰일입니다. 이 일을 막을 분은 장군밖에 없으니 상소를 올려 이 일을 막아 주십시오."

낭관들이 국사의 중요한 사항을 대신들에게 논해달라고 요청하는 것은 법식에 있는 직무였다. 낭관들의 요청을 받은 중신들은 왕의 하문이 없어도 국사에 끼어들 수 있었다. 장만은 이러한 법식에 따라 아래와 같은 상소를 올려 광해군의 어이없는 국방정책을 막아냈다. 만일 낭관들의 요청이 없는데 장만이 스스로 나서서 상소를 올렸다면, 외관에 있는 자가 나선다고 비방을 받을 수도 있는 문제이다. 낭청들이 법식에 따라 요청했고, 장만은 법식에 따라 끼어들어 의견을 주달한 것이다.

"요동 땅에 살고 있는 명나라 백성들이 청군의 수탈을 견디지 못하여 동맹국인 우리나라로 도망해 오는데, 그들을 국경에서 쳐 죽인다면 개·돼지 같은 오랑캐들과 무엇이 다르겠습니까? 예절과 의리를 중요시하는 우리로서는 도저히 할 수 없는 짓입니다."

장만의 논쟁을 접한 조정대신들도 비로소 용기를 얻어 광해군에게 "장만의 견해도 일리가 있습니다." 하였다. 상소문을 다 읽은 광해군도 "그렇다면 경들이 알아서 문제가 생기지 않도록 조치를 하라." 하였다.

이렇게 해서 장만은 망명해오는 명나라 백성들의 목숨을 살려냈다. 장만이 아니었으면 그들은 영문도 모르고 국경에서 불귀의 객이 되었을 것이다. 지금도 중국에서는 북한의 탈북자들을 잡아서 보내는 비인도적인 참극이 있다. 장만은 그 당시 벌써 인본주의(人本主義)의 선각자로서 모두가 눈을 감고 모른척 할 때, 홀로 용기 있게 나서서 임금의 마음을 돌려 탈북자들을 살려놓았다. 장만이 "전하! 누르하치의 협박이 두렵다고 도리가 아닌 짓을 해서는 안 됩니다. 이 일로 인하여 그들과 틈이 생긴다 해도 사람으로서는 차마 해서는 안 되는 짓입니다." 하며 임금을 질책하니 모두가 옳다고 하였다. 이것이 진정한 인본주의 장수의 용기였다.

낙서집 자료

[낙서집] 3권 상소 20. 도망해오는 한인(漢人)을 죽이지 말기를 청하는 상소문(1621년)

신(臣)이 병으로 침석(枕席)을 의지함이 이미 3년이 넘었습니다. 한 가닥 쇠잔한 목숨이 아침 아니면 저녁 때 장차 끊어질 것이오니 어찌 기밀을 의논하는 일에 참여하여 말을 보태오리까만, 적명(賊名: 적의 요청)이 있다고 해서 낭관(郎官)들이 법식에 따라 신에게 수의(收議: 의논)할 공문을 보낸 것입니다.

① 그 중에서 하나가 도망해오는 한인(漢人: 명나라 사람)을 국경에서 없애(죽여) 버리자는 의논이 있사오니 참으로 슬프오이다. 이런 말이 어찌하여 여기에 이르렀습니까? 옛말에 이른바 일언(一言)으로 나라를 잃는다고 한 말이 불행히도 이와 비슷합니다. 반복하여 생각해도 그 뜻의 소재를 깨닫지 못하겠습니다. 생각하면 저 노적(奴賊: 청나라)이 사새(沙塞: 사막 변방) 사이에서 센척하며 대방(大邦: 명나라)을 원수로 한 것이 4년입니다. 명·청의 전쟁(기미년전쟁)으로 2, 3의 변방의 성이 도륙의 장(場)이 되고 십만(十萬)의 왕사(王師: 명군)가 흉한 칼날 아래 머리를 나란히 하고 죽었사오며 썩은 나무를 꺾듯이 하면서도 먼저

② 군사를 우리에게로 돌리지 아니함은 우리의 병력이 강함이 있어서 두려워하는 것이 아니오라 이웃의 의리를 범하기 어려움이 있기 때문입니다. 다만 우리

가 천조(天朝: 명)에 군신(君臣)과 부자(父子)의 의리가 있고, 서쪽(명나라쪽)에는 대군(大軍: 명군)의 지킴이 있으니 돌이켜보아 우리나라는 대국(大國: 명)의 원호가 있음으로 쓰이오니, 아직 요동의 기세가 확보되지도 아니했는데 먼저

③ 우리 국경을 범하여 우리와도 틈이 생긴다면 이는 앞으로는 천조(天朝: 명)의 중병(重兵)을 막아야 하며 뒤로는 우리나라의 공격을 받게 되니, 앞뒤로 적(敵)이 생기게 하는 것은 병가(兵家)에서 크게 꺼리는 것입니다.

적(賊: 누르하치)이 비록 인의(仁義)는 부족하지만 흉하고 교활함은 남음이 있으며 전쟁의 길에서 늙었습니다. 때문에 근년 이래로 연이어 사신을 보내어 왕래하며 지연하면서 한편으로 우리의 허(虛)와 실(實)을 엿보며, 한편으로 우리가 명나라 돕는 길을 막아 뒤돌아보는 근심을 끊고 중원(中原: 명나라)으로 나아가려는 의도를 온전히 하자는 것이옵니다. 이제 수임(受任) 호장(胡將: 청나라장수)된 자가 우리를 협박하여 조선으로 도망가는 한인(漢人)들을 죽이라 하는 것은 저 노추(奴酋: 누르하치)의 중책을 두려워하여 변성(邊城)을 겁주어 그 죄를 면하자는데 지나지 못하는 것입니다.

④ 수임 받은 호장 처지에 노추의 명령도 없이 망령되게 우리를 공격한다는 것은 절대로 그러할 리가 없으니 이 빈말로 공갈하는 것이오, 저 적의 교활한 모략이 어찌 하나둘이 도망해 오는 연고로 해서 가볍게 우리 국경을 침범하오리까?

우리에게 있어서는 오직 마땅히 병마(兵馬)를 증강하며 적이 오면 상대하려는 모습을 보이며, 사실대로 직언하며 천조(天朝: 명)는 부모의 나라이며 도망해 오는 사람이 이미 우리 국경에 들어왔다면 의리상 내주지는 못한다고 하여야 할 것입니다. 그리고 명나라에 대해서도 우리가 강(江)의 지킴을 풀고 도망온 한인(漢人)들을 거두어 조정에 아뢰게 하여 저 적(賊)이 우리의 국경을 침범한 일을 알리도록 한다면, 이는 한인(漢人)으로 직접 목격한 것이니 요광(遼廣: 요동)의 모든 장수(명나라 장수들)는 더욱 우리가 타의(他意) 없음을 믿을 것이며, 소금과 장물도 보내주었으니 이제는 우리가 저 적(청)과 서로 내통했다느니 하는 비방이 자연히 사그라질 것입니다. 저 적은 치지 아니해도 스스로 깨어질 것이며 대의(大義)가 천하에 밝을 것이온대 이런 것은 도모하지 아니하고, 도리어 국경에서 그들(도망오는 명군)을 베어 버리고자 하는 것은 무엇이며, 노추(奴酋)에게 죄 지은 자를 우리가 반드시 죽여야 할 이유가 있습니까? 억지로 이름 해서 간첩이라고 하나 이 이치의 근거는 무엇입니까?

⑤ 우리나라 사람도 짐짓 죄 없는 자를 죽인다는 것이 불가하온데 하물며 한인

(漢人)으로, 궁해서 우리에게로 돌아온 것을 도리어 죽인다는 것은 인정으로도 차마 할 짓이 아니요, 사리(事理)로도 마땅한 것이 아닙니다. 설령 이로 인하여 청나라와 우리가 틈이 생긴다 해도 의리만으로도 절대로 죽임은 불가하온데, 하물며 이것으로 해서 장차 명나라와의 사단이 터짐을 기필하지 못함이오리까? 이 일(한인을 죽임)이 만약에 실천된다면 신은 두렵거니와 다음날 변방의 일이 이보다 더욱 중한 것이 있다고 할 제 그 손을 묶고 명령을 노추에게서 들어야하는 근심도 못해보오리까?

이(夷: 청나라)와 노(虜: 도망해온 명군)를 상대함에 있어 하나의 주장만을 고집함도 불가하지마는, 일이 천조(天朝: 명)와 관계되오니 신중하게 대처하지 아니하는 것도 불가합니다. 엎드려 빕니다. 성명(聖明: 왕)께서는 신의 차(箚: 글)를 비국(備局)에 내리시어 다시 토론을 가(加)하여 후회가 없도록 하옵소서. 신은 구병(久病)의 나머지 오히려 허술(虛術)을 띠고 있사오나 마음에 먹은 바가 있사옵기 감히 침묵만을 지키며 우리 성명(聖明)하옵심을 저버리지 못하겠나이다.

이 글은 1621년 여름에 올린 상소다. 광해군은 청이 침공할 것을 두려워하여 청이 요구하는 대로 들어주었다. 청이 탈북하여 조선쪽으로 도망가는 한인(漢人)들을 잡아서 보내라고 하자, 광해군은 명과의 관계 때문에 잡아서 보내기는 어려우니 국경에서 묻지도 말고 죽이라고 하였다. 이런 명령을 받은 총사령관 장만은 광해군의 잘못된 명령을 정면으로 반박하며 질책하여 광해군의 결단을 돌려 탈북자들을 살려냈다.

본 상소문은 인본주의 철학자 장만장군의 위대한 정신이 보이는 대목이다. 싸움만 잘한다고 명장(名將)이 되는 것이 아니다. 인본주의를 바탕으로 적이든 아군이든 사람의 목숨을 살려내는 장수가 진정한 명장이다. 장만은 자신의 목숨을 걸고 임금의 오판을 설득하여 인명을 살려낸 진정한 명장이었다. 이 때 탈북한 명나라 사람들은 전주로 보내서 한인(漢人) 마을을 이루고 살게 하였다고 전해진다.

06. 위졸들의 녹봉 주청

궁궐 공사로 나라살림이 어려워져서 광해군이 위졸들의 녹봉을 주지 않자 장만장군이 홀로 주청하여 찾아주었다. 위졸들은 광해군과 장만을 어떻게 생각했겠는가? 장만은 뼛속까지 민본(民本)주의자다.

▌위졸들에게 봉급이 중단되었다

광해군은 처음에는 민생의 일에도 관심을 보이며 제법 민생정치를 하였다. 그러나 정권이 10년이 넘어가고 왕권을 위협하는 임해군·영창대군·능창군·인목대비 등이 제거되자 방종한 정치가 시작되었다. 가장 심한 것이 궁궐공사와 대북파의 전횡이었다. 10년이라는 짧은 기간 동안에 궁궐을 4개씩이나 중건하였으니 백성들의 고통은 이루 말할 수가 없었다. 설상가상으로 왕권보호를 위한다는 명목으로 이이첨 그룹과 개시가 저지르는 부패와 전횡이 백성들을 도탄으로 빠트렸다. 백성들은 전쟁의 공역과 궁궐공사의 공역을 동시에 치르며 또한 이이첨의 대북파 세력들과 김개시의 착취까지 삼중고(三重苦)에 거덜이 났다.

광해군의 호위무사를 자처하는 이이첨과 개시는 왕권을 지킨다는 명분으로 권력을 얻어서 돈을 받고 관직을 팔았으며 백성들을 수탈하였다.

▌장만장군이 홀로 나서서 위졸들에게 봉급을 찾아주었다

이러한 과정에서 국고는 텅텅 비었고, 조정에서는 위졸들의 녹봉을 주지 못하는 불상사가 발생하였다. 그러나 광해군은 대수롭지 않게 여겼다. 공직자들은 녹봉이 없어도 뇌물로 먹고 살 수 있다고 여긴 것이다. 눈치만 살피는 대신들은 몸보신하며 입을 다물었다. 사헌부와 사간원의 언관들도 입을 다물고 있었다. 이들 또한 이이첨의 대북파들이 장악하고 있었기 때문이다. 대북파들은 광해군의 궁궐공사에 편승하여 세금 방납(防納)제도를 이용하여 백성들을 갈취하고 있었다. 방납제도는 백성들에게 부과된 세금을 대신 납부하고 이득을 챙기는 가장 대표적인 수탈 방법이었다. 그로 인하여 3만원의 세금이 30만원으로 10배나 올라가 버렸다.

결국 이 일도 장만장군 홀로 나서서 위졸들에게 녹봉을 지급하라고 주청하였다. "전하! 위졸들의 녹봉은 비단 위사(衛士)들만을 위하는 것이 아닙니다. 조정의 실직이 없는 자들은 모두 그 녹봉만 바라보고 있습니다. 그러니 특별히 참판 이하로 하여금 속히 녹정을 거행하도록 하십시오." 장만장군의 이런 상소가 2번이나 거듭되자 광해군은 마지못하여 위졸들의 녹봉부터 마련해 주라고 하였다.

광해군의 폭정을 연산군과 비교해보자. 연산군이 상식을 뛰어넘는 포악한 폭정을 했다면, 광해군은 은근히 백성을 죽이는 사악한 폭정을 하였다. 백성들에게 미치는 고통은 연산군 때보다 오히려 광해군 때의 폭정이 더 심각하였다. 그런데 광해군은 왜 장만의 말이라면 들어 주었는가? 국방문제 때문이었다. 광해군이 겁을 먹고 있는 부분은 두 가지다. 하나는 쿠데타로 인한 왕권찬탈이며, 둘은 외침이다. 왕권찬탈 문제는 이이첨이 막아준다고 믿었으며, 외침은 장만이 없으면 안된다고 믿었다. 그래서 이이첨과 장만은 잘라낼 수가 없었다. 그런데 이이첨은 그 권력으로 백성을 갈취하고 있었으며, 장만은 그 권력으로 백성들을 살려내고 있었다.

이이첨과 장만은 같은 정권하에서 색깔이 전혀 다른 권력자로 부상하였으니, 서로 탄핵하고 싸우는 일은 당연하다. 장만은 이이첨의 백성

갈취를 탄핵하며 이이첨을 잘라야 백성이 산다고 했지만, 이이첨은 장만을 잘라야 왕권이 산다고 하였다. 충신과 간신을 구별할 줄 모르는 광해군은 결국 간신 이이첨을 선택하고 장만을 잘라버렸다. 장만을 잘라내자 민심이 급격하게 이반되어 인조반정을 당하여 쫓겨나고 말았다. 광해군은 백성 위하는 마음도 없었지만, 충신과 간신을 구별하는 능력도 없는 혼군이었다.

조선왕조실록 자료

광해 13년(1621) 7월 7일 **병조판서 장만의 사직 청한 차자를 받아들이지 않다**
병조판서 장만이 상차하기를, "신의 병세가 깊고 무거워 언제쯤 출사할 수 있을지 기약할 수 없습니다. **속히 녹정(祿政)을 마련하여** 위사(衛士)들의 소망을 풀어 주시고, 신의 직임을 체차하여 직무 없는 몸으로 조리할 수 있도록 해주소서." 하니,
왕이 답하기를, "요즈음 나랏일이 위급한 지경인데, 수상부터 모두가 질병을 핑계하여 번거롭게 진달한 소장이 이미 여러 차례이다. 흉적들이 남쪽으로 깊이 침입한다면 수상 이하는 한가히 누워서 자신들만 편하게 지낼 수 있겠는가? 아무리 생각해도 그 저의를 알지 못하겠다. 기쁨과 슬픔을 함께 해야 할 대신들이 무정하게 나라의 위급함을 돌아보지 않으니, 다른 사람들이야 말할 것이 있겠는가? 이는 모두 임금답지 못한 내가 왕위에 있어서이니, 천장만 바라보며 부끄럽고 애통해 할 뿐이다. 경은 비록 병이 있다 하더라도 조리한 지 오래되었을 뿐 아니라 사체도 다른 대신들과 다르니, 불가불 출사해야 할 것이다. **위사들에게 부록(付祿)하는 것이** 무슨 감내하기 어려운 노고가 있다고 그러는 것인가. 다시금 사양하지 말고 속히 나와 직임을 살피도록 하라." 하였다.

광해 13년(1621) 7월 20일 **녹봉을 내릴 것과 체차를 정한 병조판서 장만의 상소**
병조판서 장만이 상차하기를, "본조의 **녹정(祿政)은** 비단 위사(衛士)들을 위하는 것만이 아닙니다. 조정의 실직이 없는 자들은 모두 그 녹봉을 바라고 있습니다. 신은 오랜 질병으로 아직도 먹지 못하고 있습니다. 신이 비록 집에 있으나 이런 일은 동료들과 적절하게 논의할 수 있습니다. 다만 정석(政席)에 참여하지 못할 뿐입니다. 그러니 특별히 참판 이하로 하여금 속히 녹정을 거행하도

록 하십시오. 그리고 신은 병세로 보아 출사할 가망이 없습니다. 앞으로 결코 거둥하는 데에 따르기가 어려우니, 속히 체면하소서." 하니,

왕이 답하기를, "경의 병에 차도가 있는 것을 알게 되니, 참으로 기쁘다. **녹정의 도목정(都目政)은** 우선 아관(亞官)으로 하여금 처리하도록 하비(下批)하였으니, 경은 안심하고 오래도록 조리하여, 대례(大禮) 전에는 기어이 나와 직임을 살피도록 하라." 하였다.

광해군은 위졸들의 봉급이 나가지 못하는 사태에 대하여 대수롭지 않게 여기고 있다. 그러나 당하는 위졸들은 큰일이다. 삼정승과 언관들도 아무 소리 못하고, 오직 장만장군 홀로 나서서 임금을 질책하여 위졸들이 봉급을 받게 해주었다. 비록 임금에게 미움을 받더라도 민생을 위해서 바른 말을 올리는게 올바른 공직자의 자세다.

이런 것이 장만의 위대한 정신이다. 전쟁터에서 목숨을 버려 나라를 지키는 일보다도 더 어려운 것이 부귀영화 움켜진 고위 공직자가 임금의 잘못을 질책하여 백성을 살리는 정치다. 조선의 역사 속에서도 이러한 국방장관이 있었다. 광해군도 장만의 진정성을 알기 때문에 이를 받아주었을 것이다. 위졸들은 장만을 어떻게 생각하였을까? 그래서 "볼만=장만"이라는 노래가 나온 것이다. 장만은 볼만한 인물이라는 뜻이다. 지금의 국어사전에는 그 뜻이 왜곡되어 "구경만 하는 사람"으로 전해진다.

07. 광해시대 방납제도의 민폐(民弊)

▌민폐의 근원은 광해군에게 있었다

장만장군은 민폐의 근원이 광해군에게 있다고 판단하였다. 이이첨이

이끄는 대북파의 국정농단은 광해군의 비호 때문에 가능한 것이다. 그래서 자신을 임명한 주군의 잘못을 질책하는 상소를 19번이나 올렸다. 하지만 광해군은 장만의 간절한 상소에 대노하여 장만을 파직시켜버렸다. 광해군시대 가장 극성을 부린 민폐는 방납제도였다. 광해시대 민폐의 원인은 전쟁대비와 궁궐공사의 공역이다. 그러나 이보다도 더 큰 민폐는 세금을 거두어들이는 방납제도의 비리 운용에 있었다. 전쟁대비에 10이 들어갔다면 궁궐공사에는 20이 들어갔으며 방납제도를 악용하여 탐관들이 빼내가는 수탈공역은 30이 넘었으니 백성들의 고통을 짐작할 수가 있을 것이다.

장만장군은 방납제도로인한 민폐를 막기 위해서 목숨을 걸고 비판하는 상소를 여러 번 올렸다. 하지만 광해군은 백성들이 당하는 고통에 대하여 안쓰러운 마음이 없는 나쁜 임금이었다. 결국 광해군은 장만의 간절한 상소를 묵살하고 폭정으로 민생을 파탄 내다가 쫓겨나고 말았다. 조선 전쟁시대 백성을 어렵게 만든 인물은 선조보다도 광해와 인조의 무능과 이기주의가 더 큰 영향을 끼쳤다.

▌방납제도란 무엇인가?

방납(防納)제도란 백성들이 낼 세금을 방납업자가 대신 내주고 그 세액에 이자를 붙여서 방납업자가 백성들에게 받아내는 세금징수 제도이다. 정부는 세금징수가 수월해서 좋았고 중간 관리들은 방납업자를 통하여 뒷돈이 생겨서 좋았다. 오직 백성들만 죽을 맛이다. 정부의 관리들은 방납업자에게 막강한 권한을 주었다. 막강한 권한을 움켜쥔 방납업자들은 백성들의 세금을 강제로 대신 내주고 원금보다 더 비싼 이자를 매겨서 받아냈다. 만일 백성들이 이자를 잘 내지 못하면 싸나운 모리

배들을 데리고 가서 몽둥이질을 하였으니 백성들의 수탈의 고통은 이루 말할 수가 없었다.

방납제도는 어떠한 철학에서 만들어졌는가? 한마디로 말하면 민본 민생과는 정반대되는 백성을 오르지 수탈의 대상으로만 생각하는 나쁜 철학에서 만들어진 백성 죽이는 세금징수 제도이다. 백성들은 이 방납 제도로 인하여 엄청난 고통을 당하였다. 장만장군은 이를 고쳐달라고 광해군에게 여러 번 간청하였지만 광해군은 듣지 않았다.

▎왜 광해시대 방납제도가 극성을 부렸는가?

나쁜 임금 때문이다. 방납제도를 민폐로 만드는 것은 악덕 관리들이 다. 이것을 막는 것은 임금의 직무이다. 그러나 임금인 광해군은 백성들의 고통에 대하여 안쓰러운 마음이 별로 없는 인물이다. 광해군은 백성들이 죽거나 말거나 별로 관심이 없었다. 오직 궁궐공사에만 매달렸다. 그러니 중간 관리들이 방납제도를 악성 민폐로 만들어서 백성들을 수탈하는 것이다. 더구나 광해군은 궁궐공사에 빠져서 홍위병인 이이 첨이 이끄는 대북파들에게 막강한 권력을 실어주었으니 이들은 마음 놓고 백성들을 수탈하게 된 것이다.

방납제도가 광해군 때 처음으로 생긴 것은 아니다. 하지만 그 민폐는 광해군 때 가장 극성을 부렸다. 그 이유는 광해군과 이이첨이라는 두 악덕 인물들이 만들어낸 결과물이다. 광해군은 백성들의 고통에 별로 안쓰러운 마음이 없는 인물이며 이이첨은 정형적인 탐관오리였으니 방납제도가 민폐로 극성을 부리는 것은 어쩌면 당연한 결과였다. 이이첨이 이끄는 대북파들은 방납제도를 악용하여 백성들을 수탈하였다. 광해군은 이들의 백성 수탈을 허용했으며 뒤를 봐주고 있었다.

이를 말려야 할 삼정승과 사헌부 사간원 관리들은 **광해군과 이이첨**이 두려워 모두가 입 다물고 있었다. 오직 장만장군 만이 이들의 적폐를 광해군에게 탄핵 하였다. 하지만 주범이 광해군 이였으니 탄핵이 먹혀들지 못하였다. 그래서 장만장군은 광해군을 목표로 삼아서 폭정을 중단하라는 질책상소를 19번이나 올린 것이다, 장만의 상소는 〈낙서집〉에 남아있다. 읽어보면 머리가 저절로 숙여진다.

장만장군은 여러 차례 방납제도의 적폐운영을 비판하고 질책하였다. 광해즉위년 1608년 8월 16일 상소에서 거론하였으며, 1616년에는 이이첨이 이끄는 대북파의 방납제도의 전횡(專橫)을 신랄하게 탄핵 하였다가 도리어 최기(崔沂: 가짜역모사건)의 역모사건에 몰리어 파직을 당하였다. 1622년 6월 29일에는 작심하고 휴가까지 얻어서 평산에서 목욕까지 한 후 대북파의 방납제도의 수탈을 탄핵하였다. 이때 또 파직을 당하였다. 그래도 포기하지 않고 1623년 1월에 또 대북파의 방납제도의 전횡을 탄핵하였다.

조선왕조실록 자료

광해군 즉위년(1608) 8월 16일 **비변사가 함경감사 장만의 진폐차자에 회계하다**
비변사가 함경감사 '장만의 진폐차자(陳弊箚子)'에 대하여 회계하기를, …… 전렵·둔전·좌대(坐隊)·면방(免防) 등에 따른 갖가지의 폐단이 이루 다 말하기 어려운가 하면, 또 매질이 너무 잔혹하여 매를 맞다가 목숨을 잃기까지 하나, 병민(兵民)이 위협과 잔혹에 질리어 감히 감사에게 호소하지를 못한다니, 너무도 통분한 노릇입니다. 공물은 비록 감면이 되었다 하여도 이러한 병폐들이 아직도 제거되지 않고 있다면, 이는 상공(上供)만 줄였을 뿐이지, **병민에 대한 침해와 수탈**은 종전과 마찬가지입니다.

광해14년(1622) 6월 29일 　　**장만이 사직하면서 두궁궐의 역사에 원망이 많다고 아뢰다**

병조판서 장만이 상차하여 사직하면서 마땅히 조치해야 할일을 진달하고, 또 두 궁궐의 역사가 원망을 불러일으키고 있으니 때가 아니라고 하였는데, **왕이 답하기를**, "사직하지 말라. 가을철이 이미 닥쳐서 오랑캐기병의 세력이 더욱 성해지고 있다. 경이 이미 나랏일이 위급한 줄을 알았다면 왜 올라오지 않고 물러가서 큰소리만 치는가. 영건하는 일에 대해서 경의 생각이 이와 같았다면 무오년사변이 생긴 초기에 어찌 말하지 않았는가. 지금은 이미 거의 다 완성되어서 전에 들인 공력을 포기하기가 어렵다. 앞으로 어찌 나무를 베고 운반하는 일이 있겠는가. 위를 공격하는 말만 하지 말라. 경도 마찬가지로 나라뿐이니 빨리 올라와서 마음을 다하여 직무를 보살펴서 군사에 대한 일을 잘 처리하도록 하라." 하였다.

〈해설〉: 위 상소의 내용은 낙서집 상소편 21항에 남아있다. 장만은 위 상소로 인하여 2번째 파직을 당하였다. 1616년 5월에도 대북파의 전횡을 탄핵 했다가 파직 되었다가 1617년 3월21일에 복직 되었다. 또 1622년 6월29일에 대북파의 전횡을 탄핵 했다가 광해가 대노하여 8월12일에 파직 되었다.

광해14년(1622) 8월 12일   **장만이 병을 이유로 사직을 청하자 비로소 허락하다**
병조판서 장만이 병 때문에 여러 번 사직 하였는데, **이때에 이르러 비로소 체직 되었다.**

낙서집 자료

[낙서집] 21. 휴가를 청하여 목욕한 뒤 당시의 정사를 논한 차자 〈1622.6.29〉
전하께서는 오늘날 국가의 형세에 대해 어떠하다고 여기시는지요? …… 국가가 보존되는 것은 나라의 근본인 백성이 있기 때문입니다. …… "백성이 병들면 나라가 망한다." 하였습니다. 예로부터 어찌 백성이 없는데도 나라를 잘 보전한 경우가 있었습니까? ……
궁궐을 보수하는 공역이 을묘년(1615)에 일어났으며, 전쟁이 일어난 것은 무오년(1618)에 시작 되었습니다. 8년 동안 토목공사를 일으키고 5년 동안 국경을 지키느라 8도가 소란스러웠고 국고와 가계가 거덜났습니다. **백성들의 피부를 벗기고 골수를 깨뜨리니** 들판에 곡소리가 처절하며, 서로 이끌며 도망쳐서 10집 가운데 9집이 비었습니다. 곳곳의 수령들은 탐욕과 방종으로 재물을 약탈하니, 마치 도적들이 강탈하는 것과 같았습니다. ……

그런데도 묘당(의정부)에서는 이를 말하지 않으니 이는 묘당이 전하를 저버린 것이요, 사헌부와 사간원은 입을 다문 채 한 마디의 말도 하지 않으니 이는 사헌부와 사간원이 전하를 저버린 것이며, 사인(士人)과 서민들까지도 아무도 한 마디 말을 올려 우리 임금께 알려주는 사람이 없으니 이는 사인과 서민이 전하를 저버린 것입니다.

전하께서 깊숙이 구중궁궐에서 지내시니, 어찌 생민들의 도탄에 빠진 상황과 고을의 재물이 고갈된 형편이 이 정도로 극도에 이르렀음을 아시겠습니까? 전장의 물자 수요를 어찌 하찮다고 이르겠습니까? 한 가지의 공역의 문제만 가지고도 백성들의 힘을 손상시키고 백성들의 재물을 고갈시키기에 충분한데, **하물며 또 새 궁궐의 큰 역사를 일시에 모두 일으키는 경우이겠습니까? ……** 삼가 바라옵건대 밝은 성상께서는 궁궐의 공역을 잠시 정지하시고 모든 힘을 오랑캐 방비에 기울이도록 하실 것이며, 변경의 사태가 조금 누그러지기를 기다렸다가 한꺼번에 공역을 마치도록 하소서. 이는 다만 1, 2년 정도 조금 늦추는 셈이니, 공정에 무슨 지장이 있겠습니까? ……

[낙서집] 22. 시폐(時幣)를 논(論)하는 차자 〈1623.1.초순〉

신의 병이 더하면서부터 반년(半年)동안 경기도 사이에 몸을 붙이며 몇 골의 민정(民情)을 살펴보오니, 선혜청(宣惠廳)을 마련하면서부터 민간의 불평이 십(十)에서 팔구(八九)는 없어졌습니다. 그런데 근자에 천사(天使:명사신)의 왕래와 건축잡물(궁궐공사)의 책정으로 부역이 날로 일어남으로 인하여, 민(民)이 명령에 견디다 못해 서로 거느리고 도망함으로 십실(十室)에서 구(九)는 비었습니다. 대게 세도가 한번 변하면서 사람들이 염치가 없어집니다.

모든 군읍(郡邑)의 배당이 반드시 세력 있는 자의 방납(防納:세금의대납)으로 해서, 꼴과 곡초와 말뚝과 들풀 같은 것은 산과 들에서 자라오니 쉽게 해결되는 것으로 대단한 민폐(民弊) 거리가 아니온데도, 경중(京中)의 사람들이 다투어 해당관청의 고관에게 부탁하여 싼 값으로 사서 도감에게 **대리 납품을 함으로** 해서, 민간(民間)에 떠맡기어 이익의 굴(窟)로 삼으니 한 묶음의 풀과 한 가지의 나무가 많은 것은 이삼십양(二三十兩)에 이르게 합니다.

그 사이에는 백성들이 직접 갖추어 납부하려 하면 관청에서는 물리치고 받아주지 아니하여, 시골 백성으로 하여금 오래 머물지 못하도록 하는가 하오며 발도 부치지 못하도록 하였습니다. **방납업자로부터는 오히려 범람하도록 무절제하게 받아들여 놓고는,** 이로 인하여 **방납업자**들은 사나운 종들을 대동하고 직접 민간(民間)으로 찾아가서 방납비용의 독촉을 성화(星火)같이 하여, 백성들은 소 팔고 집 팔아도 겨우 급한 원금비용만 완료할 뿐 뒤에 오는 이자가 꼬리를 이으면서 채찍과 몽둥이가 낭자합니다. ……

구중궁궐 고운자리 상(上:임금)께서 어떻게 백성의 지붕밑에 이러한 시름이 있음을 알으시오리까? 남자는 부지런히 밭을 갈고 여자는 길쌈을 해도 일 년의 수탈을 감당하기에도 부족하다며, 늙은이 부축하고 어린아이 이끌고 흩어져서 다른 곳으로 가는 것을 족히 괴이쩍다 할 것도 없습니다. 풀과 나무도 이와 같사 옵거든 하물며 돈과 비단이야 오죽 하오리까? 경기도 안에서 이와 같은 터에 외지방(外地方)이야 더 생각 함즉 합니다.

이익(利益)은 간사한 놈의 손으로 들어가고 원망은 구중(九重:임금)의 대궐로 돌아가는 것을 신(臣)은 간절히 아파합니다. 백성은 오직 나라의 근본입니다. 한번 흩어진 뒤에는 누구와 더불어 호위 하오리까? 이것은 유사(有司)의 신(臣)들이 성인(임금)의 뜻을 본받지 아니하며 직(職)을 봉(奉)함이 무상(無狀)해서 이루어지는 것입니다. 신은 창덕궁의 역사를 시작하는 처음부터 완공 할 때까지 전후 십여 년 수임(受任)함이 오랜 것으로 신 같은 자도 없을 것입니다. 신이 서울에서 임금님 모시고 있으면서 일찍이 교외(郊外)의 지척에서 민생의 수고가 **이와 같이 극에 달함을 알지 못하였사오니,** 신(臣)의 죄 마땅히 백번 죽어도 오히려 가볍지오마는, 대궐의 역사가 이미 끝나게 되니 이제 중지(中止)하기도 어려운 것입니다.

금일에 급한 사무는 유사(有司)를 신칙하여 쌓인 폐단을 개혁하며 번거롭고 가혹함을 없이하여 범람하도록 정하는 절차를 금지하사, **방납(防納)의 법을 엄하게 하여** 민생의 거꾸로 매어달인 급함을 늦추어 주시오면 오히려 고기의 목마름의 바람을 위로하기에 족하겠습니다. 업드려 비옵니다. 성명(聖明)께서는 살피소서. ……

08. 인조반정과 장만장군의 역할

장만은 부하들이 쿠데타를 건의하자 반대하였다. 그러면서 자신이 광해를 설득하여 폭정을 막아보겠다고 하였다. 그래서 광해군에게 폭정을 중단하라는 항명성 상소를 19번이나 올렸다. 이는 백성 살리기 위해서 자신을 버린 진정한 공직자의 자세였다. 지금의 공직자들도 본 받아야 할 교훈의 역사다. 이러한 참모가 있다면 현군이 되지 않겠는가?

▍광해군의 폭정이 심해졌다

광해군의 폭정은 1618년 인목대비가 폐출되고 이항복이 죽으면서 심해졌다. 이항복과 이덕형은 죽고 이원익과 기자헌은 유배를 가니 중심을 잡아주던 원로들이 모두 사라졌다. 이제 광해군의 방종이 시작된다. 이후 4년 동안 장만장군이 홀로 광해군의 방종을 말리다가 끝내 쫓겨나고 말았다.

광해군 폭정의 핵심은 두 가지다. 하나는 지나친 궁궐공사에 따른 과도한 재원차출과 노역이며, 다른 하나는 이이첨의 대북파와 김개시(김상궁)같은 홍위병들에게 지나친 권력을 주어서 이들이 저지른 부패와 가렴주구다. 수많은 탐관들이 이이첨에게 줄을 대고 돈을 주고 벼슬을 사니, 이들이 또 탐관이 되어 백성들을 수탈하였다.

백성들은 전쟁대비로, 궁궐공사로, 탐관들의 가렴주구로 2중 3중으로 착취를 당하니 죽을 맛이다. 가렴주구로 백성들의 민심은 완전히 등을 돌렸는데 폐비 사건으로 선비들의 민심까지 돌아가 버렸다. 이이첨이 소수인 대북파만으로 공안정치를 이끌어 나가니, 피해를 당한 소북파·서인파·남인파 모두가 등을 돌렸다. 광해군은 영창대군·능창군 제거 사건과 인목대비 폐비사건을 억지로 밀어붙여 스스로 적을 만들었다.

▌인조의 쿠데타는 세 곳에서 시작되었다

쿠데타는 세 곳에서 시작되었다. 하나는 신경진·이서·구굉·인조 (능원군) 그룹이고, 하나는 이귀·최명길·김자점 그룹이며, 하나는 김류 그룹이다. 이 세 그룹을 하나로 묶어낸 사람이 신경진이다. 신경진·이서·구굉·김류는 모두 장만의 부관들이고, 최명길은 장만의 사위다. 그리고 이귀는 장만의 종형의 사위다.

이들은 모두 광해군 정권에서 핍박당한 인물들로 위협을 느꼈다. 언제 이이첨의 칼날이 자신들을 향해서 들어올는지 불안하였다. 풍수지리를 보는 사람이 정원군의 집터에 왕기가 서려있다고 하니, 광해군이 정원군 집터를 헐어버리고 그 자리에 경희궁을 지었다. 정원군의 세째 아들 능창군이 똑똑하다고 하니 역모로 몰아서 죽여 버렸다. 능창군이 죽자 정원군도 그 충격으로 죽었다.

▌신경진이 쿠데타를 건의하였다

정원군의 장남인 인조(능원군)는 동생과 아버지가 억울하게 죽자 광해군에게 복수의 마음을 심었다. 구굉은 인조의 외숙부이고, 신경진은 인조의 백부인 신성군의 처남이다. 구굉·신경진·이서는 무관으로서 절친한 사이다. 신경진이 가장 급한 성격이어서 장만에게 쿠데타를 건의하였다. 이때 이이첨에 의해서 인목대비 폐비사건이 일어났으니 인심이 돌아서고 쿠데타 명분은 충분하

정원군

였다.

"장군! 이이첨 당파들이 임금을 현혹시켜 직언하는 선비들을 모조리 죽였으며, 백성들을 갈취하여 도탄에 빠트렸습니다. 장군께서는 백성을 살려보려고 남북으로 뛰고 있지만, 이들은 죽이고 있습니다. 군사를 일으켜 이들을 일거에 몰아내고 백성과 선비들을 살려야 합니다."

▌장만이 쿠데타를 반대하였다

장만은 쿠데타 요청에 반대하였다. "그대는 말이 너무 쉽다. 백성을 살리는게 그렇게 쉬운게 아니다. 그들만 제거되면 백성들이 살아나겠는가? 또 누구를 보위에 올려 다스리겠는가?" 신경진이 답하였다. "능원군이라면 능히 백성을 구제할 것입니다. 이미 약속도 되어 있습니다. 장군만 승낙하면 순조롭게 될 것입니다." 하였지만 장만은 반대하였다. "능원군이 광해군보다 낫겠는가? 백성도 살리고 군주도 살려야 한다. 내가 광해군을 설득해보겠다." 장만은 1618년 6월부터 1622년 8월까지 4년 동안 광해군에게 질책의 상소를 19번이나 올렸다. 하지만 광해군은 끝내 듣지 않고 장만을 파직시켜 버렸다. 이후 장만은 통진에 은거하며 병을 치료하였다.

이귀는 다급한 상황이었다. 군 최고 실세인 장만이 광해군과 오랜 갈등 끝에 파직되어 쫓겨나자 쿠데타 세력들은 절호의 기회를 얻었다. 신경진은 기회가 왔다고 판단하여 이귀를 찾아갔다. 마침 이귀의 부인(장만의 당질녀)이 세상을 떠나니 문상을 핑계로 자연스럽게 만나서 거사의 뜻을 전했다. 이때 이귀는 이미 인목대비 구출 계획에 참여하여 구속되었다가 개시(광해군의 애첩)에게 뇌물을 주고 간신히 석방된 상태였다. 다른 증거가 나타나면 또 다시 구속되는건 시간문제로 불안한 상황이었다. 이귀는 세상을 뒤집어야 살 수가 있었다. 신경진의 거사 계획이 이귀에게는 생명줄 같았으니 당장 동맹을 하였다. 이귀는 상중임에도 아들 이시백을 불러 맹세하게 하였으니 그 다급한 심경을 알만하다.

김류도 거사의 뜻을 품고 있었다. 신경진은 또 김류를 찾아갔다. 신경진과 김류는 임진왜란 때 충주 전투에서 함께 싸우다가 전사한 신립과 그의 부장 김여물의 아들들이니 금방 의기가 투합되어 동맹하였다. 이렇게 해서 신경진은 세 개의 그룹을 통합시키는데 성공하였다. 그런데 김류·이귀·최명길만 문과를 급제한 문관이고 나머지는 모두 무관이나 유생들이다. 통합은 신경진이 하였지만, 이제부터 작전은 문관 출신인 이귀와 최명길이 맡았다.

인조반정은 군부와 선비들의 합작품이다. 반정의 정당성은 선비들이 만들고 군부는 행동대원이다. 정당성이 그럴듯해야 선비들의 참여를 이끌어 낼 수가 있고, 또 추후 반정을 인정받게 된다. 어쨌든 인조반정의 정당성은 이귀와 최명길이 만들어냈다. 인목대비 복권·민생파탄 복원·폭정의 종식 등의 명분이 그럴듯하였다. 최명길의 화려한 문장력이 여지없이 발휘되어 선비들의 마음을 파고들었다. 그래서 많은 선비들이 동참하였다.

▌ 장만이 쿠데타에 동의하였다

그런데 장만의 반대가 문제였다. 이귀는 장만을 가장 어려워한다. 같은 서인이지만 장인의 동생이며 처가 집안의 존장이니 어렵지 않을 수가 없었다. 장만은 선조 때부터 군의 최고 요직으로 20년 동안이나 주도하였으니 어찌 따르는 장수들이 없겠는가? 장만 모르게 군사를 움직일 수가 없었다. 장만은 군 최고 실세로서 좋든 싫든 쿠데타에 어떠한 역할을 할 수 밖에는 없었다. 장만은 박정희의 쿠데타 때 장도영의 역할과 비슷한 입장이었다. 그러나 장도영은 양쪽 눈치만 보다가 결국 팽(烹)당했지만 장만은 그렇게 하지 않았다. 장만은 자신의 철학대로 선명하게 위치를 정하였다. 그래서 쿠데타에 참여하지 않고도 다시 등용된 것이다.

이귀 와의 담판 : 장만이 통진에서 병을 치료하고 있는데 이귀가 최명길을 대동하고 장만을 찾아왔다. 마지막 담판을 짓기 위해서 장만을 찾아온 것이다.

이귀가 먼저 말문을 열었다. "영공께서는 주군을 설득하여 백성을 살려보겠다고 위험한 상소를 여러번 올렸지만 효과가 없었습니다. 죄 없는 선비들과 백성들은 여전히 죽어나가고 있습니다. 이제 백성들을 살려낼 길은 오직 반정뿐입니다. 영공의 결단이 절박하게 필요합니다."

장만이 오랜 침묵 끝에 "그대들의 말이 더 맞는 듯합니다. 나는 임금을 설득하여 임금도 살리고 백성들도 살려보려고 모든 것을 버리고 무진 애를 썼지만 가망성이 없습니다. 하루하루 백성들은 죽어가고 이제는 그대들의 뜻을 말릴 명분도 없습니다." 하니,

이귀는 장만에게 앞장설 것을 간청했다. "영공께서는 오랫동안 무관들을 이끌어 그들의 복심을 받고 있으며 또한 백성들을 잘 다스려 민심을 얻고 있으니, 장군이 앞장선다면 백성과 군사들 모두가 한마음으로 장군을 따를 것입니다."

장만이 "거사에도 도리가 있습니다. 나는 이미 주군으로부터 높은 관직을 받고 이 정권에서 직무를 본 것이 오래 되었습니다. 비록 주군의 잘못을 고칠 것을 주장하다가 파직되었다고는 하나, 내가 앞장서서 주군을 심판한다는 것은 또 다른 의리를 범하는 일입니다. 나는 백성 살리는 뜻에만 동참하겠습니다." 하니, 이귀는 뛸 듯이 기뻐하였다. 이제 장

만의 동의를 얻었으니 군부를 움직이는 난관이 풀렸다.

이날 장만을 찾아온 이귀는 바로 장만의 종형의 사위이고, 최명길은 장만의 사위였다. 인조반정의 주체들은 대부분이 장만의 부하들이었다. 최명길은 문과 급제후 병조좌랑으로 잘 나가다가 이이첨의 모함으로 쫓겨난지 9년이나 지났지만 이이첨의 견제로 벼슬길에 나갈 수가 없었다. 자연스럽게 반정 동지들과 어울렸는데, 이귀는 군부 실세인 장만 장군을 의식해서 최명길을 반정세력 중심에 넣었다. 이귀의 아들 이시백을 비롯해서 김자점 · 장유 등 젊은 인재들이 최명길의 재주에 홀려 같이 어울려 다녔다. 이 당시 최명길은 홍제동에 있는 장만의 빈 집에서 기거하며 매일 밤 이들과 어울려 반정모의를 하였다. 많은 계획이 최명길에게서 나왔다.

이들은 장만의 동의를 받고 매우 신속하게 반정을 진행시켰다. 장만 장군도 반정에 뜻을 같이 했다는 소문이 전달되자, 그때까지 망설이던 많은 사람들이 결단을 내리고 반정에 참여하였다. 장만의 종제였던 장돈 장군도 망설이다가 장만이 동의를 했다고 하니 반정에 참여하였다. 그러나 장만은 결코 앞에 나서지 않았다. 장만의 심복인 정충신도 남이 홍도 나서지 않았다. 정충신은 후일 인조반정 세력들이 서로 치고 받고 싸움질을 일삼자 "이래서 장만이 너희들과 반정을 같이 하지 않은 것이다." 하였다.

장만은 쿠데타에 동의한 후 주군에게 마지막 설득의 상소를 올렸다. 그 내용은 『낙서집』 3권 상소편 22. 시폐(時幣)를 논(論)하는 상소문 편에서 소개되었다. 쿠데타가 일어날 수 있다는 암시였지만 광해군은 알아보지 못하다가, 두 달 후 쿠데타를 당하고 말았다.

▌쿠데타는 신속하게 이루어졌다

쿠데타는 장만이 동의하면서부터 신속하게 이루어졌다. 막판에 이괄이 포섭되고 광해군의 호위대장인 이흥립까지 가세되면서 생각보다 빨리 진행되었다. 장단부사 이서가 군사 400명을 움직이고, 이천부사 이중로가 군사 100명을 이끌고 오기로 하였으며, 나머지 참여자들은 집안의 노비들을 거느리고 1623년 3월 12일 밤 12시까지 홍제원으로 모여서 같이 행동하기로 계획하였다.

계획이 누설되었다. 1623년 3월 12일 오후에 이이반이라는 사람이 길거리에서 역모 소식을 엿듣고는 친척인 김신국에게 고변하였다. 김신국은 바로 영의정 박승종에게 보고하였다. '이귀와 김류가 대장이고 호위대장인 이흥립까지 가담했다'는 구체적인 고변이었다. 박승종이 친척 이흥립에게 역모에 가담했느냐고 다그치자 이흥립은 잡아 떼었다. 광해군에게도 보고되었지만, 광해군은 후궁들과 연회에 빠져서 등한시하였다. 역모 고변이 원체 많다보니 내성(耐性)이 생긴 것이다.

광해군이 골든타임을 놓쳐버렸다. 광해군은 그저 알았다고만 하고 어떠한 조치도 취하지 않았다. 이이첨이 고하는 가짜 역모사건에 과민한 반응을 보이던 이전의 광해군과는 판이하게 달라졌다. 임해군·영창대군·능창군·인목대비까지 제거된 마당에 감히 누가 역모를 하겠느냐는 자신감이 생긴 것이다. 연회는 끝날 줄을 모르고 밤 12시는 금방 다가왔다. 이렇게 해서 광해군은 초기 진압의 기회인 골든타임을 놓쳐 버렸다. 광해군이 "관련자들을 즉각 모조리 잡아들여라!"라는 말 한 마디만 했었다면 쫓겨나는 비극을 겪지 않았을 것이다. 광해군은 역시 무능했다.

계획이 누설되었다는 소문을 접한 이귀와 최명길은 거사 시간을 앞당겼다. 집합시간을 8시로 당기고, 12시에 대궐로 진입하겠다는 문서를 장단부사 이서에게 전달하였다. 이서는 급히 서둘렀지만 8시까지 대지는 못하였다.

홍제원 역에서 기다리던 능원군(인조)는 밤 9시가 넘어가자 초조해졌다. 이서의 군사가 가장 중요한데 아직 오지 않는다. 능원군은 홍제역에서 기다리지 못하고 연신역까지 나가서 초조하게 기다렸다. 거의 10시가 되어서야 이서의 군사가 고개 너머로 나타났다. 능원군은 너무도 반가워 달려가 끌어안으며 맞이하였다. 이때 대장인 김류가 집에서 나오지 않는다는 소식이 전해졌다. 김류는 계획이 누설되었다는 소문을 듣고 겁을 먹어, 오금이 저려서 나오지 못한 것이다. 최명길이 사람을 보내서 독촉하였다.

김류가 늦자, 모여 있던 대오가 흔들리며 흩어지고 있었다. 이귀가 재빨리 이괄에게로 가서 "안되겠다. 이대로 죽을 수는 없다. 그대가 대장을 맡으라!" 하였다. 이괄이 대장이 되어 흔들리는 군사를 일거에 되잡고 대궐로 진군하려고 할 때 김류가 나타났다. 김류가 대장으로 군사를 이끌려고 하자 이괄이 대들었다. "그대는 이미 대장 자격을 잃었다." 하니, 김류가 말하기를 "누구 마음대로 대장을 바꾸나! 내가 늦은 것이 아니다. 원래 시간은 12시다. 그대들이 일찍 나온 것이다." 이귀와 최명길이 이괄을 설득하여 다시 김류가 대장으로 진군이 시작되었다.

진군한지 1시간도 안되어서 창의문을 도끼로 깨부수고, 자정이 되기 전에 창덕궁으로 진입하였다. 대궐문은 이미 내통한 이흥립이 열어주었다. 광해군은 도망가고 대궐 안팎에서 수십 명의 군사들과 접전했지만, 용맹한 장돈의 활약으로 대궐은 생각보다 쉽게 장악되었다. 장돈은 기마술이 뛰어나, 말 위에서 대적하는 호위 군사들을 순식간에 베어버리고 제압했다. 장만의 사위 최명길은 전체적인 전략을 짜고, 종제인 장돈은 저항하는 호위병들을 베어버렸다.

창덕궁은 쉽게 장악되었다. 반정군은 이흥립의 내응으로 궁궐 호위군을 쉽게 장악하고 창덕궁을 접수하였다. 인조는 궁궐을 수색하여 광해군을 찾도록 하였다. 광해군은 다급해지자 내시의 등에 업혀 궁을 빠져나가 의원 안국신의 집에 숨었다. 광해군은 누가 자신의 왕권을 찬탈할까봐 늘 노심초사하며 과민하게 반응했던 인물이다. 그래서 형제까지 증거도 없이 반역으로 몰아서 죽였는데, 막상 쿠데타가 일어나니 너무도 쉽게 무너졌다. 이이첨의 신통한 정보능력도 힘을 쓰지 못하였으며, 개시의 천리안도 아무런 도움이 되지 못하였다.

광해군은 충신 장만을 잘라내고 썩은 동아줄만 움켜잡고 있었다. 이흥립의 내응도 한 몫 하였지만, 광해군이 워낙 위졸들에게 인심을 잃어서 광해를 위해 싸우려는 군사가 없었다.

궁궐을 지키는 도감의 막강한 군사들도 광해군을 위해서 누구하나 나서지 않았다. 위졸들의 봉급도 주지 않았으니 그 누가 광해군을 위해서 싸우려고 했겠는가? 인과응보였다. 내시의 등에 업혀 궁궐을 빠져나가 의원 안국신의 집에 숨었지만, 불과 몇 시간 만에 안국신에 의해서 고발되어 체포되었으니 광해군의 평소 인덕을 알 만하다. 장만장군이 광해군에게 올린 마지막 상소문이 생각난다. "전하! 모두가 떠나간 뒤에 누구와 더불어 호위하시려고 하십니까?"

인조는 잡혀온 광해군을 이끌고 경운궁(덕수궁)에 유폐되어 있는 인목대비에게 가서 반정의 내막을 고하였다. 인목대비로부터 새로운 왕으로 추대받기 위함이었다. 내막을 전해들은 인목대비는 철천지원수 광해군을 당장 죽일 것을 요구하였다. 광해군이 자신의 아들인 영창대군을 죽이고 자신까지 10년 동안이나 유폐시켜 죽이려고 하였으니 그 원한이 오죽 했겠는가? 하지만 인조의 입장에서는 광해군을 죽일 경우 반정의 명분이 사라질 것이다. 겨우 인목대비를 설득하여 광해군을 유배시키는 선에서 허락을 얻어내고, 인목대비의 교지를 받아서 덕수궁 즉 조당에서 조선 16대 왕으로 즉위하였다.

이제부터 18년이나 이어지는 광해군의 시련의 역사가 시작된다. 광해군은 강화도 교동을 거쳐 진도로 유배를 갔다가 제주도에서 67세를 일기로 생을 마감하였다.

낙서집 자료

『낙서집 보유』 2권 (02.10). **우암집(송시열) 능성군 구굉의 묘비(墓碑)에서**
능성공 구굉이 이서와 사이가 좋았다. 어느날 서로 말 하기를, "인도(人道)가 멸(滅)하였다. 나라가 망하려는가. 이때에 어찌 천명을 받은 자가 없으리오" 하니, **능성공이** 이르기를, "그렇다!" 하면서 인조대왕의 봉호(능양군)를 말하며 이르기를, "이분이 참으로 그 사람일 것이다." 하면서 드디어 **이서**와 공(구굉)의 외형(外兄) **신경진**과 조카인 **구인후**와 의논을 정하고 모두 관서로 달아나서 비장으로 **체찰사 장만**을 섬겼다. 장만이 하루는 백상루(百祥樓)에 올랐다. 능성공이 틈을타 모사(반정(反正))를 말하니 **장만공**은 '의롭다' 하면서도 마침내 듣지는 아니했다.

『낙서집 보유』 2권 (02.11). **명신록 신경진 편에서**
공(公:신경진)이 승평군(김류)을 보시고 일언으로 서로 뜻이 맞아 **거사일을 함**께 대책을 정하였다. **옥성 장공이** 원수가 되자 **공(신경진)을** 비장으로 삼아 막하(幕下)에 두었다. 하루는 **공(신경진)이** 저보(邸報:관보)를 보고 분을 이기지 못하며 이르기를, "옛날에 임금 옆에 있는 악(惡)을 제거한 자가 있더니 바로 이래서이다." 하니, **장공이** 그 뜻을 알아차리고 "그대는 어찌 말이 쉬운고!" 하며, 공(신경진)을 안주목사로 천거했다.

장만은 부하들의 쿠데타 건의에 반대하며, 자신이 광해군을 설득하여 폭정을 막아 보겠다고 하였다. 그래서 폭정을 중단하라는 질책상소를 19번이나 올렸지만, 파직된 후에는 부하들의 쿠데타 추진에 반대만

백상루

할 수도 없었다. 장만은 좋든 싫든 인조반정에서 어떠한 역할을 해야
하는 위치에 있었다. 장만이 끝까지 반대했다면 인조반정은 없었을 것
이다.

조선왕조실록 자료

인조1년(1623) 윤10월 18일 정사훈(靖社勳)을 감정토록 명하여 53명을 녹훈하다
김류(金瑬)·이귀(李貴)를 불러 대신과 함께 빈청에 모여서 정사훈(靖社勳)을
감정(勘定)토록 명하여 53명을 녹훈하였다.
-.1등; 김류(金瑬)·이귀(李貴)·김자점(金自點)·심기원(沈器遠)·신경진(申
景禛)·이서(李曙)·최명길(崔鳴吉)·이흥립(李興立)·구굉(具宏)·심명세(沈
命世) 등 10명
-.2등; 이괄(李适)·김경징(金慶徵)·신경인(申景禋)·이중로(李重老)·이시
백(李時白)·이시방(李時昉)·장유(張維)·원두표(元斗杓)·이해(李邂)·신경
유(申景裕)·박효립(朴孝立)·장돈(張暾)·구인후(具仁垕)·장신(張紳)·심기
성(沈器成) 등 15명

-.3등; 박유명(朴惟明)·한교(韓嶠)·송영망(宋英望)·이항(李沆)·최내길(崔來吉)·신경식(申景植)·구인기(具仁墍)·조흡(趙洽)·이후원(李厚源)·홍진도(洪振道)·원유남(元裕男)·김원량(金元亮)·신준(申埈)·노수원(盧守元)·유백증(俞伯曾)·박정(朴炡)·홍서봉(洪瑞鳳)·이의배(李義培)·이기축(李起築)·이원영(李元榮)·송시범(宋時范)·강득(姜得)·홍효손(洪孝孫)·김련(金鍊)·유순익(柳舜翼)·한여복(韓汝復)·홍진문(洪振文)·유구(柳頔) 등 28명

인조반정의 최고 주역은 이귀다. 인조반정은 군부와 선비들의 합작품이다. 군부인 신경진, 이서, 구굉이 맨 먼저 모의를 시작했지만 가장 적극적인 인물은 이귀였다. 이귀는 이미 역모사건으로 구속되었다가 개시에게 뇌물을 써서 겨우 풀려난 다급한 상황이었다. 이귀는 이제 다른 증거가 나오면 살아날 수가 없는 상황이었다. 그래서 죽기 살기로 반정에 매달렸다. 촉이 빠른 이귀는 젊은 선비들의 우상인 최명길을 잡았고, 최명길은 많은 선비들을 끌어들였다. 이귀의 아들인 이시백과 이시방도 반정에 참여하여 공신이 되었다. 인조반정이 성공하고 공신을 정할 때 이귀의 발언권이 가장 크게 작용되었다. 1순위를 김류에게 양보하는 대신 자신의 측근들을 대거 참여시켰다. 반정 후에도 이귀가 인조의 복심을 잡고 있었다.

조선왕조실록 자료

인조1년(1623) 윤10월 19일 **김류 이하를 인견하고, 녹훈의 타당여부를 논의하다**
이귀가 아뢰기를, "장만이 서쪽으로 갈 적에 신이 평산에서 만났는데, 신이 시사(時事)에 대해 언급하자 장만은 신의 말이 매우 옳다고 하였고, 의거의 소식을 듣고 나서는 매우 기뻐하였으며, 계획을 세운 것도 많습니다." 하였다. 김류는 아뢰기를, "장만이 미리 알기는 하였으나 정훈(正勳)에 참여된다는 것은 과합니다." 하였다.

장만은 최명길을 통하여 인조반정 정훈에 참여되지 않도록 조치하였다. 광해 정권에서 병조판서까지 지낸 사람이 반정에 참여하여 훈신이 된다는 것은 우스운 일이다. 장만은 백성을 살리기 위해서 반정의 뜻에는 동의했지만, 훈신에 참여할 마음은 전혀 없었다. 이귀와 김류도 장만의 뜻을 알고 있었지만 위와 같은 대화는 인조에게 장만의 역할을 자연스럽게 알리려는 의도였다.

장만장군은 누구인가?

...

장만은 조선 전쟁시대에 선조·광해·인조 3대 임금에게 국방의 책임자로 발탁되어 위기에 빠진 나라를 3번이나 구해낸 조선 최고의 국방전문가다.

09. 조선 전쟁시대 45년

▌조선 전쟁시대

조선 역사 한중간에 1592년부터 1637년까지 불과 45년 동안에 임진 왜란·정유재란·심하전쟁·인조반정·이괄전쟁·정묘호란·병자호란 등 7번의 전쟁이 일어나는 전쟁시대가 있었다. 조선의 굵직굵직한 전쟁들은 모두 다 이 시대에 일어났으니, 이 시대를 가리켜 조선 전쟁시대라고 부른다. 조선 전쟁시대가 임진왜란 7년으로 끝난 것이 아니라 그 뒤로도 38년간이나 더 이어져, 백성들의 삶은 피폐해질 대로 피폐해져 아비규환의 지옥 같은 시대였다.

이런 시대에도 대비하고 전략을 짜서 백성들을 지켜낸 영웅들이 있었으니 바로 이순신·장만·최명길이다. 임진란 때는 이순신이 지켜냈지만, 이어지는 다섯 차례의 전쟁들은 모두 장만과 최명길이 지켜냈다. 심하전쟁·이괄전쟁·정묘호란은 장만이 지켜냈으며 인조반정·병자호란은 장만의 전략적 사상을 전수받은 사위 최명길이 지켜냈다.

▌장만과 최명길은 중립외교로 전쟁을 막았다

이순신의 업적은 알겠는데 장만과 최명길은 무엇을 했는가? 장만과 최명길은 위아래가 모두 국제정세의 변화를 읽지 못하고, 오직 존명사대에만 빠져서 나라 전체를 전쟁으로 몰고갈 때, 선각자로서 국제정세를 정확하게 읽고 청도 인정해야 한다는 중립외교를 주창하여 여러 번 전쟁을 막았다. 심하전쟁·정묘호란·병자호란은 장만과 최명길이 중립외교로 막아낸 전쟁들이다.

심하전쟁 때 이이첨을 비롯한 대부분의 신하들은 존명사대에 빠져서 세상이 변한 것도 모르고 청과 싸우자고 하였으며, 광해군은 청에 붙어서 목숨만 구하자고 하였다. 이때 체찰사 장만은 절묘한 중립외교 전략을 주창하여 전쟁을 막았다.

정묘호란 때 장만은 청의 침공을 예언하며 청도 인정을 하자는 중립외교를 촉구하였다. 하지만 인조는 전쟁이 없을 것이라는 간신들의 말에 현혹되어 중립외교를 허물었다. 막상 청이 침공하자 다급해진 인조는 청에 머리를 조아리며 중립외교인 화친 맹약으로 전쟁을 수습하였다. 인조가 장만의 중립전략을 뒤늦게 받아들인 탓이다. 인조가 장만의 중립외교 주청을 좀 더 일찍 받아들였다면 정묘호란은 없었을 것이다. 하지만 인조는 정묘호란을 겪고도 곧바로 잊어버리고 친명배청 정책을 고수하였다.

병자호란 때 최명길은 청의 침공을 예언하며 중립외교인 화친전략을 촉구하였다. "청도 인정해야 전쟁을 막을 수 있습니다." 하였지만, 인조는 정묘호란을 겪었으면서도 존명사대에 빠져 청을 계속 무시하는 정책만 고집하였다. 척화파 신하들이 "청과 화친은 명을 배신하는 일이므로 절대로 해서는 안 됩니다." 하는 말만 받아들였다. 막상 청이 침공하자 다급해진 인조가 청에 머리를 조아렸지만, 이번에는 너무 늦어서 중립 외교도 통하지 않고 항복으로 전쟁을 수습하였다. 인조가 최명길의 중립전략을 너무 늦게 받아들인 결과다. 인조가 최명길의 중립외교 주청을 좀 더 일찍 받아 들였다면 병자호란은 없었을 것이다.

어쨌든 심하전쟁·정묘호란·병자호란은 시대를 앞서간 장만과 최명길의 중립외교 전략으로 수습되었다. 광해군과 인조가 좀 더 일찍 장만과 최명길의 중립외교 전략을 받아 들였다면 3번의 전쟁은 사전에 막을 수 있었다. 장만과 최명길은 변화된 국제 정세를 정확하게 내다보고 시대를 앞서간 중립외교 전략을 주창하여 위기에 빠진 나라를 3번씩이나 구하였다.

▌선조·광해·인조는 왜 장만을 발탁했나?

전쟁시대를 맡은 선조·광해·인조는 하나같이 장만을 국방의 책임자로 발탁하여 전쟁을 대비하게 하였다.

왜 그랬을까? 장만이 군사지식이 뛰어나고 전략이 탁월했기 때문이다. 그리고 부하들을 다스림에 잘못된 결과는 모두 자신의 잘못으로 보고하고 잘한 것은 모두 부하들의 공로로 보고를 올리니, 부하들이 모두 사력을 다해 따랐다.

장만이 가는 곳마다 백성들이 "볼만=장만"을 연호하며 환호하였다. 이를 알아본 선조는 장만을 충청, 전라, 함경, 평안, 경상도 등 5개도 관찰사로 삼아서 백성의 가려운 곳을 어루만져주게 하였다. 그래서 장만이 임진란의 전후복구 업적을 이루게 된 것이다. 장만이 전략이 뛰어나고 백성들을 잘 다스려 단결시키니 선조·광해·인조가 장만을 국방의 책임자로 발탁하여 전쟁을 대비하게 하였다.

사대주의가 나쁜 것은 아니다. 사대주의가 나쁜 것처럼 알려져 있지만 이는 잘못된 지식이다. 물론 사대주의보다 자주국방이 더 좋다. 그러나 고려와 조선은 강대국들 틈새에 낀 약소국이다. 민생을 접어걸고 오직 전쟁에만 몰두하여 억지로 강대국인 것처럼 행세해야 옳겠는가? 지금의 북한이 그렇다. 그런다고 강대국이 되겠는가? 민생만 망쳐지고 만다. 고려와 조선은 물론 자주국방의 힘도 길러야 했지만 부족한 부분은 외교의 지혜로 채워야 했다. 지금의 대한민국도 마찬가지다. 사대주의(事大主義)는 약소국이 강대국에 보조를 맞추는 외교정책이다. 이성계는 사대주의 외교로 평화를 얻었다.

▌이성계는 친명 사대주의 외교로 전쟁을 막았다

1392년에 이성계가 고려를 멸하고 조선을 세웠다. 1370년에 명나라가 몽고세력을 몰아내고 중원의 패자로 떠오르자 이성계는 이 시기를 놓치지 않고 친명(親明) 사대(事大) 외교전략을 구사하여 평화공존의 시대를 열었다. 물론 명에 대한 관계가 대등한 관계가 아니라 사대의 관계이므로 자주성을 잃었다는 비판도 있지만, 작은 나라로서 강대국과의 관계를 적절하게 설정하여 평화공존의 시대를 열었던 일은 이성계의 국방외교(國防外交) 업적으로 칠만하다.

만일 조·명 관계를 사대관계가 아닌 대등한 대립관계로 설정했다면 명은 조선을 대등한 국가로 인정했을까? 아마도 조선 정벌전쟁을 일으켰을 것이다. 조선은 싸우거나 항복하거나 엄청난 피해를 당했을 것이다. 이성계의 친명외교 정책으로 명나라의 지배를 받았다고는 하나, 고려가 몽고의 지배를 받은 일과는 전혀 달랐다. 내정(內政)의 독립성이 보장되었던 것이다.

어쨌든 이성계의 친명외교 덕분으로 조선은 개국이래 200년 동안이나 전쟁 없는 시대를 살아왔다. 하지만 평화의 시대가 계속될 수만은 없었다. 이번에는 일본이 떠오르면서 문약국인 조선을 넘보아 임진왜란이 일어났다. 이때 조선의 지도자들이 현명하게 대처하지 못하여 엄청난 비극을 불러오고 말았다.

▌선조는 외교 무지로 전쟁을 불러오고 말았다

우리에게 임진란의 역사는 이순신의 드라마로 전달되었다. 그래서 이순신이 주인공이 되고 나머지 인물들은 모두가 엑스트라가 되어 버렸다. 원균은 주인공을 위하여 천하의 악역이 되었으며, 선조 또한 어리석은 군주의 대명사가 되어 버렸다.

이 글에서 원균을 논할 생각은 없다. 조선은 200년 동안이나 전쟁이 없다 보니, 군주나 신하들 모두가 전쟁에 대한 지식이 없었다. 국방이나 전략에 탁월한 인재를 발탁하여 쓴 적도 없었다. 유성룡·윤두수·이원익·이덕형·이항복 모두가 유능한 신하들이지만 전쟁에는 지식이 없었다. 이런 상황에서 일본이 갑자기 가도정명(假道征明), "명나라를 정벌하러 갈 테니 조선은 길을 빌려 달라"고 하였다. 선조가 신하들에게 대책을 물었지만 누구하나 시원한 대답은 없었다. 일본을 정탐하기 위해서 통신사를 보냈지만 이들 또한 전쟁을 아는 인물들이 없어서 전쟁이 있을 것이다 없을 것이다 두 편으로 갈라져서 논쟁만 하였다.

이때 선조는 '전쟁이 없을 것이다'는 주장을 선택하였다. 이것이 선조의 가장 큰 실책이었다. 무능한 선조가 일본의 침략을 오판하고 대비할 기회를 잃어서 피해가 커졌다. 그러나 좀 더 냉철하게 살펴보면 선조만의 잘못은 아니었다. 그 당시 신하들 모두의 잘못이다. 후대를 이은 광해와 인조는 임진왜란을 겪고 난 후에도 전쟁이 없을 것이라는 주장을 선택하여 전쟁을 또 당했으니, 광해와 인조는 선조보다 더 무능한 군주이다.

선조·광해·인조를 비롯한 조선의 리더들은 외교가 무지하여 국제정세의 변화를 읽지 못하고, 오직 명만 바라보는 잘못된 사대주의에 빠져서 왜와 청을 무시하여 여러번 전쟁을 당하였다.

임진왜란·심하전쟁·정묘호란·병자호란은 모두 외교가 무지하여 오직 존명사대(尊明事大)에만 매달려 왜와 청을 무시하다가 당한 전쟁들이다. 이때 장만장군은 변화된 국제정세를 정확하게 읽어내고 청도 인정해야 한다는 중립외교를 주창하여 전쟁을 막아냈다. 심하전쟁·정묘호란·병자호란은 모두 장만의 중립외교 전략으로 수습이 된 전쟁들이다.

10. 조선의 왕들은 무엇을 잘못했는가?

조선 전쟁시대를 맡은 군주는 선조·광해·인조였다. 그들은 대체로 전쟁에 무능한 군주들이다. 그래서 많은 오판을 하였다. 그들이 전쟁의 위기를 맞아 무엇을 잘못했는가? 잘못을 알아야 반성하고 교훈을 얻게 될 것이다. 무능한 선조·광해·인조를 도와서 전쟁을 치렀던 장만과 최명길은 어떠한 역할을 하였는가?

▌임진왜란은

▶ 선조가 "설마! 왜(倭)가 감히 명을 상대로 전쟁을 하겠는가?" 하며, 대비도 없이 멍하니 있다가 당했다. 임진왜란은 선조의 외교 무지가 불러

들인 전쟁이다.

▶ 장만은 임진란에서 이순신이 전사한 직후 뒤늦게 선조에게 발탁되어 충청·전라·함경·평안·경상도 등 5개도 관찰사로서 전후복구를 기적처럼 이루어 죽어가는 백성들을 살려냈다. 임진란의 전후복구가 기적처럼 빨랐던 것은 장만의 백성 단결시키는 재능 때문이었다. 그리고 적에게 넘어갔던 4군에서 여진인들을 쫓아내고 회복시켜 청과의 전쟁을 대비하였다. 4군 회복은 역사에 남을 만한 업적으로, 이후 심하전쟁에서 국경을 지키는데 결정적인 역할을 하였다.

▌심하전쟁은

▶ 광해가 "설마! 청이 명을 이길 수 있겠는가?" 하며, 장만의 파병반대 주청을 무시하고 강홍립을 파병했다가 당했다. – 심하전쟁은 광해의 오판이 불러들인 전쟁이다.

▶ 장만은 "전하! 청이 명을 이길 수 있습니다. 파병을 중단하고 중립전략을 써야합니다." 하였지만, 광해가 거절하다가 뒤늦게 장만의 중립외교 전략을 받아들여 그나마 전쟁의 확산을 막았다.

▌광해의 폭정은

▶ 광해가 장만의 중립외교 전략으로 인하여 국경이 조용해지자 또 다시 방종해져서 궁궐공사를 밀어부치며 가렴주구를 하여 민생을 파탄내고 있었다. – 광해군의 폭정은 지나친 궁궐공사로 인한 민생파탄으로 시작되었다.

▶ 장만은 심하전쟁을 수습한 공로로 광해군으로부터 엄청난 대우를 받

았지만, 광해군이 궁궐공사로 민생을 파탄내자 자신을 아껴주는 주군에게 폭정을 중단하라는 항명상소를 19번이나 올렸다. 백성을 살리려고 국방장관으로서 임금에게 목숨을 걸고 항명을 한 공직자의 진실한 용기야말로 공직자들이 본 받아야 할 귀중한 교훈의 역사다. 하지만 광해군은 간신 이이첨을 선택하고 충신 장만을 잘랐다. 그래서 결국 탄핵되고 말았다.

▌인조반정은

▸ 광해가 "설마! 나를 칠 자가 또 있겠는가?" 하며 방종하다가, 장만을 잘라낸 뒤에 인조반정이 일어나 쫓겨나고 말았다. — 인조반정은 광해군의 오판으로, 국방책임자 장만을 잘라서 일어난 군사 정변이다.
▸ 장만은 부하들의 쿠데타 건의에 반대하였다. "이제 백성을 살릴 길은 오직 주군을 바꾸는 길 뿐입니다." 하였지만, 장만은 "내가 광해를 설득하여 폭정을 막아보겠다." 하며, 광해군에게 폭정을 중단하라는 항명상소를 19번이나 올리다가 파직되었다. 장만이 파직되자 불안을 느낀 부하들이 쿠데타를 일으켜 광해군을 몰아내고 말았다. 이때 광해군이 장만의 주청을 받아들여 국정농단의 핵심인 이이첨을 잘랐다면 인조반정은 없었을 것이다. — 광해의 가장 큰 죄목은 충신과 간신을 구별하지 못한 죄다.

▌이괄의 반란은

▸ 인조가 "설마! 이괄이 반역하겠는가?" 하며, 이괄의 반골기질을 몰라보고 너무 높이 등용했다가 당했다. — 이괄전쟁은 인조의 인사 실패가

불러들인 전쟁이다.

▶장만은 이미 성공한 이괄의 쿠데타를 뒤집고 끊어진 조선왕조를 다시 이어놓았다. 장만이 아니었다면 조선왕조는 232년 만에 끝나고 말았을 것이다. 장만은 끊어진 조선왕조를 다시 이어놓은 사직의 원훈이지만 모든 관직을 사양하고 낙향하였다. 성공한 쿠데타를 뒤집고도 모든 관직을 사양하고 낙향한 인물이 장만 말고 또 있겠는가? – 이 또한 권력자가 본 받아야 할 귀중한 교훈의 역사다.

▌정묘호란은

▶인조가 "설마! 명이 있는데 청이 조선을 침공하겠는가?" 하며, 태만하다가 대비도 못하고 당했다. – 정묘호란은 인조의 외교 무지가 불러들인 전쟁이다.

▶장만은 "청은 반드시 조선을 침공할 것입니다. 외교로 풀 수 없다면 안주성방략을 써야합니다." 하였지만, 인조는 장만의 주청을 무시하다가 당하고 말았다. 인조는 전쟁이 없을 것이라는 간신들의 말에 현혹되어 장만의 중립외교도 안주성방략도 허물고 훈련조차 못하게 하다가 전쟁을 당하고 말았다. 장만이 개성으로 출전하여 막은 뒤에야 청의 화친 요청으로 수습되었다. – 정묘호란은 결국 청도 인정해야 한다는 장만의 중립외교 수준에서 수습이 되었다. 인조는 철저하게 청을 무시하다가 한대 얻어맞고 청을 인정하는 외교를 하였다. 이때만 해도 장만이 있었기에 화친조약 선에서 수습되었다. 장만이 없었다면 인조는 이때 이미 항복했을 것이다.

▌ 병자호란은

▶ 인조가 "설마! 청이 또 조선을 침공하겠는가?" 하며, 계속해서 청을 무시하고 명만 추종하다가 또 당했다. 병자호란 때는 장만·정충신·남이흥 장군 등이 모두 죽고 최명길만 남았다. 최명길과 김기종이 장만의 유언에 따라 안주성방략을 주청했지만 인조는 또 거절하며 의주에서 지키라고 하였다. - 병자호란은 인조의 무능한 고집과 외교 무지가 또 불러들인 전쟁이다.

▶ 최명길은 장인 장만의 정책을 따라 "청은 외교로 풀어야 합니다." 하며 청과의 화친 전략을 주청했지만 인조는 최명길의 주청을 무시하다가 또 전쟁을 당했다. 인조는 남한산성으로 몽진했지만, 식량이 떨어지자 뒤늦게 최명길의 화친전략을 받아들였다. 그러나 너무 늦어서 항복까지 당하고 말았다. -병자호란도 결국 청도 인정해야 한다는 장만이 주장하던 중립외교 수준에서 수습이 된 전쟁이다.

▌ 조선 전쟁시대 45년간 7번의 전쟁들은

무능한 선조·광해·인조의 외교 무지에서 출발되었다. 나라가 불운하여 외세가 침공하는 시기에 하필이면 무능한 임금들이 전쟁을 맞게된 것이다. 역사가들은 선조를 가장 무능한 임금으로 꼽지만, 저자는 광해와 인조가 더 무능하다고 역설한다. 그러나 이순신·장만·최명길 같은 구국의 인재들이 있어서 위기에 처한 나라를 구하였다. 그런데 나라를 구하는 방법이 전투보다 외교에 있었다는 사실에 주목해야 한다.

전쟁을 막아내는 방법에는 3가지가 있다. 첫째는 외교로 막아내는 방법이고, 둘째는 싸워서 막아내는 방법이며, 세째는 항복으로 막아내는 방법이다. 그중에서 외교로 막아내는 방법이 가장 상책이다. 임진왜란 때는 싸워서 막아냈지만, 명을 설득하여 참전시킨 것은 외교의 공적이다. 심하전쟁 때는 장만의 중립외교로서 전쟁을 막았다. 정묘호란과 병자호란도 역시 명과 청을 동시에 인정하는 중립외교의 수준에서 수습이 되었다. 존명사대에서 벗어나 주변국의 능력을 알아차리고 이에 맞는 외교를 찾는 것이 중요하다. 외교의 기본은 적의 능력과 의중을 아는 것이 가장 중요하다. 이는 지금 대한민국의 국방에서도 중요한 과제다. 우리는 북한의 능력과 의중을 얼마나 알고 있는가? 또 다시 외교의 무지로 인하여 전쟁을 불러와서는 아니 될 것이다.

▌임진왜란에서 선조는 무엇을 잘못했나?

– 외교에 무지해서 대비를 잘못했다.

임진왜란에서 선조의 가장 큰 잘못은 정보를 오판하여 전쟁을 대비하지 못한 것이다. 왜는 가도정명(假道征明)을 표방하며 2년 전부터 사실상의 선전포고를 하였다. 하지만 선조는 정보를 오판하여 2년의 시간을 허비하다가 대비도 없이 전쟁을 당하고 말았다. 가도정명이란 '왜가 명을 치러 가는데 조선은 길을 빌려주고 식량과 군사를 대라'는 협박이었다. 이는 사실상의 선전포고이지만, 전쟁에 대한 지식이 없던 조선 조정은 이 문구를 오판하였다. 당시 조선은 존명사대에 매몰되어 왜와 청에 대한 외교에는 관심조차 없었다. 그러다 보니 왜의 힘이 어느 정도인지 알 수가 없었다.

그러나 가도정명이 마음에 걸려 왜의 상황을 정탐할 목적으로 통신사를 보냈다. 그런데 통신사로 일본을 다녀온 정사 황윤길은 왜가 전쟁을 일으킬 것이라고 보고했지만, 부사 김성일은 '왜는 전쟁을 일으킬 능력이 없다'고 보고하였다. 가뜩이나 존명사대에 매몰된 대신들은 왜를 무시하며 김성일의 보고를 옳다고 하였다. 선조 또한 전쟁에 대한 지식이 없고 겁이 많아서 전쟁을 회피하고자 하였다. 그래서 전쟁이 없을 것이라는 말에 현혹되어 전쟁을 대비하지 않았다. 이는 전쟁을 담당하는 리더로서 매우 무능한 짓이다.

전쟁을 앞두고 적의 상황을 정탐한다면 제대로 해야 한다. 비밀리에 수십 명의 첩자들을 보내서 샅샅이 살펴보아야 적의 상황을 알게 될 것이다. 그런데 선조는 공식적인 통신사로 하여금 적의 동태를 정탐하게 하였으니 정탐전략부터가 잘못되었다. 이런 유치한 정탐으로 정확한 정보를 얻을 수 있겠는가? 선조의 무능함이 그대로 나타나는 대목이다. 선조의 잘못은 존명사대에 매몰되어 왜와의 외교를 등한시한 점이다. 또 적의 선전포고를 받은 뒤에 정탐도 그르치고 정보분석도 그르치고 전쟁대비도 못한 점이다. 임진왜란은 선조의 무능 때문에 당한 전쟁이다.

▌ 심하전쟁에서 광해는 무엇을 잘못했나?

- 명.청 사이에서 정세를 오판하였다.

심하전쟁에서 광해의 가장 큰 잘못은 장만의 파병반대 주청을 묵살하고 강홍립을 파병시켜 1만3천의 군사를 죽거나 포로가 되게 한 점이다. 다행히 패전 후 뒤늦게나마 장만의 중립외교 전략을 받아들여 전쟁의 확산은 막아냈다. 광해는 명과 청 사이에서 우왕좌왕하였다. 처음에는 명이 이길 것으로 보고 파병을 결정하였다. 그리고 강홍립의 패전 후에는 청과의 화친을 주장하였다.

광해의 잘못은 그렇게도 믿고 있던 전략가 장만이 이미 파병의 위험성을 여러 번 알렸는데도 불구하고 파병을 결정한 일이다. 광해군의 오판으로 전쟁을 당하고 말았으니 이는 광해군의 실책이다. (『광해군일기』
1619년 3월 12일 참조)

정묘호란에서 인조는 무엇을 잘못했나?

– 명·청 사이에서 정세를 오판하였다.

정묘호란에서 인조의 가장 큰 잘못은 존명사대에 빠져서 장만의 중
립외교 전략을 묵살한 점이다. 또 안주성방략마저 거절하고 쿠데타가
두려워 훈련도 못하게 하여 적으로 하여금 침공할 마음을 갖게 만든 점
이다. 인조는 선조와 마찬가지로 전쟁이 없을 것이라는 이귀의 말에 현
혹되어 전쟁 대비를 허물어 버렸다. (『인조실록』 1625년 6월 19일 참조)

인조의 잘못은 자신이 등용한 최고사령관 장만이 그렇게도 간절하게
주장하는 안주성방략을 파기한 점이다. 무능해서 판단이 없었기 때문
이다. 장만은 청이 침공할 것이라며 대비를 촉구하였지만, 어리석은 인
조의 귀에는 전쟁이 없을 것이라는 이귀의 말이 더 솔깃하게 들렸다.
오판으로 대비도 없이 전쟁을 당하고 말았으니 이는 인조의 잘못이다.

병자호란에서 인조는 무엇을 잘못했나?

– 청의 힘을 오판하였다.

병자호란에서 인조의 가장 큰 잘못은 존명사대에 빠져서 청의 의중
을 오판하고 최명길의 화친 주청을 묵살하여 적으로 하여금 침공할 마
음을 갖게 만든 점이다. 인조는 존명사대에 철저하게 빠져, 정묘호란을
당하고도 명이 세다고 믿고 있었다. 그래서 명이 있는 한 청이 또 조선
을 침공하지 못할 것으로 믿었다. 그래서 국방대비는 허술하게 하고 외

교 면에서는 계속해서 청을 무시하는 정책을 표방하였다. 인조의 강력한 친명정책으로 인하여 청은 조선을 반드시 정벌해야 할 대상으로 여겼다.

인조의 잘못은 외교 무지에서 빚어진 친명반청 정책이었다. 인조는 자신의 친명반청 정책이 청으로 하여금 침공하게 만든다는 논리조차 몰랐다. 전쟁의 원인을 자신이 만들고도 상대방이 왜 침공하는지를 몰랐다. 조선이 청의 인접국가로서 친명반청 정책을 쓰면 청이 위협을 느껴 조선을 침공하리라는, 삼척동자도 알만한 논리를 모른 것이다. 그러면서도 친명반청 정책은 고집으로 밀어부쳤다. 이 점이 인조의 잘못이다.

11. 장만장군은 누구인가?

장만은 문무(文武)의 재주를 겸비한 정치가로서, 조선 전쟁시대에서 선조·광해·인조에게 발탁되어 위급한 나라의 운명을 세 차례나 구해 낸 인물이다. 장만은 민본(民本) 민생(民生)에 중점을 둔 정치가이자 장수로서 백성 살리는 일에 몸과 마음을 다 바쳤다. 이를 임금이 알아주고 학자들이 알아주고 백성들이 알아주니 후세에 이름이 떨친 것이다. 장만은 "장만한다!"라는 말을 남겨 후세에게 대비의 철학을 심어 주었다.

임진왜란에서는: 전후 복구를 기적처럼 이루어 죽어가는 백성들을 구하였다.
심하전쟁에서는: 명·청 사이에서 중립정책을 만들어 위기에서 나라를 구하였다.
광해의 폭정에서는: 백성 살리려고 폭군에게 19번씩이나 질책의 상소

를 올렸다.

인조반정에서는: 주군보다 백성을 먼저 살려야 한다며 반정에 동의하였다.

이괄의 난에서는: 흩어진 군사로 반란군을 토평하고 조선왕조를 다시 이어놓았다.

정묘호란에서는: 전쟁을 예고하고 안주성방략으로 위기에서 나라를 구해냈다.

병자호란에서는: 최명길에게 사신구국의 용기를 가르쳐 나라를 구하게 하였다.

▌장만장군을 아십니까?

장만장군을 아십니까? 하면 - 대부분 "잘 모른다"고 한다. 역사를 전공한 학자들조차 "이괄의 난 때 도원수 이야기인가요?" 하면서 되묻는다. 장만장군에 대해서 잘 모른다는 뜻이다.

▌장만장군 이야기의 핵심은 7가지이다

1. 임진왜란 때 전후복구에 혼신을 다한 민생철학자 장만!
2. 심하전쟁 때 중립정책을 제시한 장만!
3. 백성을 살리기 위해 광해군의 폭정에 항거한 장만!
4. 인조반정 때 제3의 길을 선택하는 장만!
5. 이괄의 난 때 불리한 관군을 이끌고 토평한 장만!
6. 정묘호란 때 선견으로 안주성방략을 마련한 장만!
7. 최명길을 통하여 병자호란에 영향을 미친 장만!

- **한자** : 장만(張晩) · **분야** : 역사/조선 · **유형** : 인물
- **시대** : 조선 1566(명종 21)~1629(인조 7)
- **성격** : 문신 · **성별** : 남 · **본관** : 인동(仁同)
- **관련사건** : 인조반정, 이괄의 난 · **저서(작품)** : 낙서집
- **관직** : 예문관검열·형조좌랑·정언·지평·봉산군수·대사간·관찰사·호조
  참판·병조판서·개성유수
- **집필자** : 이장희

[개설]

본관은 인동(仁同). 자는 호고(好古), 호는 낙서(洛西). 증(贈)이조판서 철견
(哲堅)의 증손으로, 할아버지는 사인(舍人) 계문(季文)이고, 아버지는 군수 기
정(麒禎)이며, 어머니는 백천조씨로 조광침(趙光琛)의 딸이다.

[생애 및 활동사항]

1589년(선조 22) 생원·진사에 모두 합격하고 1591년 별시 문과에 병과로 급
제, 성균관·승문원의 벼슬을 거쳐 예문관검열이 되었다. 그 뒤 전생서주부(典
牲署主簿)·형조좌랑·예조좌랑·전적·직강·사서·정언·지평을 역임하고,
1599년 ①봉산군수로 나갔다.

이 때 서로(西路)에는 명나라 군사가 내왕했으므로 그들에게 급식을 제공하였다.
그런데 조금이라도 마음에 차지 않으면 수령들을 결박하고 욕을 보이는 등
행패가 심했으나 그들을 잘 다스려서 도리어 환심을 샀다. 이러한 일이 조정에
전해져 통정대부(通政大夫)에 승계(陞階)되고 동부승지에 승진되었다.

이듬해 특별히 가선대부(嘉善大夫)에 오르고, 충청도관찰사로 나갔다가 다시
조정에 들어와 도승지·호조참판·대사간 등을 역임하였다. 이어 왕후의 고명
주청부사(誥命奏請副使)·세자책봉주청부사(世子册封奏請副使)로서 두 차례
명나라에 다녀왔다. 이후 수년 동안 안으로는 형조·병조의 참판, 밖으로는
전라·함경 양도의 관찰사가 되었다.

특히, 함경도관찰사 때에는 ②누르하치(奴兒哈赤)의 침입을 경고해 방어책을
세우도록 상소했고, 1610년(광해군 2) 동지중추부사로 ③호지(胡地)의 산천지
도를 그려 바쳤다.

이듬해 이항복(李恒福)의 건의로 평안도병마절도사로 나가 관서민(關西民)들

이 편리하도록 군제(軍制)를 개혁하고, ④여진추장에게 공첩(公牒)을 전달해 여연(閭延) 등 오래 폐지되었던 4군(郡)이 조선의 땅임을 인식시켜 들어와 사는 여진사람들을 철수하게 하였다.

그 뒤 경상도관찰사로 나갔다가 호조참판으로 조정에 들어와 동지의금부사를 겸하였다.

⑤당시 대북의 전횡을 힐책하다가 일시 삭직되었으나 곧 승계되어 형조판서에 올랐다.

⑥1619년 체찰부사가 되어 요동 파병에서 패망해 서쪽 국경이 동요되자 이의 무마에 힘썼으며, 왕명으로 찬획사(贊畫使) 이시발(李時發)과 함께 대후금정책을 협의하였다. 이어 숭정대부(崇政大夫)에 오르고 병조판서에 임명되었다.

⑦그러나 공명정대한 공사처리가 도리어 권간(權奸)들의 시기를 받자 벼슬을 포기할 각오로 시정(時政 : 당시의 실정)을 극론하다가 광해군의 노여움을 사서 병을 칭탁하고 통진으로 물러갔다. 다음해 인조반정으로 새 왕이 등극하자 도원수에 임명되어 원수부를 평양에 두고 후금의 침입에 대비하였다.

1624년(인조 2) 이괄(李适)이 반란을 일으키자 각지의 관군과 의병을 모집해 이를 진압하였다. 이 전공으로 진무공신(振武功臣) 1등에 책록되고 보국숭록대부(輔國崇祿大夫)에 올라 옥성부원군(玉城府院君)에 봉해졌다. 이어 우찬성에 임명되고 팔도도체찰사로 개성유수를 겸했으며, 그 뒤 병을 구실로 풍덕 별서(別墅)로 내려갔으나 왕의 준책(峻責)을 받고 다시 조정에 들어와 병조판서로 도체찰사를 겸하였다.

⑧그러나 1627년 정묘호란에 후금군을 막지 못한 죄로 관작을 삭탈당하고 부여에 유배되었으나 앞서 세운 공으로 용서받고 복관되었다.

⑨문무를 겸비하고 재략이 뛰어났다 한다. 1635년 영의정에 추증되고, 통진의 향사(鄕祠)에 제향되었다. 저서로는 《낙서집》이 있다. 시호는 충정(忠定)이다.

[참고문헌]

『선조실록(宣祖實錄)』, 『광해군일기(光海君日記)』, 『인조실록(仁祖實錄)』, 『지천집(遲川集)』, 『송자대전(宋子大全)』, 『계곡집(谿谷集)』, 『택당집(澤堂集)』, 『전고대방(典故大方)』, 『국조방목(國朝榜目)』, 『국조인물고(國朝人物考)』, 『연려실기술(燃藜室記述)』

위 자료는 『한국민족문화대백과사전』에 실린 자료다. 장만장군의 일

대기가 간략하게 소개되어 있다.

①봉산군수 : 선조는 임진란 후 전후복구의 인재를 찾고 있다가 장만을 발탁하여 봉산군수로 시험한 후에 그 능력의 탁월함을 알아보고, 종4품에서 종2품으로 파격 승진시켜 5개도 관찰사로 전후복구를 맡겼다. 장만은 가는 곳마다 백성을 잘 다스려 전후복구를 성공시켰다.

②누르하치(奴兒哈赤)의 침입을 경고해 : 임진란 후 이번에는 청과의 전쟁을 가장 먼저 알아보고 경고한 인물이 장만이었다. 장만은 선조에게 장차 청과의 전쟁을 대비해야 한다고 주청하였다. 선조와 광해군은 장만에게 함경도와 평안도 국경을 대비하게 하였다.

③호지(胡地)의 산천지도를 그려 바쳤다 : 장만이 광해군에게 국경을 방어하기 위해서는 적지의 정탐이 중요함을 강조하여, 국경을 탄탄하게 지켜냈다.

④여진추장에게 공첩(公牒)을 전달해 : 당시 4군은 조선 관리가 철수하여 여진인들이 차지하고 살고 있었다. 장만은 4군의 여진인들부터 철수시켜야 국경대비가 될 것이라 판단하고, 4군에서 여진인들을 철수시켜 청과의 전쟁에 미리 대비를 하였다. 이는 1619년 심하전역에 절대적인 역할을 하였다.

⑤당시 대북의 전횡을 힐책하다가 일시 삭직되었으나 : 1616년 장만은 이이첨이 이끄는 대북파의 비리를 끈질기게 탄핵하였다. 이이첨은 장만을 최기의 옥사에 연루시켜 파직당하게 만들었지만, 광해군은 장만의 능력이 필요한지라 곧 복직시켰다.

⑥1619년 체찰부사가 되어 요동 파병에서 패망해 서쪽 국경이 동요되자 : 강홍립이 심하전투에 패하자 청군이 압록강 쪽으로 쳐들어왔다. 청군이 압록강을 넘기 직전에 장만이 급히 파견되어 사전에 준비된 전략으로 압록강 방어선을 지켜냈다.

⑦공명정대한 공사처리가 도리어 권간(權奸)들의 시기를 받자 벼슬을 포기할 각오로 시정(時政)을 극론하다가 : 이 내용은『광해군일기』1622년 6월 29일 기사에 나온다. (『낙서집』상소 22항 참조) 광해군이 폭정으로 민생을 파탄내자 장만은 1618년 6월부터 1622년 8월까지 폭정을 중단하라는 상소를 19번이나 올린다. 18번째 상소로 죽을 각오를 하고 폭정을 질책하자, 광해군이 대노하여 장만을 1622년 8월12일에 파직시켰다.

⑧1627년 정묘호란에 후금군을 막지 못한 죄로 관작을 삭탈당하고 부여에 유배 : 정묘호란에서 장만의 역할을 보려면『조선왕조실록』1625년 6월 19일 기사부터 살펴보아야 한다. 장만은 정묘호란을 가장 먼저 예고하고 전쟁대비를 촉구한 인물이다. 장만은 청군의 침공에 대비하여 안주성방략을 주장하였지만 어리석은 인조가 전쟁이 없다는 간신들의 말에 현혹되어 허물어 버렸다. 장만은 이런 상황에서도 홀로 전쟁을 대비하고 또 막상 전쟁이 터지자 홀로 나가 청군을 막아냈다. 그런데도 시기하는 자들이 책임을 뒤집어 씌워서 유배를 보낸 것이다. 이는 인조가 어리석은 탓이다.

⑨문무를 겸비하고 재략이 뛰어났다 한다 : 장만은 늘 문무를 겸비한 장수라는 타이틀이 붙어 다닌다. 그 뜻은 군사를 다루는 장수로서도 뛰어났지만 백성을 다스리는 덕량에서도 탁월하였음을 나타내는 것이다. 장만은 장수로서는 아주 드물게 백성도 잘 다스린 인물이다. 바탕이 민본주의 사상을 갖고 있으면서 늘 백성의 고통을 해결해주는데 주력하였다. 백성들은 '볼만=장만'으로 불렀다.

▌장만은 누구인가?

장만은 백성이 주인이라는 민본주의 사상을 가졌다.

장만은 백성의 고통을 찾아내고 해결해 주었다.

장만은 백성과 부하들을 덕으로 다스려 단결시켰다.

장만은 아이디어가 많아서 탁월한 전략을 잘 만들었다.

장만은 백성을 지키려고 외적과 싸웠다.

장만은 백성을 살리려고 부귀영화 버리고 폭정과 싸웠다.

장만은 심하전역 · 이괄의난 · 정묘호란을 막아냈다.

12. 장만의 발탁과 영정

― 봉산에서 명군의 난동을 평정하고 발탁되었다.

▌장만은 병법공부에 몰두하였다

　장만은 24세인 1589년에 생원 · 진사 시험에 합격하고 1591년에 문과에 급제하여 조정에 들어왔다. 1592년 4월 성균관 사서로 근무할 때 임진왜란이 일어나면서 우리 군사들이 패하는 장면만 목격하였다. 장만은 거백옥을 동경하며 장차 거백옥 같은 민생정치가를 꿈꾸었다. 하지만 전쟁이 터지고 연일 우리 군사가 패하는 장면만 보면서 민생정치보다 나라를 지키는 일이 더 시급함을 알게 되었다.

　그래서 국방을 지키는 병법(兵法) 공부에 몰두하였다. 어떻게 하면 우리 국방을 지켜낼 수가 있을까? 타고난 천재가 집념을 가지고 병법을 공부하다 보니 어느덧 군사전문가가 되었다. 이를 이항복이 알아보고 선조에게 추천하니 선조가 시험한 후 1599년에 발탁하여 고위직에 등용하였다. 장만은 급제 후 8년 동안 조정의 청요직을 두루 거치며 선조에게 직언하였다. 선조는 날카로운 장만을 주시하고 있었다. 좌의정 이항복은 장만의 부친과 절친으로 이웃에 살며 형제처럼 지내었다. 장만은 이때부터 30년 동안 이 나라의 국방을 주도하였다. 이순신도 권율도 이미 죽고 없었다.

▌임진란의 교훈은 전략가다

선조와 광해군은 임진왜란을 치르면서 아주 특별한 교훈을 얻었다. 그것은 바로 전략가의 부재였다. 적이 공격할 때마다 신하들에게 전략을 물었지만 누구나 시원한 전략을 제시하는 사람이 없었다. 학문이라면 훤히 꿰뚫는 인재들인데, 군사문제만큼은 모두들 깜깜하였다. "전투는 장수가 하지만 전쟁은 전략가가 하는 것이다. 그런데 우리에겐 전략가가 없구나! 우리는 전략가가 없어서 패하는 것이다." 일본과 중국은 군사전문가가 있어서 전략을 짜는데 우린 특별한 전략가가 없어서 유성룡·이덕형·이원익·이항복·윤두수 같은 비전문가들이 전략을 짜고 있으니 효율적인 전투가 될 수 없었다. 그도 그럴 것이, 조선은 200년 동안 전쟁이 없었으니 전략가를 등용할 이유가 없었다.

만일 우리에게도 제갈공명 같은 탁월한 전략가만 있었다면 이처럼 허망하게 당하지는 않았을 것이다. 이순신이 빛을 본 것도 전략에 능했기 때문이다. 그러나 무관인 이순신에게 나라 전체의 전략을 맡길 수는 없었다. 전략가란 재주만 있다고 되는 것이 아니다. 임금이 알아보고 권한을 맡겨야 비로소 전략가가 되는 것이다. 제갈공명도 유비가 알아보고 맡기니 전략가가 된 것이다. 재상중 탁월한 군사전문가가 있었다면 제갈공명처럼 전략을 맡기겠는데, 조선의 재상들 가운데는 군사전문가가 없었다. 이순신은 군사적 재능이 탁월하였지만 선조의 마음을 잡지 못하여 타고난 재주를 다 발휘하지 못하였다.

통신사 황윤길과 김성일의 논쟁 때도 군사전문가만 있었다면 정보 분석이 이처럼 어이없게 빗나가지는 않았을 것이다. 후세의 사가들이 통신사의 논쟁을 보고 선조와 재상들이 어리석다고 하는데, 준비되지 않은 군사 비전문가들의 오판은 당연한 결과였다. 설령 황윤길의 주장을 선택했어도 적절한 대비를 기대하기는 어려운 상황이었다. 그 당시 우리의 군사에 대한 인식 수준은 용맹한 장수가 최고라는 수준이었다. 그래서 신립같이 용맹한 장수가 최고의 대우를 받고 있었다. 전략가에 대해서는 별로 필요성을 느끼지 못하였다. 전투는 용맹한 장수가 하지만, 전쟁은 전략가가 한다. 전쟁이 없던 나라에서 군사전문가는 당연히 없을 것이고, 전쟁대비는 처음부터 불가하였다. 비온 뒤에 대비한다고, 이제라도 전략가를 찾아야겠다.

▎전략가를 찾아라!

선조와 광해군은 이 점을 뼈저리게 느끼며 탁월한 전략가를 찾았다. 이때 선조의 눈에 들어온 인물이 바로 장만이었다. 장만은 1591년에 문과 급제후 조정에 들어온 젊은 문관인데, 다음해 바로 전쟁이 나자 이때부터 국방에 대한 공부에 몰두하였다. 장만은 노력도 노력이지만 전략에 타고난 재주가 있었다. 임진란이 끝날 무렵에는 군사전문가가 되었다. 이를 이항복이 추천하고 선조가 알아보니 장만이 국방전문가로 발탁된 것이다.

장만은 문무(文武)의 재주를 타고난 재원이었다. 황해도 봉산에서 그 재주가 빛을 보게 되니 선조가 알아보고 이제야 인재를 얻었다고 기뻐하며, 개선장군 대우하듯 영정(影幀)까지 그려주어 모든 공직자의 표상(表象)으로 삼았다. 이후 장만은 선조·광해군·인조에게 등용되어 30년 동안 국방을 주도하였다. 장만이 군사전문가, 즉 탁월한 전략가로 인정받고 업적을 이룬 것은 왕조실록과 『낙서집』에 자세하게 나온다.

성균관 시절의 장만

장만은 13세 때 경시(京試)에 합격하여 성균관에 들어가 학문을 시작했다. 17세 때 시를 지어 성균관에서 스승들도 놀라는 유명한 인사가 되었다. 이때 최명길의 부친인 최기남을 만나서 "후일 우리가 조정에 나가면 탐관 오리에 물들지 말고 백성을 살리는 민본 민생정치를 하자!"고 맹세하였다. 장만의 민본주의 민생정치는 이때부터 시작되었다. 장만의 시(詩)에는 위나라의 거백옥이 여러 번 등장한다. 거백옥 같은 민생정치가를 꿈꾸고 있었다.

선조의 선위파동을 질책하는 장만

선조는 임진왜란 도중 선위(禪位)파동을 17번이나 일으켜 가뜩이나 어려운 전쟁을 더욱 어렵게 만들었다. '선위'는 선조가 왕위를 광해군에게 물려주고 상왕으로 물러 앉겠다는 뜻이다. 전쟁의 책임이 막중하여 겁이나고 감당이 안 되니 이런 꼼수를 부린 것이다. 한 두번도 아니고 무려 17번이나 선위파동을 일으켰으니, 선조의 선위파동은 본심이라기보다는 자신에게 쏟아지는 비난을 회피해보려는 전략이기도 했다. 임금이 한 번 선위의 뜻을 밝히면 난리가 난다. 고위직들은 임금의 뜻을 말리는 상소를 올려야 충성심이 확인된다. 세자인 광해군도 대궐 앞마

당에 꿇어앉아서 빌고 또 빌어야만 충성심이 확인된다. 그러지 않으면 역당으로 몰리기 십상이다.

장만은 하급관리였지만 선조의 하는 꼴이 하도 기가 차서 목숨을 걸고 섭정의 부당함을 논하는 상소를 올렸다. 이 당시 장만은 예문관의 대교(정8품)로 하급 언관(言官)이었는데, 선조의 의중을 꿰뚫어보았기에 침묵만 할 수는 없었다. 장만의 주청을 다 듣고 난 선조는 장만의 언사가 어찌나 날카로운지 가타부타 답을 하지 못하였다. 쓸데없는 소리라고 하자니 문맥이 너무도 매섭다. 목숨을 걸고 대드는 신하 앞에서 임금도 어찌할 바를 몰랐다. 이후 선조는 장만이 인재(人才)임을 알아보고 특별히 관찰하였다. 3년 후 봉산에서 명군의 난동이 일어나자 선조는 장만을 봉산군수로 내보내 수습하게 하였다. 이 상소문이 선조가 장만에게 관심을 갖게 만든 시초가 된 것이다.

조선왕조실록 자료

선조29년(1596) 윤8월 1일 대교 장만과 검열 유경종 등이 섭정의 부당함에 대해 아뢰다

예문관대교 장만(張晩)과 검열 유경종(柳慶宗) 등이 아뢰었다.

"삼가 살피건대 섭정에 관한 분부가 한번 내리자 대신·대간·시종으로부터 모든 신료(臣僚)까지 복합하며 호소한지 지금 4일이 지났는데도 궁문이 굳게 닫히고 명령이 내리지 않으므로 대중의 심정이 당황하고 현혹하여 어찌할 바를 모르니 신들은 실로 성상의 뜻의 소재를 알지 못하겠습니다. 섭정은 다스려져 태평한 세상이라 하더라도 오히려 경솔하게 의논하기 어려운 일인데, 하물며 이처럼 위급하여 존망이 관계되는 때이겠습니까. 밖으로는 왜적이 이 땅을 누르고 있으면서 위기를 핑계로 화친하자고 위협하고 있고, 안으로는 백성들이 원망하고 배반하여 무기를 가지고 난을 일으키고 있어, 멸망으로 치닫는 사세가 마치 해가 저물어가듯 하고 있습니다.

이런 때를 당해서는 더욱더 분발하고 가다듬어 한결같은 뜻으로 책임을 지고

밤낮으로 부지런히 할 일을 도모해 가더라도 오히려 목적을 달성하기 어려운데, 어찌하여 지나치게 스스로 겸손하여 기필코 물러나려고 하시어 인사(人事)를 사절하며 문닫고 병을 요양하겠다는 분부까지 하십니까. 이것이 어찌 전하께서 오늘날에 말씀하실 일입니까. 위로는 종사에 대한 부탁을 받으셨고 아래로는 신민들의 기대를 지고 계시기에, 전하의 몸이시지만 마음대로 하실 수 없습니다. 대궐 뜰에 가득찬 신하들이 비록 처벌받게 될 줄 알지만 결단코 따를 수 없습니다. 하물며 지금 사태는 시급하여 나라의 존망이 경각에 결판이 나게 되어 있는데, 지척에 계신 임금에게 한마디 말씀도 통할 수가 없고 온갖 사무가 정지되고 있으므로 백관들이 분주하게 허둥대고 있습니다. 옛날의 역사를 보더라도 어찌 이와 같은 거조가 있었겠습니까. 하루를 서로 통하지 못하면 하루의 손해가 있게 되고 이틀을 통하지 못하면 이틀의 손해가 있게 되어, 며칠이 되지 않아서 전하의 국가 일이 어찌할 수 없게 될 것입니다. 오늘날 개기 일식(皆旣日蝕)이 있는 것은 하늘이 또한 엄중하게 경계를 한 것입니다. **《좌전(左傳)》에 말하기를** '글을 써놓았으나 법도에 맞지 않으면 후사(後嗣)가 무엇을 본받을 것인가.' 하였습니다. 신들은 사관(史官)의 직임에 있으므로 임금의 거조를 반드시 쓰게 되니, 차라리 전하의 마당에서 머리를 부수어 임금의 마음을 돌리고 싶고 차마 전하의 잘못된 거조를 써서 후세에 남기지 못하겠습니다. 삼가 바라건대 성명께서 위로는 하늘의 경계를 관찰하시고 아래로는 대중의 심정을 살피시어 빨리 섭정의 명을 거두신다면 종사가 매우 다행한 일이겠습니다. 처분을 바랍니다."

상이 답하지 않았다.

선조는 임진왜란 중에 17번씩이나 선위파동을 일으켰다. 선위파동은 임진왜란중 선조의 3대 실책중 하나다. 선조의 3대 실책이란 통신사 황윤길의 주청을 묵살한 것과 이순신을 투옥시킨 일과 선위파동이다. 장만은 비록 낮은 문관이지만 판단이 날카롭고 언사가 예리하였다. 장만의 날카로운 질책에 선조는 답을 아니하였지만 이때부터 장만의 태도를 유심히 살펴보았다.

▍ 광해와 조우하는 장만

장만은 석강(夕講)에서 민본군주의 도리를 강의하였다. 선조는 장만
의 강의에 감동하여 장만을 세자시강원 사서로 제수하여 세자 광해군을
가르치게 하였다. 장만은 광해군에게 백성을 살려야 하는 군주의 도리
를 가르쳤다.

광해군은 이때부터 장만을 신뢰하였다. 광해군이 등극하자 장만은
광해군이 가장 신임하는 책사(策士)가 되어 국방개혁을 이루고 중립외
교 정책을 만들어 나라를 구하였다. 조우(遭遇)란 뜻이 맞는 임금과 신하
가 만났다는 뜻이다. 광해군과 장만은 정말로 특별한 인연이었다. 서로
가 매력에 이끌리면서도 추구하는 철학이 달라서 갈등하며 수많은 이야
깃거리를 만들어냈다.

조선왕조실록 자료

선조30년(1597) 10월 16일 **이준 · 박홍로 · 장만에게 관직을 제수하다**
이준(李準)을 한성부 좌윤(漢城府左尹)으로, 박홍로(朴弘老)를 성균관 대사성
으로, 장만(張晩)을 세자시강원 사서(世子侍講院司書)로 삼았다.

선조가 장만을 세자시강원 사서로 제수하여 광해군에게 민본군주의
도리를 가르치게 하였다. 광해군은 민본군주 강의에 매료되어서 장만
을 신뢰하였다. 광해군과 장만의 운명은 이때부터 시작되었다.

▍ 봉산 군수로 나가다

– 명군의 난동을 휘어잡다.

임진왜란은 1598년 8월에 도요토미 히데요시가 죽으면서 사실상 막을

내렸다. 권력을 잡은 도쿠가와 이에야스는 조선과의 평화를 주장하며, 조선에 나가있던 도요토미 히데요시의 부장들을 소환하였다. 그러나 이순신은 그들을 곱게 돌려보내지 않았다. 1598년 11월 19일 철군하는 일본군을 노량 앞바다에서 박살을 내버렸다. 이 전투에서 이순신을 비롯한 많은 장수들이 전사하였다. 7년간이나 이어졌던 전쟁은 이순신의 노량해전을 끝으로 막을 내렸다. 일본군들은 1598년 말까지 거의 다 철수하였다. 하지만 명군은 아직 남아, 황해도 봉산에 주둔하고 있었다.

1599년 2월에 큰 전쟁이 끝나자 명군은 대접에 불만을 품었다. 이는 조선 관리들의 잘못이 컸다. 부패한 조선 관리들이 식량이 딸리자 자신들이 빼먹고자 명군에게 배급되는 쌀에 모래와 쭉정이를 섞었다. 조선 군사라면 끽소리 못하고 받아 가겠지만 명군은 달랐다. 이에 불만을 품은 명군이 사또를 잡아다가 매질을 하고 소란을 피우며 민가(民家)를 분탕질하였다. 그 규모가 커서 사또와 관찰사도 속수무책이었다. 선조는 이 사건을 수습할 인재를 찾았다. 이항복이 장만을 추천하자, 선조는 장만을 봉산군수로 임명하여 사태를 수습하라고 하였다.

봉산으로 달려간 장만은 사태의 원인부터 파악하였다. 부패한 관리들을 단번에 휘어잡고, 명군에게 내막을 설명하고 사과하였다. 이후에는 하루도 빠지지 않고 자신이 직접 챙기니 손실이 없었다. 하지만 이미 골이 난 명군의 부장들이 시비를 걸어왔다. "우리가 황제의 명을 받고 목숨을 걸고 싸워주었는데 대우가 이 모양이냐! 이게 황제의 군사를 대하는 태도냐!" 하였지만, 장만은 일단 사과를 한 후 빈틈없이 일처리를 하면서도 명군의 지나친 요구에는 단호하게 잘라서 처리하였다. "이제까지의 실수는 사과하겠다. 이후에는 이런 일이 없도록 할 것이다. 하지만 오랜 전쟁으로 물자가 부족한 점은 양해를 바란다. 성의껏 최선을 다하겠으니 지나친 요구는 지양하여 유종(有終)의 미를 이룰수 있기를

바란다." 장만의 날카로운 언사와 성실성에 감동한 명군들도 차츰 화를
풀고 장만이 최고라고 하였다.

　장만의 성실과 노력으로 명군의 난동문제가 풀리자 백성들은 젊은
사또가 우리를 살렸다며 칭송하였다. 선조 또한 이 소식을 듣고는 이제
야 인재를 얻었다며 기뻐하고, 임기도 끝나기 전에 불러 올려서 승지(정
3품)로 삼고 곁에 두고 또 시험하였다. 장만을 군사전문가로 키우려는
선조의 교육방식이었다. 선조는 장만을 인재로 키우기 위해서 가능한
많은 요직을 경험하게 하여 현장 지식을 쌓게 해주었다.

조선왕조실록 자료

선조32년(1599) 6월 23일 **봉산군수 장만을 당상으로 승진시킬 것을 전교하다**
왕이 정원에 전교하였다. "**봉산군수 장만**은 백성을 잘 다스리고 국사에 마음을
다하였으니 특별히 당상(堂上)으로 승진시키라."

선조32년(1599) 9월 22일 **이원익 · 장만 · 홍인헌 · 임취정에게 관직을 제수하다**
이원익을 영의정으로, **장만을 동부승지로,** 홍인헌을 판결사로, 임취정을 호조
좌랑으로 삼았다.

선조32년(1599) 10월 16일 **장만 · 신흠 · 오백령 등에게 관직을 제수하다**
장만을 우부승지로, 신흠을 동부승지로, 오백령을 장령으로, 윤양(尹暘)을 형
조정랑으로, 이호의를 지평으로, 최동립을 직장으로 **이이첨을 부교리로,** 유석
증을 봉교로 삼았다.

▎국방 전문가로 발탁되는 장만

　선조와 광해는 임진란을 이끌면서 특별한 교훈을 얻었다. 바로 전략
가의 필요성이다. "우리가 일본군에게 형편없이 당한 것은 전략가가 없
기 때문이다." 일본은 군사전문 책사들이 전략을 짜는데, 우리는 비전

문가들이 전략을 짜니 전략면에서 당한 것이다. "탁월한 전략가를 찾아라!" 이것이 당시 선조와 광해군의 갈망이었다. 이때 선조의 눈에 장만이라는 인재가 혜성처럼 나타났다. 장만이 봉산에서 명군의 난동을 깨끗하게 처리하자 선조는 이제야 인재를 얻었다고 기뻐하며, 종4품 장만을 갑자기 종2품 관찰사로 올려 전후복구의 중책을 맡겼다. 파격적인 발탁이었다. 장만은 1599년부터 국방전문가로 발탁되어 전쟁시대를 30년 동안이나 주도하며 위급한 나라를 여러번 지켜냈다.

▌두 개의 영정의 하사

경기도박물관에는 장만의 영정이 2벌이나 보존되어 있다. 장만장군 하면 영정이야기를 빼놓을 수 없다. 공신에게나 그릴 기회가 주어지는 영정은 한 벌만 보존하기도 어려운데, 장만은 1급화질의 영정이 2벌이나 보존되어 있다. 400년을 보존해온 후손들의 노력이 엿보인다. 하나는 60세 때 인조에게 하사받은 영정이다. 인조에게 받은 영정은 이괄 난 진압 후 공신(功臣)으로서 받은 '공신복영정'이다. 이영정은 2015년 KBS 진품명품에서 12억원의 감정가를 받은 작품이다. 미술품의 가치보다는 장만장군의 역사성에 더 가

유화복영정

치를 인정한듯하다. 그런데 선조에게 받은 '유화복영정'은 아주 특별하다. 한 인물이 두 임금으로부터 영정을 받기란 아주 드문 케이스이다.

유화복영정은 아직 연구되지 못하여 확증은 없지만 후손들의 구전(口傳)에 의하면 34세 때 선조에게 하사받은 영정이라고 한다. 아마도 봉산 군수의 공로로 받았을 것으로 추정이 된다. 임금이 하사하는 영정중 공신복영정이 아닌 유화복영정은 아주 특별한 경우이다. 공적이 많은 재상이 기로소에 들어갈 경우나 공신에 준하는 업적이 있을 때 사복영정을 내려준다. 아마도 선조는 장만이 봉산에서 명군의 난동을 평정한 업적을 공신에 준하는 업적으로 평가하여 영정을 하사하였을 것이다. 선조가 장만에게 이처럼 파격적인 대우를 한 것은 전후에 민생을 살리려는 갈망이 담겨져 있었다.

선조는 봉산 백성을 살려낸 장만을 모든 공직자들의 표상(表象)으로 삼기 위해서 영정을 그려준 것이다. 장만의 유화복영정은 선조의 민생에 대한 갈망이 서려있는 중요한 사료이다. 유화복 영정을 개인이 화공을 불러 그린 사적인 초상으로 보려는 사람도 있겠지만, 이는 장만의 청렴한 성품을 몰라서 그런 추정을 하는 것이다. 장만은 광해의 폭정을 질책하는 상소를 19번이나 올린 강직한 공직자다. 그런 인물이 돈을 들여 화려한 초상을 만들겠는가?

13. 구국의 패밀리와 의리로 맺어진 4총사

권율·이항복·장만·장돈·정충신·남이흥·최명길은 구국의 패밀리다.

나라를 6번 구한 패밀리 이항복 사단

조선은 의리와 효(孝)를 중요시 하였다. 충(忠)은 의리와 효에서 나온다고 생각하기 때문이다. 장계문·권철·권율·장기정·이항복·장만·장돈·신흠·정충신·남이흥·최명길로 이어지는 인맥은 구국의 의리로 맺어진 한 가족이었다. 이들은 이항복의 충효와 구국의 사상을 중심으로 뭉쳐진 이항복 사단으로 조선 전쟁시대를 6번이나 구해낸 구국의 패밀리다. 그중 장만·최명길·정충신·남이흥은 전쟁터의 의리로 맺어진 4총사였다. 이들을 하나로 뭉치게 하여 위기에 빠진 나라를 구하게 한 중심에는 장만이라는 인걸이 있었다.

정충신

권율과 장만 집안은 조부 때부터 3대를 절친하게 지낸 집안이었다. 장만의 조부 장계문은 권철과 절친이다. 권철은 권율의 부친으로 장계문의 아들이자 장만의 부친인 장기정을 자식처럼 친근하게 대했다. 권철은 이항복을 아들 권율의 사위로 삼았다.

권율

이 때부터 이항복과 장기정은 절친이 되었다. 이항복은 장기정의 아들인 장만을 친동생처럼 아껴주었다. 장만은 이항복을 친형처럼 따르며 신흠과는 절친한 죽마고우다. 정충신은 권율이 발탁한 인재인데 이항복이 가르쳐 장만에게 연결해주었다. 남이흥은 장만이 살려낸 인재인데 정충신과 의형제가 되어 장만을 좌우에서 호위하였다. 최명길은 이항복의 제자인데 이항복이 추천하여 장만의 사위가 되어 장만의 중립외교 사상을 전수받았다. 장돈은 장만의 종제이다.

이상 11인은 친가족보다 더한 의리와 효로 뭉쳐진 패밀리이다. 일곱 집안의 인재들이 나라를 구한다는 구국의 의리 하나로 뭉쳐서 사위가 되고 스승이 되었으며 형제가 되어 서로 희생하며 나라를 구해냈으니 어찌 장한 가족이 아니겠는가? 이항복과 장만이라는 걸쭉한 인물이 위 11인의 인재들을 한데 뭉쳐서 전쟁시대에서 위급한 나라의 운명을 6번 씩이나 구해냈다. 우리나라 역사에서 이 구국의 패밀리를 기억해야 할 것이다.

이들은 진정한 의병(義兵)이었다. 모두가 높은 관직을 갖은 인물들로 뭉쳐진 단체지만 그 의로운 정신만은 백성들로 뭉쳐진 의병을 뛰어넘는 의병이었다. 관직이 높은 만큼 그 구국의 결과는 엄청난 공적을 이루었다. 임진란은 권율과 이항복이 공을 세웠으며, 심하전역은 장만·남이홍·정충신이 막아냈다. 인조반정은 최명길과 장돈이 공을 세웠으며, 이괄의 난은 장만·정충신·남이홍·최명길이 막아냈다. 정묘호란은 장만·정충신·남이홍·장돈이 막아냈으며, 병자호란은 최명길이 수습하였다.

14. 기적처럼 이루어낸 임진란의 전후복구

장만은 충청·전라·함경·평안·경상도 등 5개도를 돌며, 탁월한 정치력으로 백성들을 잘 다스려 기적처럼 전후복구를 이루어냈다. 국경방어 매뉴얼을 만들고 국방개혁을 성공시켜 전투력을 획기적으로 향상시켰다.

선조는 장만에게 전후복구를 맡겼다

전쟁을 겪은 군주들은 자신의 잘못 때문에 많은 백성들이 고통을 받는다고 생각하며 우울증에 빠진다. 선조도 전후 백성들의 처참한 상황을 목격하면서 심한 자책감에 빠졌다. 그래서 궁궐도 짓지 못하게 하고 행궁에서 16년 동안이나 정사를 보았다. 그런 선조가 전후에 죽어가는 백성들을 살리려고 인재를 찾았다.

그때 봉산에서 명군의 난동을 평정한 장만이 선조의 눈에 들어왔다. 선조는 장만을 파격적으로 발탁하여 전후복구를 맡겼다. 장만에게 많은 국정 경험을 쌓게 하려고 조정의 여러 직을 3개월 간격으로 경험하게 해주었다. 이후 장만은 충청·전라·함경·평안·경상도를 차례로 돌면서 관찰사가 되어 경제를 살리고 전후복구를 기적처럼 이루어 백성들을 살려냈다.

임진란의 전후복구가 기적처럼 빨랐던 것은 장만의 재능과 정성 때문이다. 이는 분명 장만의 업적이다.

조선왕조실록 자료

선조32년(1599) 6월 23일 봉산군수 장만을 당상으로 승진시킬 것을 전교하다
왕이 전교하였다. "봉산군수(鳳山郡守) 장만은 백성을 잘 다스리고 국사에 마음을 다하였으니 특별히 당상(堂上)으로 승진시키라."

선조32년(1599) 9월 22일 장만을 동부승지로 삼았다

선조32년(1599) 10월 16일 장만을 우부승지로 삼았다

선조33년(1600) 3월 27일 충청도관찰사 장만이 포수(砲手) 양성 문제로 아뢰다

선조33년(1600) 11월 12일 충청도관찰사 장만이 인재 양성책에 대해 아뢰다
【장만은 범상한 인품으로서 자못 재능과 국량이 있어서 등제한 지 10년 만에 방백(方伯)에 이르렀으며 호서(湖西)에서도 직책을 제대로 완수했다고 알려

졌다.】

선조34년(1601) 6월 3일　장만을 도승지로 삼았다

선조34년(1601) 10월 13일 장만을 대사간으로 삼았다

선조36년(1603) 8월 7일　장만을 전라도관찰사로 삼았다

선조40년(1607) 윤6월1일　장만을 함경도관찰사로 삼았다

광해군2년(1610) 12월 22일 장만을 동지의금부사로 삼았다
【장만은 관리로서의 재질이 있어 누차 관찰사의 임무를 맡았다.】

광해군3년(1611) 2월 9일　평안도절도사 장만에게 서쪽 변방의 일을 모두 위임한다
고 하다

광해군6년(1614) 5월 23일 장만을 경상도관찰사로 삼았다

광해군11년(1619) 1월 6일 장만을 형조판서로 삼았다
【장만은 백성을 보살피고 통솔하는 재능이 있어 지난날 근무하던 곳마다 명성
이 있었다.】

광해군11년(1619) 4월 5일 왕이 장만에게 노추에 대한 답신을 물어 보게 하다
왕이 전교하였다. "장만(張晩)은 계획과 생각이 깊은 사람이다. 노추의 서신을
답하는 일이 다급하니 선전관을 보내 하유하여 물어 오라."

---

15. 충청도 개혁

　장만이 충청도에서 조총부대를 양성하고, 군역의 나이 상한제도를
만들어 어려운 민생을 구제하였다. 교육제도를 부활시켜 인재양성에
힘썼다.

▌군역 나이 상한제를 만들어 민생을 보호하다

장만은 전후복구의 명령을 받고 1600년 3월에 충청도 관찰사로 부임하였다. 백성들의 상황은 생각보다 심각하게 처참하였다. 전염병과 도적떼가 들끓고 선비라는 자들도 실의에 빠져 죽어가고 있었다. 제일 먼저 군사를 점고하니 늙고 병든 군사가 태반이다. 즉각 임금에게 군역에서 나이 상한제를 주청하였다. "군사는 전투력이 생명입니다. 늙고 병든 군사는 오히려 방해만 되오니, 군역을 면제하여 농사를 짓게 하시면 민생에 크게 도움이 될 것입니다." 그러나 신하들은 군사를 더 늘려야 할 판국에 줄이자는 주장은 안 된다며 반대하였다. 하지만 선조는 장만의 주장에 힘을 실어주었다.

▌포수부대를 양성시켜 삼수군의 근간을 만들다

장만은 또 포수부대의 양성을 주청하여 후일 삼수군의 근간을 만들었다. 삼수군은 살수(殺手)·사수(射手)·포수(砲手)의 혼합군사로 광해군 때 장만에 의해서 만들어지는 조선의 정예군 편제이다. 포수부대의 양성과 삼수군 편제는 이후 조선의 전투력을 획기적으로 향상시켰다.

▌선조가 곁에 두고 다양한 경험을 쌓게 하다

장만이 충청도 개혁을 성공시켜 백성들이 살기가 좋아지자, 선조는 임기도 끝나기 전인 1601년에 불러 올려 곁에 두고 사람됨을 살펴보았다. 5월에 동지중추부사, 6월에 도승지, 8월에 호조참판, 10월에 대사간으로 임명하더니, 다음해에 체찰부사와 명나라 사신으로 보냈다. 이는 선조가 나라를 경영할 인재로 키우기 위한 특별한 훈련 방식이었다. 장만은 이 덕분에 많은 지식을 쌓았다. 장만이 이후 전쟁시대를 30년 동안이나 주도할 수 있었던 것은 선조의 훈련 덕분이다.

▌ 장만이 최명길을 데릴사위로 삼다

이때 최명길은 이항복의 문하에서 수업 중이었다. 최명길의 부친 최기남은 세 아들 가운데 둘째인 최명길이 똑똑해서 김장생의 문하에서 기초 수업을 시키다가 성숙해지니 이항복의 문하에서 정치물정을 배우게 하였다. 이항복이 최명길을 가르쳐보니 아까운 인재였다. 그래서 장만에게 외동딸의 남편으로 삼으라고 추천하니, 장만이 한번 보고 관상에서 재지와 의리가 보인다며 단번에 결정하고 최기남을 찾아갔다.

최기남과는 학창시절부터 좋은 세상 만들자고 맹세한 동지였다. "형님! 명길이를 저에게 주시면 훌륭한 인재로 키워 보겠습니다." 하니, 최기남은 너무도 기뻤다. 데릴사위라니 좀 꺼렸지만, 장만은 동지이고 잘 나가는 관찰사가 아닌가! 최기남이 흔쾌히 승낙하자 이날부터 최명길은 장만의 집으로 들어가 함께 살며, 장인으로부터 구국의 철학과 자신을 버려 백성을 구하는 사신민생(捨身民生) 철학을 배웠다. 최명길이 후일 병자호란 때 온갖 비방 속에서도 꿋꿋이 화친을 성사시켜 나라를 구한 용기는 이때 장만으로부터 받은 사신민생(捨身民生)의 가르침 때문이다.

임씨 부인은 외동딸의 배필로 왜소한 최명길이 못마땅하여 불평하였는데 장만은 부인을 꾸짖으며 "인재를 길러내는 일이 쉬운 일은 아닙니다. 사람을 외모로 평가해서는 안 됩니다. 좀 더 지켜보시오!" 하였다. 최명길은 장만의 집으로 온지 3년만인 20세에 생원시에 장원하고, 그해에 문과에도 급제하였다. 수재가 장인의 배경으로 출셋길이 열려 단번에 병조정랑을 하였다. 최명길은 재주가 많아서 수많은 동기생들이 따라다녔다. 장유와 이시백(이귀의 장남) 등은 늘상 붙어 다녔다.

▌ 최명길이 이이첨에게 숙청되다

최명길은 원래 수재인데 잘나가는 관찰사 장만의 사위가 되니 모두가 부러워하였다. 20세 약관(弱冠)의 나이로 문과에 급제하니 광해군도 크게 등용하였다. 29세에 공조와 병조의 좌랑까지 오르자, 이이첨이 장만을 시기하여 최명길을 숙청하였다.

조선왕조실록 자료

선조38년(1605) 2월 14일   대제학 유근에게 생원 최명길 등 2백명을 시취하게 하다
대제학 유근과 판중추부사 황진 등에게 명하여 생원 **최명길**(崔鳴吉), 진사 고용후(高用厚) 등 2백 명을 시취하게 하였다.

광해군3년(1611) 8월 16일   유혁·유희발·목대흠·최명길에게 관직을 제수하다
유혁을 필선으로, 유희발·목대흠을 부교리로, … **최명길**을 공조좌랑으로 삼았다.

광해군4년(1612) 2월 22일   박승종·조탁·이충·최명길 등에게 관직을 제수하다
박승종을 판의금부사로, … **최명길**(崔鳴吉)을 병조좌랑으로 삼았다.

광해군5년(1613) 10월 1일   정온·박재·조정립·최명길 등에게 관직을 제수하다
정온을 필선으로, 박재를 사서로, 조정립을 정언으로, **최명길**을 병조좌랑으로 삼았다.

광해군6년(1614) 1월 14일   병조좌랑 최명길·선전관 윤우가 잡혀와 하옥되다
병조좌랑 최명길(崔鳴吉), 선전관 윤우(尹佑)가 잡혀와 하옥되었다. 【당시에 명나라 차관이 서울에 들어왔는데, 왕이 명하여 병조 낭청과 선전관 각 한 사람으로 하여금 차관의 관소를 수직하게 하여, 외부사람과 서로 접촉 하지 못하게 막도록 하였다. 마침 원일(元日)을 당하여 차관의 가정(家丁) 몇 사람이 길을 나다녔는데 포도청 군사들이 그 뒤를 따라 갔으므로 사람들이 모두 두려워하며 피하였다. 그런데 서학(西學) 유생 이홍임(李弘任)이란 자가 술에 취하여 묻기를 "이는 중국 사람인데, 어디서 왔는가?" 하였다. 포도청 군사들이 즉시 체포하여 보고하고, 홍임이 중국인과 밀담을 주고받았다고 무고하여, 상을 타고자 하였다. **최명길**이 사실을 조사하여 실정이 없음을 알고는 즉시 석방하였는데, **이이첨**이 이 소식을 듣고는 사실을 알고도 그대로 내버려두었다고 하여, 드디어 홍임과 더불어 함께 잡혀오게 된 것이다. 왕이 친국 하여 공초를 받고, 이어 하옥하라고 명하였다.】

광해군6년(1614) 1월 28일 **최명길을 내쫓고 윤우는 파직하고 석방하다**

전교하였다. "**최명길**은 관작을 삭탈하여 문밖으로 내쫓고 윤우는 파직하고 석방하라."

광해군11년(1619) 5월 14일 **이원익을 전리로 놓아 보내고 심희수 등을 석방하다**

이원익·조희일·정호의·김세렴·양원·임숙·이극해·남이공·**이귀**는 전리로 놓아 보내고, 중 태준과 심희수·조존성·**최명길**·이호신·윤굉·김창일·윤유기는 놓아 보냈다.

1614년의 사건은 대북파인 이이첨이 장만장군을 시기하여 죄도 없는 최명길을 모함한 것이다. 최명길은 수재로서 문장이 뛰어나고 언변이 뛰어나니 대북파들이 늘 시기하고 있었는데, 트집거리가 잡히자 모함하여 쫓아냈다. 최명길은 가평으로 내려가 학문에 열중하였다. 생원에 장원하고 문과에 급제한 수재가 9년 동안이나 조정에 들어오지 못하였다. 최명길은 1623년에 인조반정에서 주도적인 역할을 하여 광해군을 몰아내고 정권의 핵심으로 복귀하였다. 이이첨이 장만을 시기한 이유는 장만이 늘 간신 이이첨을 잘라내라고 했기 때문이다.

▍장만이 최명길을 재기시키다

당시 최명길은 홍제동에 있는 장만의 빈 집에서 거처하였는데 매일

친구들과 어울려 세상을 비난하며 술독에 빠져 있었다. 장만이 이를 알고 최명길을 불렀다.

"명길아! 내가 자네의 부친에게 훌륭한 인재로 키우겠다고 맹세하고 데려왔는데, 이제 자네가 이 모양이니 부친 대할 면목이 없다. 자네 부친은 지금 병석에서 오늘 내일을 기약하지 못하고 있는데 자네 모습을 안다면 실망이 클 것이다. 내가 자네를 14년 가르쳤는데 이 정도에 무너진다면 내가 자네를 잘못 본 것이다. 세상을 원망하지 말고 내 안을 갈고 닦아라! 그러면 반드시 기회가 올 것이다." 하니, 최명길이 눈물을 뚝뚝 흘렸다. 다음날 최명길은 짐을 꾸려 신흠 선생에게 가서 학업을 더 하겠다고 하였다. 신흠은 대문장가로 장만과 절친한 죽마고우인데, 선조의 유교칠신으로 지목받아 통진, 가평, 철원 등지로 유배를 다녔다.

9년 후 최명길은 동기들을 이끌고 인조반정에 참여하여 재기하였다. 이이첨은 이들 손에 처형되었다. 최명길은 장만의 양명학 사상을 오래 공부했는데, 양명학 사상은 고지식한 주자학에 대응하여 만들어진 실리주의 사상이다. 장만의 실리주의 철학은 양명학 사상에 뿌리를 두고 있었다. 이것을 최명길이 이어받아 병자호란 때 화친을 이끌었다.

▌장만의 양명학 사상은?

장만의 양명학 사상은 반드시 정답이 하나라는 사고를 버려야 한다는 주장이다. 경우에 따라서는 정답이 둘이 될 수도 있다는게 장만의 사상이다. 명에 대한 의리도 한번 신세를 졌다고 해서 무조건 시키는 대로 하자는 것은 지나친 것이라는 주장이다. 심하전역 때의 중립정책이 여기에서 나왔다. 병자호란 때 최명길의 화친사상도 여기에서 나왔다. 주자학을 신봉하는 그 당시 문인들은 모두 최명길을 이단자로 비난하였다. 그럼에도 불구하고 최명길이 끝까지 화친사상을 밀고 나갔던 용기는 장만의 사신구국(捨身救國 : 자신을 버려 나라를 구한다.)의 가르침 때문이다.

역사가들은 병자호란 때 김상헌과 최명길의 대립에서 김상헌도 옳고 최명길도 옳다고 하는데 이는 잘못된 견해이다. 전략은 때가 있다. 지금의 긴급한 상황에서는 최명길의 화친사상이 정답이다. 김상헌의 주장대로 했다면 그 결과가 어떠했을까? 백성들만 무수히 죽었을 것이다. 장만은 이것을 염려하여 최명길에게 반드시 정답이 하나라는 사고를 버려야 한다고 가르쳤다. 그리고 아무도 가려 하지 않는 사신구국(捨身救國)의 용기를 가르쳤다. 양명사상은 지행합일(知行合一)이다. 지식과 행동이 일치한다는 사상, 즉 실용사상이다. 쉽게 설명하면 고지식한 성리학에 대항하여 융통성을 강조한 주장으로, 후일 실학사상의 기초가 되었다. 장만의 국방전략은 현실주의에 입각한 실용외교와 자주국방 전략이었다.

▌ 장만의 남쪽 국경 대비

1602년 선조는 장만의 국방능력을 인정하여 부체찰사로 삼아서 남쪽 국경의 대비상태를 점고하게 하였다. 장만은 이제 다시 일본 군사가 온다 해도 임진왜란 때처럼 속수무책으로 당하지 않도록 대비하였다. 선조는 장만의 대비가 믿음직스러웠다. 그래서 젊은 장만에게 국방의 실무를 맡겼다. 선조는 이미 장만을 국방전문가로 인정하였으며, 명나라 사신으로 보내어 청군 상태를 정탐하게 하였다.

16. 명나라 사신길 정탐보고서

장만은 명나라 사신으로 나가서 청의 동태를 정탐하여 전쟁대비를
주청하였다.

▌장만이 청의 동태를 정탐하다

의인왕후 박씨가 죽고 인목왕후가 들어오자, 인목왕후 고명주청사(誥
命奏請使)를 명에 보낼 일이 생겼다. 선조는 장만을 인목왕후 고명주청
사신으로 삼아서 명에 다녀오며, 중간에서 청의 동태를 살펴오라고 하
였다. 그러나 인목왕후 고명주청 사신은 다른 사람으로 교체되고, 장만
은 다시 광해군 세자책봉 주청사신으로 되어 떠났다.

장만이 1602년 가을에 갔다가 1603년 5월에 돌아와서 청의 동태를
낱낱이 보고하였다. 『선조실록』에는 정사 김신원·부사 장만·서장관
이민성으로 되어 있는데 『낙서집』에는 정사 이정구와 서장관 이민성과
나눈 시가 들어있어서 연구가 필요하다. 타 기록에서 장만이 2번 사신
으로 나갔다고 하지만, 『낙서집』 기록으로는 광해군 세자책봉 사신으
로 한번만 나간 것이 확실하다. 인목왕후 고명주청 사신은 낙점만 되었
다가 다른 사람으로 교체된 것으로 추정된다.

▌장만이 누르하치가 만든 철기군의 위력을 정탐하다

장만이 청의 소굴로 들어가니 누르하치는 우방국의 대사를 대하듯
깍듯이 대하며 자신들이 개발한 철기군의 위력을 낱낱이 보여주었다.
장만은 이때 누르하치가 개발한 철기군의 위력을 자세하게 살펴보았다.

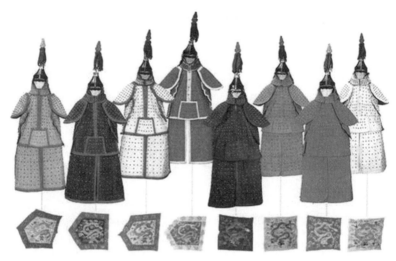

팔기군

원래 여진족은 기마군이 장기다. 누르하치는 실전에 강한 전략가로서 적의 성(城)을 공략하는 전술을 만들었다. 말과 군사에게 얇은 철편으로 된 갑옷을 입히고 수백 명이 동시에 적진으로 돌진하는 전술이다. 적의 화살은 철편으로 된 갑옷을 뚫지 못하고 대포는 질주하는 말을 맞추지 못한다. 100명이 일시에 돌격하면 99명 이상이 살아남는다. 누르하치는 이런 결과를 군사들에게 보여주며 군사들이 겁을 먹지 않고 적진으로 달릴 수 있는 전술을 훈련시켰다. 이게 청이 자랑하는 철기군의 위력이다. 그리고 팔기군의 위력도 보았다.

▌장만이 누르하치가 만든 팔기군의 전략도 정탐하였다

장만은 누르하치가 만든 팔기군의 전술도 자세하게 살펴보았다. 누르하치는 군대편제도 팔기군으로 만들었다. 황·백·홍·청기와 검은

띠를 두른 황·백·홍·청기등 8개의 깃발을 만들어 군사를 모두 8편대로 편입시켰다. 1편대는 약 1만의 군사로 이루어져 모든 군사는 대략 6만쯤 되어 보였다. 누르하치 자신이 2개의 편대를 거느리고, 아들인 다이샨·망고타이·홍타시·두도가 각기 1편대씩을 거느리고, 동생인 슈르하치와 슈르하치의 아들 아민이 각기 1편대씩을 거느렸다. 여진족은 유목민족이라 생활이 곧 사냥이고 기마이니, 생활 자체가 군대나 다름없었다. 남자는 모두 군대에 편입되었으니, 모든 백성이 군대나 다름없었다.

팔기군이 제각기 경쟁하며 싸움에 훈련만 거듭하고 있었다. 아직까지는 명의 지배하에 있었으니 드러내놓고 세를 과시하지는 않았지만 조선의 사신인 장만에게는 자세하게 설명을 해주었다. 누르하치가 조선을 우방국으로 대우한 것이다. 장차 명과 대적할 때 우방국으로서 힘을 합쳐 대응하자는 의도이다. 팔기군의 장점은 전 백성의 군대화이며, 8기 군대의 경쟁체제이다. 누르하치는 전술에 능한 전략가다. ①철기군의 돌진, ②8기군의 경쟁체제, ③전국민의 군대화, 이 세 가지가 청군의 저력이다. 장만은 이에 대항하는 전술을 연구하였다. 청군의 약점을 찾아라! 그들에게도 약점은 있었다. 장만이 찾아낸 대응전략은 중립외교와 요새지 안주성 방어전략이었다.

▎군사전문가 장만의 정탐 보고서

장만은 선조에게 정탐한 내용을 자세하게 보고하였다. "명은 정치가 혼탁하여 군사가 무너지고 있으며, 청의 누르하치는 장차 크게 번창시킬 인물입니다. 장차 명과 청의 전쟁이 불가피할 것이며, 우리에게도 전쟁의 불씨가 번질 것입니다. 우리는 이에 대비해야 합니다." 장만의 예언은 정확하여 1619년에 심하전역이 일어났다.

선조는 이미 장만을 군사전문가로 인정하고 있었다. 선조는 인사가 있을 때마다 "장만은 어떠한고?"라는 말이 입에 걸려 있었다. 『선조실록』에서 장만의 인사발령을 보면 주요직을 3개월 주기로 바꾸어 주는데, 이는 선조가 장만에게 특별히 경험을 쌓게 하여 군사전문가로 만들기 위한 훈련 방식이다. 이 말은 필자가 한 말이 아니라 그 당시 최고 문장가 장유선생이 한 말이다.

17. 전라도 개혁

장만은 전라도에 관찰사로 파견되자, 분군법개혁·수군양성·부패척결 등으로 경제를 재건시켰다.

▌선조가 장만을 전라도로 보냈다

선조는 장만이 충청도 개혁을 성공시키자 임기도 끝나기 전에 불러올려 도승지와 대사간을 맡겼다가 청나라 정탐임무를 맡겼으며, 이번에는 곡창지대인 전라도로 보내어 전라도 경제를 살려내라고 하였다. 전라도는 우리나라 전체를 먹여 살리는 곡창지대인데 전후에 쇠잔하여 소출이 없었다. 전쟁은 단순히 전염병과 굶주림만 몰고 온 게 아니다. 사회질서, 경제, 교육, 도덕 등 모든 것을 송두리째 파괴시켰다. 이런 상황에서 백성을 살려내는 민생복구가 쉬운 일이 아니다. 관록있는 관찰사들도 속수무책인데 장만만 성공시키니 실록에서도 장만이 백성을 잘 다스린다는 사관의 평가가 여러 번 있었다. 사관은 언론인으로 칭찬에 인색한데, 장만은 사관의 칭찬을 여러 번 받았다.

장만은 분군법부터 새로 만들었다

장만은 1603년 8월에 전라도 관찰사로 부임하여 분군법부터 새로 만들어 전쟁시 전투를 효율적으로 할 수 있게 만들었다. 전라도는 관찰사, 병사, 순찰사, 좌수사, 우수사 등 5개 장수가 지키는 방어지역이다. 이 5개 장수가 전시에 서로 협력하여 싸우는 분군법이 있는데 이게 엉망이었다. 분군법은 전쟁시 전쟁 매뉴얼이다. 매뉴얼이 엉망이면 전쟁이 효율적으로 될 수가 없었다. 이제까지 병법을 모르는 관찰사와 병사들이 전략을 짰으니, 비합리적인 조항들이 수두룩 하였다. 임진왜란 때 이런 매뉴얼로 싸웠기 때문에 고전한 것이다. 장만이 모두 뜯어 고치고 새로 만드니 조정에서 업적을 칭송하였다. 장만에 의해서 철저한 전쟁 매뉴얼이 만들어진 것이다.

부패한 관리를 척결하다

장만은 부패한 관리부터 척결하였다. 전라도는 관리가 부패하여 세곡이 새고 있었다. 새벽에 세곡창고를 기습하니 생각대로 아전들이 세곡을 빼내고 있었다. 그들을 잡아다가 족치니, 오히려 서울의 고관대작들과 줄을 대고 협박을 하였다. 공직자가 부패하는 것은 뒤를 봐주는 고관대작들이 있기 때문이다. 장만이 그들을 일망타진하니 탄핵이 빗발쳤지만 선조는 장만의 개혁에 적극 힘을 실어 주었다.

탄핵이 먹히지 않으니 모함하였다. 장만이 노모와 부인까지 데리고 임지로 갔으니 이는 국법을 어겼다며 죄를 물으라고 하였다. 선조는 "법에는 반드시 예외조항이 있는데 장만은 병든 노모를 모실 수밖에 없는 처지에서 임지로 갔으니 이는 예외조항에 해당된다."고 하였다. 개혁주자는 비방을 받게 마련이고, 군주가 적극적으로 이를 지켜주지 못하면 잘려 나간다. 선조는 장만을 잘 지켜주었다. 광해와 인조는 바른말을 하는 충신 장만을 지켜주지 못하여 망했다.

▌장만이 제주도의 암말을 보호하였다

제주도에서 암말이 줄어들고 있었다. 말은 전략 자산이다. 암말이 줄고 있다는 것은 장차 국방력이 약화된다는 뜻이다. 다른 사람들은 이를 몰랐지만, 군사전문가 장만의 눈에는 잘 보였다. 장만은 즉각 상소를 올려 이를 막았다.

"전하! 말은 전쟁시 중요한 전력입니다. 지금 제주도에 암말이 줄고 있는데, 이는 전쟁 대비에 심각한 손실입니다. 고관들이 사사로이 부탁하여 말을 빼내고 있으니 빨리 법과 제도를 만들어 이를 막아야 합니다."하니 선조가 즉각 법을 만들라고 하였다. 선조는 장만의 상소만 올라오면 즉각 처리해주었다. 장만은 전후복구와 개혁의 선봉장이고, 선조는 장만의 후견인이었다. 유능한 신하가 밀고 나가고 임금이 적극적으로 뒤를 받쳐주니 개혁을 성공시킨 것이다.

▌장만이 전라도 수군을 재건하였다

장만이 전라도 경제를 살려 수군을 지원하였다. 나대용으로 하여금 전함을 건조하게 지원하니 수군도 장만을 따랐다. 전라도 수군은 임진란 때 전멸했는데 장만의 개혁으로 전함이 40척까지 복구되었다. 이때

좌수사는 대북파로 후일 임해군과 영창대군을 죽이는 이정표인데 탐욕한자라 그가 장만을 몹시 시기하여 서울의 파당들과 짜고 장만의 고과(考課)를 하등으로 조작하였다. 그러나 장만은 고과에는 초연하였다. "백성 살리는 일에 고과가 무슨 대수인가? 고과에 희비하는 인사들이 우습구나!" 하였다. 그런데 암행어사 민여임이 장만의 업적을 조사하여 이정표의 무고를 폭로하였다.

조선왕조실록 자료

선조37년(1604) 3월 9일   비변사가 전라감사 장만의 분군법에 대해 회계하다

선조37년(1604) 12월 2일   장만이 제주도 암말의 무단유출 금지를 청하다

선조38년(1605) 6월 23일   민여임이 자신의 파척을 아뢰다

사헌부 지평 민여임이 아뢰었다. "신이 지난번 전라도 안문어사(安問御史)의 임무를 띠고 본도에 도착하여 도내 수령의 현부(賢否)를 알아볼 때에, 듣기를 '관찰사 장만이 마음을 다해 직무를 수행, 군량을 거의 만여 석이나 마련하였고 정용한 기병 5백여 명을 선발하여 항상 더욱 무휼하여 양성하고 있으며, 무학(武學)에 있어서는 더욱 열심히 훈련시켜 이미 실재(實材) 1천여 명을 길러 뒷날 유사시에 사용하려 하고 있다. 이런 까닭에 온 도내의 사민들이 모두들 추켜세워 추대하면서 위로 성상께 보고했으면 하고 바란다.'고 했습니다."

광해군6년(1614) 7월 7일   시사청에 나가 경상감사 장만을 인견하다

장만이 아뢰었다. "소신이 임인년(1602년)에 체찰부사가 되어 부산과 동래를 잠시 돌아보았고 계묘년(1603년)에는 전라감사가 되었는데, 그 뒤 10년이 지났으나 주사(수군)의 일이 점점 처음만 못해지고 있습니다. 대개 처음에는 조정이 주사에 온 힘을 기울여 호남의 전선이 이미 40여척에 찼고, 기계와 노 등의 물품도 매우 정밀하고 예리하였으며, 경상도의 주사도 매우 견고하고 치밀하여, 적이 다시 온다 하더라도 충분히 대적할 만하였지 오늘날 처럼 엉성하지는 않았습니다."

장만이 1602년 37세 때 체찰부사로서 남쪽국경을 방비한 내용은 위 기록에서 나온다. 그리고 1602년 가을에 명나라 사신으로 떠나서 1603년 5월에 돌아온다. 1603년 8월에 전라감사로 나가서 부패를 척결하고 경제를 살려 민생을 복구하였다. 제주도 암말의 유출을 막고 전라도 분군법을 새로 정비하여 방어전략을 탄탄하게 만들었다. 수군을 정비하여 군함을 40척까지 복구시켰다. 전쟁에 대비하여 군사도 길러냈다. 그러나 장만의 이러한 공적들이 시기하는 자들의 비방으로 묻혀버렸다가 암행어사 민여임의 폭로로 알려지게 되었다.

선조가 민여임을 전라도 암행어사로 보낸 것도 이런 내막을 알기 위해서이다. 민여임이 선조의 뜻을 알고 장만의 공적을 샅샅이 조사하여 알렸다. 선조는 장만을 더욱 신임하여 1607년에는 함경도 관찰사로 보내서 국경을 개척하라고 하였다. 장만은 이때 함경도로 가서 4년 동안 국경을 개척시켜 버려진 땅 함경도를 살기 좋은 땅으로 만들고 돌아왔다. 장만의 함경도 업적은 오산 차천로의 글에서 전하여 진다.

광해 시대와 장만

18. 광해군의 쌍두정치
– 광해군의 두 남자

광해군은 이이첨과 장만이라는 두 천재를 등용하여 쌍두정치를 이끌었다.

▌광해군의 두 남자 이이첨과 장만

광해는 장만과 이이첨이라는 두 천재를 등용하여 쌍두정치를 하였다. 이이첨에게는 왕권수호를 위해서 정보부장 직임을 맡겼고 장만에게는 국가수호를 위해서 국방장관 직임을 맡겼다.

장만이 광해정권에서 맡은 직책은 함경도관찰사, 평안도절도사, 경상도관찰사, 부체찰사, 호조판서, 병조판서, 선수도감제조, 비변사당상, 주사당상 등으로 15년 내내 군사요직만 맡았다. 장만은 광해군을 보필하여 국방을 튼튼하게 만들고 민생정치를 하였다.

그러나 이이첨은 탐욕한 자라 역모를 조작하고 광해군을 현혹시켜 공안정치를 만들어 권력과 재물을 탐하였다. 철학이 다른 장만과 이이첨은 같은 정권하에서 늘 다투며 지냈다. 장만이 이이첨을 탄핵하면 이이첨은 장만을 탄핵하였다. 이이첨이 돈을 받고 무능한 관리를 내보내면 장만이 잘라냈다. 이이첨이 장만을 잘라 내려고 여러 번 모함하였지만 장만의 인품을 잘 아는 광해군이 듣지 않았다.

장만은 능력과 인품으로 광해군에게 등용되었지만, 이이첨은 정치적인 꼬임으로 등용되었다. 선조 말년에 선조가 영창대군에게 마음을 주니 광해군은 아무도 돌아보지 않는 왕따가 되었는데, 이때 이이첨이 찾아와 광해군을 돕겠다며 동맹을 요청하였다. "모두가 영창대군이 즉위하기를 바라지만 우리 대북파는 세자저하를 지지하오니 오로지 대북파만 믿어야합니다." 하였다. 왕따로 시달리는 광해군은 이이첨의 손을 잡았다. 이렇게 해서 등용된 이이첨은 마음이 약한 광해군을 현혹시켜 임해군사건, 영창대군사건, 능창군사건, 인목대비 폐출사건 등 수많은 역모사건을 조작하고 호가호위하며 재물을 축재하였다. 이이첨의 전횡으로 민생이 파탄나자 장만이 광해군에게 이이첨을 탄핵했지만 광해군이 듣지 않았다. 광해군은 장만과 이이첨이라는 쌍두정치를 끝까지 끌고 갔는데 결국 이이첨의 전횡 때문에 망하게 된다.

광해군과 장만과 이이첨이 만들어내는 이야기는 임해군옥사, 영창대군옥사, 능창군옥사, 인목대비폐비, 4군땅회복, 심하전역, 중립정책, 인조반정 등등 모두 다 흥미진진한 이야기들이다.

▌광해군에 대한 역사의 오류

우리 역사 속에서 광해군처럼 평가가 심하게 엇갈리는 인물도 드물다. 인터넷에서는 광해군이 현군인가 폭군인가 하는 논쟁이 뜨겁다. 아니 광해군을 현군으로 알고 있는 네티즌들이 더 많다. – 어느 쪽이 맞을까?

▶ 폭군 주장 : 광해군은 폐모살제와 지나친 궁궐공사로 인한 가렴주구

로 민생을 파탄내고 쫓겨난 폭군이다. 중립정책은 힘이 없어서 어느 편도 들지 못하고 그저 눈치만 살핀 미봉책이다.

▶ 현군 주장 : 아니다! 광해군은 탁월한 통찰력으로 명·청 교체기에 어느 쪽에도 치우치지 않는 중립외교 정책을 고수하여 전쟁에 휘말리지 않고 나라와 백성들을 구해낸 현군이다. 폐모살제는 정통성이 부족한 군주의 어쩔 수 없는 자기방어다.

▶ 저자의 주장 : 광해군은 탁월한 통찰력은 커녕 군사지식도 없는 무능한 인물이다. 백성을 위하는 애민의 마음도 없었다. 전쟁으로 어려운 시기에도 자신만을 위해서 궁궐공사를 고집부렸다. 장만장군의 질책상소를 읽어보면 광해군의 무능함과 이기주의가 그대로 드러난다.

　광해군을 현군으로 착각하게 만든 부분은 중립외교 정책이다. 광해군의 중립외교 정책은 1619년 4월 5일 장만에 의해서 만들어졌다. 하지만 해방 후 역사가들은 장만의 역사를 잃어버려서 중립외교 정책을 전적으로 광해군이 만든 것으로 단정지었다. 광해군에 대한 평가는 장만을 넣고 다시 조명되어야 할 오류의 역사다. 광해군은 고도의 중립정략을 만들만한 군사지식도 배짱도 없는 인물이다. 뒤늦게나마 장만의 중립전략을 받아들인 것이 하나의 업적으로 기록되고 있을 뿐이다.

19. 함경도 개척과 전쟁대비

　장만은 함경도를 개척시켜 백성들을 살리고 북쪽 국경을 튼튼하게 만들었다.

선조가 이번에는 장만을 함경도로 보냈다

장만이 충청도와 전라도 개혁을 성공시켜 경제가 살아나자, 선조가 이번에는 함경도를 개척하라고 하였다. 함경도는 참으로 어려운 지역인데, 마침 두만강 북쪽 여진족인 홀호(忽胡)가 침탈하였다. 함경도 개척은 충청도나 전라도 개혁과는 차원이 달랐다. 날씨도 춥지만 토지도 척박하여 농사가 어려웠고, 오랑캐가 수시로 침탈하니 백성들은 죽을 맛이다. 설상가상으로 탐관들마저 백성들을 족쳐대고 있었다.

장만은 1607년 윤6월에 함경도로 와서 8개월째 개혁의 계획만 짰다. 가장 먼저 국방대비의 묘수를 연구하며 탐관들의 문제를 파악하였다. 함경도는 어느 하나의 문제가 아니라 국방과 탐관과 농사라는 3개 전선과의 싸움이다. 농사는 백성을 먹여 살리는 중요한 일인데, 기후와 토질이 방해하고 탐관들이 방해하였으며 오랑캐가 방해하였다. 백성을 살리기 위해서는 이 3가지를 모두 잡아야 했다.

함경도 민폐개혁 보고서

이때 자신을 밀어주던 선조가 훙서(薨逝)하고 광해군이 즉위하였다. 정권이 바뀌면 대부분의 관찰사도 바뀌지만, 광해군은 세자시절부터 장만의 인품과 능력을 믿고 있었기 때문에 장만을 더욱 신임하여 국방을 맡겼다. 장만은 광해군 즉위 6개월 만에 함경도 개혁보고서를 올렸다. 이 보고서는 너무도 잘 되었다고 하여, 실록에도 원문 전체가 그대로 보존되어 있다. 광해군은 이 보고서로 인하여 장만의 능력과 인품을 다시 한번 확인하였다. 실제로 이 보고서는 그 당시 백성들의 생활을 연구하는데 중요한 사료가 된다.

장만과 광해군은 특별한 인연이다. 광해군이 세자가 된 후에 장만이 세자시강원 사서로서 광해군을 지도하며 친분을 쌓았다. 광해군은 장만에게 민본민생에 대하여 많은 것을 배웠다. 장만이 뛰어난 전략가라는 사실도 알게 되었다. 이렇게 해서 장만은 선조대에 이어서 광해군대에서도 국방과 민생개혁의 중임을 맡게 되었다.

함경도 개척은 역사적으로 중요한 의미를 갖는다. 우리 국토가 되느냐 남의 나라 땅이 되느냐 하는 중대한 갈림길에서 함경도 개척을 바라보아야 한다. 그래서 조정에서도 심각하게 바라보았다. 그러나 워낙 불리한 조건들이 많아서 개척하기가 어려웠다. 고려 때는 윤관이 한번 개척에 나섰지만 완전히 우리 땅으로 만들지는 못하였다. 세종대왕이 4군 6진을 세우면서 우리 땅이 되었지만, 이때 김종서의 개척도 군사위주여서 민생개척과는 거리가 멀었다.

함경도는 조정에서 관리가 어렵고, 백성들은 조정에 대하여 서운함이 많았다. 관리들도 마지못해 밀려오는 곳이라 불만이 많았다. 세조 때는 이탕개의 반란이 일어날 정도로 민심이 취약한 지역이다. 역대 함경도를 개척한 인물로는 윤관, 김종서, 장만이 있었는데, 윤관과 김종서는 군사개척에 불과하였지만 장만은 민생개혁에 집중하여 함경도 개척을 성공시켰다. 경제가 살아야 자족 지역으로 보존이 된다. 장만의 함경도 개척은 경제개척 민생개척이었다. 이때부터 함경도가 진실로 우리 땅이 된 것이다. 장만의 함경도 개척의 장한 업적은 차천로, 신흠, 남구만의 글에서 전해진다.

조선왕조실록 자료

광해군 즉위년(1608) 8월 16일 **비변사가 함경감사 장만의 진폐차자에 회계하다**

비변사가 장만의 진폐차자(陳弊箚子)에 대하여 회계하였다. "함경도는 기후가 몹시 춥고 토지가 척박한데다, 또 호인(胡人)의 부락과 강 하나만을 사이에 두고 있습니다. 생활의 어려움이란 이루 형언할 수 없지만, 그러나 여느 때는 번호(藩胡)와 고기 및 소금을 무역하여 입에 풀칠을 하여 왔는데, 지금에 와서는 호인의 부락마저 다 비고 초서(貂鼠) 따위의 물건을 매매할 길이 없어서 떠돌며 고생하는 모양이 날이 갈수록 더 심각합니다.

삼수·갑산에 있어서는 지세가 높고 기후가 추워서 곡식이라고는 귀리뿐인데, 때로는 7월에 서리가 내려서 이것마저 전혀 수확하지 못할 적도 있어, 식생활의 어려움은 육진(六鎭)보다도 더 심하고 큰 산과 깊은 계곡만이 수천 리를 뻗어 있을 뿐이니, 지지(地誌)에 이른바 1보(步)의 평지도 없다는 말이 참으로 헛말이 아닙니다. 변장이나 수령이 전렵·둔전·좌대(坐隊)·면방(免防) 등에 따른 갖가지의 폐단이 이루 다 말하기 어려운가 하면, 또 매질이 너무 잔혹하여 매를 맞다가 목숨을 잃기까지 하나, 병민(兵民)이 위협과 잔혹에 질리어 감히 감사에게 호소하지를 못한다니, 너무도 통분한 노릇입니다. …"

이 상소는 장만이 1608년에 광해군에게 올린 함경도 개혁보고서다. 이 보고서는 현 실정을 너무도 잘 파악한 보고서라 하여 실록에서 긴 원문 전체를 보존하였다. 여기서는 내용이 너무 길어서 앞부분만 소개하였다. 당시 외침의 상황과 탐관들이 방납제도를 악용하여 백성들을 착취하는 내용들이 낱낱이 고발되었다. 다른 관찰사들이 이러한 보고서를 올리지 못한 이유는 관찰력이 부족하고 고통 받는 백성들의 아픔을 고쳐주려는 진심성의 부족했기 때문이다. 장만은 진심으로 자신을 희생하여 백성의 고통을 고쳐주려고 하였다. 백성들이 이를 알고 단결되어 함경도 개혁을 성공시켰다. 관찰사 임기는 2년인데 백성들의 요청으로 연임이 되어 4년 동안 함경도 개혁에 매달렸다. (『낙서집』 보유 제2권 차천로의 북도유생 참조)

칠종칠금으로 오랑캐를 복종시키다

장만의 함경도 개혁은 광해군의 특별한 지원 아래 진행되었다. 제일 먼저 국경대비부터 하였다. 장만의 전략은 이전의 관찰사들과는 판이하게 달라서, 밤낮 관청만 지켜대던 병사들을 해체하여 농사짓게 하였다. 그 대신 정탐꾼을 적진으로 보내서 적의 침공시기와 침공길목을 알아내서 그 시기에 그 길목만을 지키니 적이 넘어오는 족족 잡혔다. 장만의 정치는 백성을 힘들이지 않고 아이디어로 하는 정치다.

장만은 잡힌 적들을 죽이지 않고 두 달만 잡아 두었다가 교육을 시켜서 돌려보냈다. 부장들이 이유를 물으니 제갈공명의 칠종칠금(七縱七擒)을 설명하였다. "공명이 남방을 평정할 적에 맹획을 잡았으나 죽이지 않고 7번씩이나 풀어준 이유는 진실한 복종을 받기 위함이었다. 우리도 오랑캐를 죽이는 것보다 살려 보내 의리를 만드는 일이 100배는 더 효과적이다."

장만의 전략은 적중하였다. 이후 여진족 진영에서도 장만의 아량과 능력이 널리 알려져 그들 스스로 복종하기를 원했다. 이렇게 해서 국방문제가 해결되었다. "장만은 백성을 힘들이지 않고 문제를 해결하였다."고 당시 차천로가 말하였다.

이이첨과 장만이 한판 붙었다

장만은 국방문제가 해결되자 이번에는 탐관들을 대거 숙청하였다. 모두 이이첨이 돈을 받고 내보낸 자들이다. 장만이 "이런 자들 때문에 우리가 전쟁에서 진다."고 하며 모두 잘라 냈다. 이이첨이 받은 돈을 물어주어야 할 판이 되자, 장만을 몰아낼 궁리를 하였다. 이이첨과 장만은 모두 광해군이 신임하는 정권의 양대 축이다. 그런데 철학과 사상은 너무도 달랐다. 장만은 백성 살리려는 민생 철학이지만 이이첨은 백성 죽이는 착취 탐관이었다. 이이첨과 장만이 한판 붙었는데 심판관인 광해군이 어물쩍했다.

광해군은 즉위하기 전부터 임해군을 가장 위협적인 인물로 지목하여 제거할 계획을 세웠다. 선조가 흥서한지 14일만에 광해군이 이이첨에게 임해군을 역모로 탄핵하게 하여 잡아들였다. 강화도로 유배를 보냈는데, 이이첨이 과잉충성을 하느라 임해군을 죽였다. 광해군은 성품이 소심하여 죽이라는 명령은 하지 못했는데, 이이첨이 이러한 광해군의 심기를 미리 알아보고 처리하여 신임을 받았다. 이이첨은 이정표와 정항을 강화부사와 도사로 보내서 임해군을 적절한 방법으로 제거하라고 하였다. 한편으로는 다른 사람이 죽인 것으로 위장하려고 황천과 박봉란을 잡아오라고 하였다.

이들은 모두 임해군의 측근인데 함경도에 있었다. 이들을 잡아다가 족쳐서 임해군을 죽였다는 자백을 받으려고, 의금부 도사가 황천과 박봉란을 잡으러 함경도로 갔는데 장만이 막았다. "함경도 관리는 모두 나의 소속이다. 나는 그들을 지킬 의무가 있으니 죄가 있다면 나에게 말하라! 내가 조사하여 죄가 있다면 당연히 처리하겠다." 하니, 의금부 도사는 황천과 박봉란의 죄목을 대지 못하였다. 장만은 이미 이이첨의 농간임을 알고 황천과 박봉란의 인도를 거절한 것이다. 이이첨은 중앙부서의 위세로 겁박하여 잡아가려고 하였는데 장만의 배짱을 이기지 못하였다.

여느 지방 관찰사들은 중앙부서의 명령이라면 거부하지 못하고 따랐지만, 장만은 부하들을 보호하는데 최선을 다하였다. 이이첨이 누명을 씌워 죽일 것이 뻔한데 부하들을 보낼 수는 없었다. 장만의 배짱이 이들을 살려 냈다. 그래서 부하들이 장만을 죽기로 따른 것이다. 의금부 도사는 임금의 권세로 눌렀지만 장만이 막으니 어찌하지 못하고 돌아왔다. 임금의 명이라면 장만이 막을 수는 없다. 그러나 장만은 임금의 명이 아니라는 사실을 잘 알았기에 거부한 것이다.

이이첨은 화가 나서 장만을 탄핵하였는데 광해군은 국경을 지키는 장만을 자를 수 없었다. 광해군도 이이첨이 임해군을 처리하려고 사건을 벌렸다가 장만의 방해로 무산되어 장만의 인사 조치를 요구한 것을 잘 알고 있었다. 하지만 국방이 중요한지라 장만을 자를 수가 없었다. 말로만 애매하게 처리하자, 눈치 빠른 이이첨이 포기하였다. 이이첨은 할 수 없이 이정표에게 그냥 죽이라고 하였다. 이정표가 1609년 4월에 임해군을 목 졸라 죽였다. 처음에는 사약을 보약이라고 속여서 먹이려고 했지만 임해가 먹지를 않자 목 졸라 죽였다. 이이첨이 꾀를 내어 임해군의 살해범을 다른 사람에게 뒤집어 씌우려고 하다가 장만 때문에 실패하고 임해군의 죽음을 병사로 처리하였는데, 인조반정후 타살로 밝혀졌다. 임해군의 죽음을 병사로 처리하여도 아무도 이의를 달지 못한 것은 광해군이 사주했기 때문이다.

조선왕조실록 자료

광해군1년(1609) 1월 21일 **사헌부가 대관을 경멸한 장만을 추고하라고 청하다**
사헌부가 아뢰기를, "덕원에 사는 **황천**과 홍원에 사는 **박봉란** 등이 역적 **이진**(임해군)의 집으로 투입(投入)하여서는 혹은 본래의 주인(임해군)을 모살(謀殺)하고 혹은 흉악한 짓을 자행하였으므로 본부가 풍문을 듣고서 비밀리에 체포하도록 하였는데, 본도감사 **장만**은 법사에 내려오는 예전 규례를 모르고 많은 말을 하면서 본부로 하여금 자기의 재결(裁決)을 따르라고 하였으니, 사체를 모르고 대관(臺官)을 경멸함이 심합니다. 추고(推考)하소서." 하니, 왕이 모두 아뢴 대로 하라고 답하였다.

광해군1년(1609) 3월 10일 **사헌부가 법사를 거부한 장만을 추고할 것을 아뢰다**
사헌부가 아뢰기를, "함경감사'장만(張晩)은 번신(藩臣)의 몸으로 조정의 사체를 헤아리지 못하여 법사(法司)의 공사를 거행하지 않았을 뿐만 아니라 사헌부가 계청한 추고에 대한 함사(緘辭)에서 대관에게 허물을 돌려 개인적인 일이라 하며 마치 논쟁하듯이 하였으니 무도함이 심합니다. 추고해 죄를 다스려 뒤 폐단을 막으소서." 하니, 왕이 아뢴 대로 하라고 답하였다.

광해군1년(1609) 4월 29일 **임해군 이진이 강화도 유배소에서 죽었다**
임해군이 위소에서 죽었다. 임해군이 유배소에 있을 때 다만 관비 한사람만이 그 곁에 있으면서 구멍으로 음식을 넣어주었는데, 이때에 이르러 수장(守將) 이정표가 핍박하여 독을 마시게 했으나 따르지 않자 드디어 목을 졸라 죽였다.

인조반정 후 임해군의 죽음이 타살로 밝혀졌다. 그 죄에 연루된 이이첨, 이정표, 정항 등은 모두 처형되었다. 역사에서는 광해군이 의심이 많아서 죄 없는 임해군을 역모로 몰아서 죽인 사건으로 기술했지만, 희대의 간신 이이첨의 꼬임이 주원인이다. 이이첨의 꼬임이 없었다면 과연 광해군이 친형 임해군을 죽였을까? 임금은 신하를 한번 잘못 만나면 박살난다. 광해군이 그랬다. 충신 장만은 내쫓고 간신 이이첨은 끼고 돌았다. 어리석어서 달콤한 말에 속아넘어간 것이다.

20. 정탐전 도입

장만이 적지의 지도를 그려 정탐전을 용이하게 하여 군역을 효율적으로 관리하였다.

▌적들은 뭉쳐서 오는데 우리는 흩어져서 지키니 감당이 안된다

장만이 관찰사가 되어 함경도를 개척하였다. 함경도는 기후도 척박하고 농사도 어려운데 오랑캐까지 침공하여 괴롭히니 백성들이 제대로 살 수가 없었다. 장만은 오랑캐를 막는 국방계획부터 세웠다. 종전의 관찰사들은 군사를 많이 조발하여 관청만 밤낮 지키게 하였으니 군역이 부족하여 백성들은 고달팠다. 적들도 관청만 지키는 관군을 피하여 민가를 노략질하니 지키는 효과가 없었다.

장만은 광해군에게 제도개혁의 상소를 올렸다. "적들은 뭉쳐서 오는데 우리는 흩어져서 지키니 감당이 안됩니다. 우리도 뭉쳐서 지키는 제도를 만들겠습니다. 그리고 늘상 지키니 군역이 고갈됩니다. 적지에 정탐꾼을 보내서 침공 시기를 알아낸 다음에 대비하겠습니다." 하니, 광해군이 적극 지원하였다. 적지에 정탐꾼을 보내 정보를 알아와서 침공 시기와 침공길목만 지키니 적들이 침공하는 족족 잡혀 왔다. 적들은 장만을 귀신같다고 하였다.

▌장만은 방어전략에도 정탐전을 도입하였다

장만은 조총부대를 만들고 삼수군 제도를 만들었다. 그리고 예비군 제도도 만들었다. 그중에서 방어전략에 정탐전을 활용하는 전략은 획기적인 아이디어였다. 우리민족은 21세기인 지금도 정탐전에 뒤쳐진다. 대개 정탐전은 침공자들이 많이 쓰는 전략이지만, 장만은 방어전에도 정탐전을 도입하였다. 무턱대고 지키는 것보다 적의 침공시기를 알고 지키면 군역이 효율적으로 쓰일 수 있으니 백성들이 편해졌다.

모르고 지키면 수천 명이 지켜도 당하지 못할 것을, 알고 지키면 수백

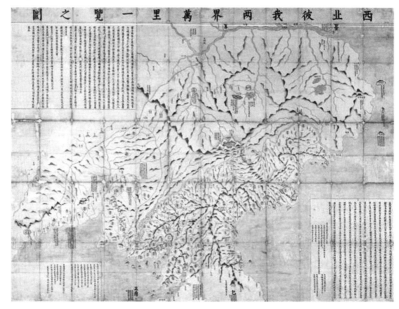

서북피아 양계 만리 일람지

명만 지켜도 잡아낸다. 장만의 대비는 백성을 힘들이지 않고도 국경을
지켜내는 아이디어 전략이었다. 이래서 백성들이 즐거운 마음으로 스
스로 따랐다. 조선 전쟁시대 우리의 전략수준은 탁월한 전략가 장만에
의해서 획기적으로 향상되었다.

▌장만이 적지의 지도를 그려 바치며 정탐전을 촉구하였다

장만이 정탐전을 대대적으로 활성화시키기 위해서 적지의 지도를 완
성시켰다. 김정호의 대동여지도보다 200년이나 앞선 시기였으니 다른
자료가 없었다. 그저 장만의 재주로만 적지의 지도가 완성되었다. 적지
를 다녀온 정탐꾼들에게 본대로 그리게 하여 장만이 최종적으로 완성시

컸다. 그리고 광해군에게 올리며 정탐전의 활성화를 촉구하였다.

"전하! 국경을 지키는 일은 무기를 만들고 군사를 훈련시키는 일도 중요하지만, 적의 동태를 살피는 정탐도 매우 중요합니다. 적지의 지도를 그려 올리니 사본을 만들어 방어 전략에 정탐전략을 활용토록 하시옵소서!" 하니 광해군은 탄복하며 유념하여 실행하겠다고 하였다. 광해군은 이 지도를 벽에 걸어놓고 명나라 사신들이 올 때마다 자랑하였다. 이 지도는 명나라에서도 유명해져서 후일 심하전역 때 명나라에서 그려 보내달라고 요청하였다.

조선왕조실록 자료

광해군2년(1610) 11월 8일 **장만이 오랑캐 지역의 지도를 그려 바치다**

장만이 호지(胡地)의 산천을 그린 지도를 바치니 왕이 답하기를, "아뢴 사연을 보고 지도를 살피면서 나라를 걱정하는 그대의 정성을 가상하게 생각하였다. 이 지도를 옆에 놔두고 유념해 보도록 하겠다." 하였다.

광해군2년(1610) 11월 18일 **장만이 북변의 일을 고하다**

왕이 이르기를, "경이 나랏일로 오래도록 북관(北關)에 있으면서 마음을 다해 방비한 것을 내가 매우 가상하게 생각한다. 경의 질병과 관련된 우환을 내가 어찌 돌보지 않을 수 있겠는가. 그래서 의관과 약물을 보냈던 것인데 병이 나아 조정에 돌아왔으니 기쁘기 그지없다."

왕이 이르기를, "경이 바친 지도를 앉으나 서나 유념하며 늘 보고 있는데 오랑캐의 형세가 눈 안에 들어오는 것만 같다." 하였다.

장만이 함경도 개척 도중에 심한 병에 걸려서 거의 죽었다가 살아났는데 이때 광해군이 의원과 약을 보내서 구제하였다. 이처럼 광해정권 초기에는 장만과 광해군을 죽이 잘 맞았다. 그런데 10년이 넘어가자 광해군이 방종해지면서 폭정으로 민생을 파탄내어 장만과 갈등이 시작되었다.

장만이 의녀 선이를 첩실로 삼다

장만이 함경도에서 거의 죽었다가 살아났는데 이때 의원의 도움도 있었지만 의녀 선이(善伊)의 정성이 큰 역할을 하였다. 장만은 백성 살리는게 관직의 목표인 인물이어서 탐관들을 수도 없이 잡아냈다. 자신의 행동은 청렴(淸廉) 그 자체였다. 그런 정치가였으니 42세가 되도록 첩실이 없었다. 그 당시 외직의 관리들은 대부분 수발을 드는 첩실이 있었다. 특히 아들이 없는 관리는 첩실에서 아들을 갖기를 원했다. 장만은 아들이 없었지만 첩실을 두지 않았다. 이는 백성을 살리려는 목민관으로서 본보기로 살고 싶었기 때문이었다.

장만은 첩실을 둘 여러 가지 조건을 다 갖춘 인물이다. 높은 공직자 생활을 오래 했으며, 변방에서 가족과 떨어져 군사의 직책을 오래 하였다. 20세 때 외동딸 하나를 낳고는 22년 동안이나 아들이 없었다.

장만의 첫 부인인 임씨 부인이 먼저 첩실 두기를 권하였다. 남편이 40세가 넘도록 아들이 없었으니 부인은 죄인이었다. 그래서 부인이 첩실을 권하였지만 장만은 거절하였다. "부인! 내가 첩을 둔다면 부패한 관리들을 어이 처벌할 수가 있겠소! 대를 잇지 못함은 부럽지만 그렇다고 첩을 두기는 더욱 부끄럽소. 부인 마음만 고맙게 받겠소." 하였다.

그러다가 사건이 터졌다. 장만이 함경도 개척중 피로가 누적되어 심하게 앓았다. 거의 죽게 되어 어의(御醫)가 오고 난리가 났다. 이때 선이(善伊)라는 의녀가 장만의 간호를 맡았는데 정성이 어찌나 지극한지 부인보다도 더 하였다. 석 달을 밤잠 안자고 장만을 돌보아 결국 장만은 선이의 정성으로 살아났다. 선이는 임씨 부인의 몸종인데 의술을 배워서 의녀로 활동하고 있었다.

임씨 부인이 지난번 남편에게 첩실을 권한 것도 선이를 권한 것이다.

선이가 착하기 때문에 첩실이 되어도 믿을 수가 있었다. 지금은 선이의 정성으로 살아났으니 그의 정성에 감동되어 연민의 정을 느꼈다. 주인이 종을 첩실로 삼는 것은 흔한 일이다. 부인이 추천하는 여인이니 꺼릴 것이 없었다. 더구나 그녀의 정성으로 똥오줌 가리고 살아났으니 어찌 고맙지 않겠는가? 이후 장만은 선이를 첩실로 받아들였다.

▌선이는 전주관아 관비의 딸이다

선이는 장만이 전라도 관찰사로 있을 때 만난 전주관아 관비의 딸이다. 그 당시 14세의 어린 소녀였는데 야무지고 심부름을 잘하여 관찰사가 귀여워 했다. 선이는 이때부터 관찰사를 사모하는 마음이 생겨서 관찰사가 서울로 오자 부인을 따라 왔다. 후일 그 마음을 정충신에게 들키니, 정충신이 "관찰사를 모시고 싶거든 의술을 배우라"고 하였다. 선이는 이때부터 의술을 배워 결국 18살 때 자신의 뜻을 이루었다. 선이는 이후 장만장군의 첩실이 되어서 5남 3녀를 낳았다. 장만은 자식을 못 낳는 사람인 줄 알았는데 선이가 해명해 주었다.

장만은 원래 아들이 없었다. 19살에 장가들어 20살에 딸 하나를 낳았지만 이후에는 잠잠하였다. 남들은 아들이 없으면 첩을 두어서라도 낳으려 하던 시절이었다. 하지만 장만은 개혁을 맡은 관리로서 부정한 탐관들을 수없이 잡아냈으니 자신부터 청렴할 수밖에 없었다. 그래서 첩을 두지 않고 22년이나 흘러 42세가 되어서야 비로소 첩을 두게 되었다. 이제까지 아들이 없던 장만에게 갑자기 아들이 다섯이나 생긴 것은 선이의 마음에 하늘이 감동한 것이다.

21. 사군 탈환과 전쟁대비

장만은 평안도에서 진관제를 허물고 중진제를 도입하여 전투력을 크게 향상시켰다.

▌ 전후복구와 전쟁대비는 장만이 도맡았다

장만은 함경도 개척을 마치고 1610년 11월에 서울로 돌아왔다. 그런데 이번에는 압록강 국경이 위험해지자 장만을 다시 압록강 국경으로 보냈다. 압록강 북쪽의 건주위 오랑캐들이 누르하치를 중심으로 뭉쳐지고, 오랑캐 일부가 압록강을 넘어 노략질을 하였다. 광해군은 다시 장만을 평안도로 보내며 압록강의 국경도 개척하라고 하였다. 장만은 함경도 국경에서 돌아온지 4개월 만에 다시 국경으로 나갔다. 장차 청과의 전쟁대비도 장만이 도맡게 된 것이다.

▌ 천재 전략가 장만의 전쟁 매뉴얼

방어전쟁은 전쟁 매뉴얼이 가장 중요하다. 침공 전쟁은 내 마음대로 전략을 짜고 시작하지만 방어전쟁은 상대방이 언제 어떤 전략으로 나올지 모르니 여러 가지 경우를 예상하여 매뉴얼을 만들기 때문에 치밀해야 한다. 장만은 적의 속셈을 읽어내는데 천부적인 재주를 지녔다. 선조와 광해군은 장만의 국방지식을 높이 평가하여 충청, 전라, 함경, 평안, 경상도의 국방대비와 민생복구를 맡겼다. 장만은 가는 곳마다 백성을 잘 다스려 민생복구에 성공하였다.

국방지식도 높아서 전쟁 매뉴얼도 새롭게 만들었다. 각도마다 특색이 달라 전쟁 매뉴얼도 다르다. 충청도에서는 포수부대를 양성시켜 장차 삼수군의 기초를 만들었으며, 전라도는 배를 타고 오는 적을 상대하는 전쟁으로 5개 장수가 합동으로 전쟁할 수 있는 분군법부터 효율적으로 만들어 놓았다. 수군 육군의 연합작전인 분군법만 효율적으로 작동되면 전라도는 막강하다. 함경도와 평안도는 여진족과의 전쟁인데 각기 달랐다. 지역 특성에 맞는 매뉴얼이 효과적이다.

▌ 누르하치가 노추 · 하추 · 홀호 · 번호를 통합시키고 금나라를 세웠다

북쪽 국경은 여진족 특성에 맞는 전쟁 매뉴얼이 필요하다. 당시 여진족들은 통합이 안 되고 4개 부족으로 갈라져서 우리와 국경을 맞대고 있었다. 맨 서쪽에는 ①노추(虜酋: 누르하치)족이 있어 우리의 압록강 하류와 접하고, 그 다음 우측으로 ②하추(何酋)가 살고 있어 중강진지역을 접하였는데 이들이 압록강을 넘어 우리의 4군 땅까지 차지하여 살고 있었다. 그 다음 동쪽에는 ③홀호(忽胡: 홀타온)가 살고 있어서 우리의 두만강과 접하여 자주 침략하였는데 장만장군이 이들을 복종시켜서 국경을 편안하게 만들었다. 가장 동쪽에는 ④번호(藩胡)가 살고 있는데 이들은 두만강 하류인 6진 쪽에 접하고 있었으나 세력이 약해져 있었다. 5년 후 누르하치가 이들을 모두 통합하고 금나라를 세웠다. 장만은 1602년 사신 길에서 청의 동태를 정탐하고 여진족이 장차 누르하치에 의해서 뭉쳐지고 전쟁이 날 것이라고 예언한 적이 있다. 그래서 광해군이 지금 장만에게 북쪽 국경을 맡긴 것이다.

▌장만은 앞을 내다보고 전쟁 매뉴얼을 만들었다

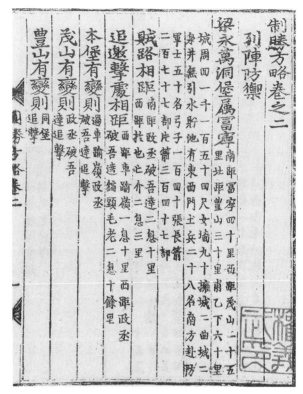

제승방략

장만은 여진족의 특성을 가장 잘 아는 전문가다. 함경도쪽 여진족 추장은 전략에 어두워 노략질로 끝날 위인이다. 그래서 함경도는 정탐전략으로 매뉴얼을 만들었다. 그리고 칠종칠금으로 잡았다가 놓아주니 스스로 복종하였다.

하지만 평안도쪽 여진족 추장 누르하치는 전략에 밝아서 노략질로 끝날 위인이 아니다. 아직은 우리를 우방으로 알고 있어서 다행이지만,

저들이 힘이 커져 명과 전쟁하게 되면 우리와도 전쟁이 될 것이다. 장만은 그 경우를 예상하고 전쟁 매뉴얼을 만들었다. 누르하치와의 전쟁은 대대적인 전쟁이다. 노략질이 목적이 아니라 정벌이 목적이므로 서울을 목표로 공격할 것이다. 대대적인 군사를 맞아 싸우고 서울을 방어하려면 지역방어인 진관제보다는 길목방어인 중진제가 효율적이다. 그래서 장만은 진관제도를 허물고 중진제도를 만들었다.

▌ 장만이 진관제도를 중진제도로 바꾸다

장만이 충청도·전라도·함경도 개혁을 성공시키고 이제 평안도로 왔다. 천재 전략가의 눈에는 평안도도 고칠 것 투성이다. 우리나라는 수백년 동안 진관제도가 방어전략으로 자리잡고 있었다. 임진왜란 직전에는 제승방략이라는 제도도 만들었지만 이 또한 단점이 많았다.

▶ 진관제도(鎭官制度) : 그 지역은 그 지역 군사로 지킨다는 지역방어 개념이다. 군사가 흩어져서 제 지역만 지키니 소규모 도적떼의 노략질 정도는 감당이 되었지만 대규모 전쟁에는 무용지물이다.

▶ 제승방략(制勝方略) : 전쟁 발발시 중앙의 장수가 내려가 지방의 군사들을 지휘하는 방식으로 군사들이 뭉쳐지는 장점은 있었지만, 장수의 대응시간이 너무 느려서 적이 속전으로 침공하는 전투에는 효과가 없었다. 임진왜란 때 신립이 제승방략으로 파견되었지만 대오를 갖출 시간이 없어서 패하고 말았다.

▶ 중진제도(重鎭制度) : 적의 침공이 예상되는 길목에 대규모 진영을 만들어 미리 대군사를 주둔시키고, 또 탁월한 장수도 미리 주둔시켜 적의 침공시 즉각 대대적으로 전투하게 하는 제도이다. 정묘호란 때 남이흥의 안주성 전투가 이에 해당되는데 인조가 허물어서 큰 효과를 보지 못하였다.

▌이제 전쟁은 노략질이 아니라 서울이 목표다

장만은 평안도로 와서 누르하치의 군사력에 맞는 전략을 구상하였다. 그들의 장기는 속도전으로 진격하는 철기군(鐵騎軍)이다. 우리의 제승방략은 지휘관이 내려오는데 시간이 오래 걸려서 효과가 없었다. 적이 침공하고 국경에서 파발을 띄우고 조정에서 회의하고 명령을 내려 장수가 준비하고 내려오려면 10일은 걸린다. 장수가 내려 왔다고 곧바로 지휘할 수 있는 것도 아니다. 현지에 적응하려면 최소한 한 달은 걸린다. 결국 제승방략도 무용지물이다. 장만은 속도전을 고려하여 진관제와 제승방략을 겸한 중진제도를 만들었다. 적이 침공하는 경로는 뻔하다. 대규모 군사이므로 산길은 어렵고 대로로 침공한다. 따라서 적이 침공할 수 있는 대로에 처음부터 중진을 설치하고 군사와 장수를 미리부터 주둔시켜 훈련까지 해두고 대비한다.

장만은 지역 방위보다는 서울 방위에 초점을 맞추었다. 따라서 이전에 중요시하여 군사를 주둔시킨 영변, 구성, 성천, 개천 등에 주둔해 있던 군사들을 파하고 적이 침략할 수 있는 길목의 중진(重鎭)으로 군사들을 옮겼다. 장만이 가장 중요시하는 새로운 군사거점은 안주성이었다. 안주성은 적이 쳐들어온다면 피해갈 수가 없는 길목이며, 우리의 방어가 아주 용이한 천혜의 요새지였다. 반면에 영변은 200년 내려온 군사 중심지였지만 적이 서울로 쳐들어오는 데는 하등 관련이 없는 위치였다. 그래서 장만은 과감하게 영변의 군사를 빼서 안주성으로 옮겼다.

영변성

▌장만은 안주성을 싸울 곳으로 삼았다

장만이 준비한 중진(重鎭)은 의주, 정주, 창성, 구성, 안주의 5개 성이다. 이 5개 성은 적이 침공하는 길목이다. 장만은 영변, 개천, 성천같이 길목이 아닌 곳의 군사를 빼내서 5개 성에 집중 배치하였다. 특히 안주성은 길목이며 요새지이므로 앞으로의 고정 방어선으로 구축하려고 장기계획을 세웠다. 적이 침공하면 창성과 의주가 길목인데, 두 길목이 합쳐지는 곳이 안주성이다. 그래서 안주성을 방어전략의 거점기지로 삼았다.

그런데 영변은 200년을 내려온 군사적인 요충지다. 영변은 산세가 험해서 난공불락의 철옹성이라고 부른다. 종전의 노략질 전쟁이라면 철옹성으로 들어가 지키면 그 지역은 지켜진다. 지금은 서울을 노리는

안주성지도

전쟁이다. 그래서 군사가 영변같이 한적한 곳에 숨는 것이 의미가 없다. 그래서 장만은 영변의 군사를 과감하게 혁파하고 의주, 정주, 창성, 구성, 안주 등의 5개 성으로 돌렸다. 200년 내려온 관습이라 반대자도 많았지만 광해군이 적극적으로 밀어 주고, 또 박엽과 최관 같은 군사 실무진들도 장만의 주장에 잘 따랐다.

　장만은 안주성에 공을 들였다. 적이 서울로 내려가려면 반드시 안주성을 거친다. 안주성의 군사가 적으면 적이 포위만 해놓고 서울로 내려갈 수도 있지만, 안주성에 1만의 군사만 주둔시킨다면 적이 감히 안주성을 우회하여 서울로 내려갈 수는 없다. 안주성은 고구려 때 수나라 대군을 격퇴시킨 유명한 곳으로, 전투를 효율적으로 이끌 수 있는 천혜의 요새지다. 앞에는 청천강이 있고 청천강 너머엔 좁고 긴 협곡이 있어서 군사를 매복시키기에 더없이 좋은 곳이다. 장만은 의주 등 5개 성을 중진으로 만들고 전쟁단계를 3단계로 구분하여 매뉴얼을 만들었다.

전쟁이 한 달 이내로 예상되는 경우는 1단계 방어전략으로 의주와 창성에 집중하는 근접 방어전략을 쓴다. 전쟁이 3달 이내로 예상되는 경우는 2단계 방어전략으로 정주와 구성에 집중하는 중근접 방어전략을 쓴다. 그 다음 전쟁이 언제 일어날지 모르는 경우는 3단계 방어전략으로 안주성에 집중하는 원거리 방어전략을 쓴다. 이는 군사의 피로도를 계산하는 전쟁 매뉴얼이다. 광해군은 전적으로 장만에게 의존했기 때문에 광해시대 전략은 정비가 잘 되었다. 광해군시대 15년은 장만의 전략에 의존하여 국경이 탄탄하게 지켜졌다.

조선왕조실록 자료

광해군2년(1610) 11월 18일 장만이 북변의 일을 고하다

왕이 이르기를, "경이 나랏일로 오래도록 북관(北關)에 있으면서 마음을 다해 방비한 것을 내가 매우 가상하게 생각한다. 경의 질병과 관련된 우환을 내가 어찌 돌보지 않을 수 있겠는가. 그래서 의관과 약물을 보냈던 것인데 병이 나아 조정에 돌아왔으니 기쁘기 그지없다. 그러나 조정에 돌아왔다고 해서 변방의 일을 망각하지 말고 일이 생기는 대로 돕도록 하라." 하였다.

광해군2년(1610) 12월 22일 장만·유공량에게 관직을 제수하다

장만을 동지의금부사로 삼았다. 장만은 관리로서의 재질이 있어 누차 관찰사의 임무를 맡았다.

광해군3년(1611) 1월 20일 도체찰사가 평안병사에 장만이 적임이라 하였다

비변사가 아뢰었다. "도체찰사에게 물어보았더니 '장만이 아니고는 잘 단속하기 어려울 듯합니다. 장만은 근래에 북쪽에서 돌아왔는데, 혼자만 어려운 일을 도맡게 하는 것이 안됐지만, 그러나 중대한 사안이 달려있는 문제를 두고 감히 사사로운 감정을 말할 수는 없습니다."

광해군3년(1611) 1월 20일 이이첨·장만 등에게 관직을 제수하다

이이첨을 병조참지로, 이귀를 충주목사로, 장만을 평안병사에 제수하라고 전교하였다.

광해군3년(1611) 2월 9일 **평안병사 장만에게 서쪽 변방의 일을 모두 위임하다**
왕이 평안병사 장만에게 전교하였다. "서쪽 변방의 위급한 일을 모두 경에게 위임하니, 경은 가서 성심껏 수행하여 국력을 튼튼히 하도록 하라."

인조10년(1632) 11월 1일 **이귀가 북방의 방어책에 대해 상소하다**
이귀가 차자를 올렸다. "병사(兵使)는 한 도(道)의 주장(主將)이고, 영변은 도 내의 주진(主鎭)입니다. 조종조에서 영변에다 병영을 설치하고 창성에다 행영을 설치하여 겨울철 방어의 계책으로 삼은 것은 의도한 바가 있었습니다. 그런데 **장만**이 처음 안주를 병영으로 삼은 것은 **남이흥**을 위한 계책이지 국가를 위한 계책이 아니었는데, **김기종**이 또 다시 안주에다 병사를 옮기자고 하니 매우 온당치 못합니다."

광해군이 평안도에도 장만을 보내서 개혁하려 하자, 이항복이 장만에게만 힘든 일을 도맡기는 것이 안쓰러워 의사를 물었다. "왕이 그대를 또 내보내려고 하는데, 그대는 노모가 있고 또 연이어서 힘들테니, 어렵다면 내가 이야기를 해주겠네!" 장만의 답변은 단호하였다. "나라가 어지러운데 힘든 것이 문제이겠습니까? 어찌 몸을 사리겠습니까?" 이에 이항복이 용기를 내서 장만을 평안도 개혁 인재로 추천하였다. 광해군도 기뻐하며 장만에게 국경의 일을 모두 위임하였다.

서열상으로 보면 평안도 관찰사가 선임이고 평안병사는 그 다음이다. 그러나 임금이 특별히 장만에게 국경의 권한을 모두 위임하였으니 장만이 관찰사도 통솔할 수가 있었다. 하지만 장만은 언제나 동료들을 존중하여, 아이디어가 있어도 독점하지 않았다. 항상 아이디어를 관찰사에게 주어서 처리하니 관찰사들이 장만의 정치에 매료되었다. 장만은 이때 평안도에서 중진제 도입 등 획기적인 국방개혁을 이루고 여진족들이 차지하고 살던 4군을 회복시켜 8년 후 일어나는 심하전역을 대비하였다.

그러나 인조와 이귀는 병자호란의 패인을 만들었다. 장만은 근접방어는 적의 기습 침공시에 선제 타격을 입어서 싸울 수가 없으니 의주성 방어전략을 쓰지 말라고 하였다. 대안으로 요새지 방어전략인 안주성 방략을 주청하였다. 그런데 군사지식도 없는 이귀가 어리석은 인조를 현혹시켜 안주성방략을 허물고 의주성방략을 쓰게 하였다.

정묘호란 때도 이귀가 인조를 현혹시켜 안주성방략을 무력화시켰는데, 그 뒤에도 똑같은 오판을 한 것이다. 어리석은 인조는 이귀의 말을 받아들여 병자호란 때 주력부대인 임경업 군사를 의주성에 배치했다가 적의 기습으로 포위되어 힘도 쓰지 못하였다. 전략의 실패다. 병자호란도 안주성방략을 포기한 것이 가장 큰 패착이었다. 만일 병자호란 때 장만의 주장대로 임경업의 주력부대가 의주로 나가지 않고 안주성에 진을 치고 있었다면, 인조가 강화도로 몽진할 시간은 충분히 벌었을 것이다. 정묘호란과 병자호란은 인조의 무지 때문에 일어나고 패배한 전쟁들이다.

22. 4군 땅 회복과 전쟁대비

적에게 넘어간 4군 땅을 장만장군이 회복시켜 압록강 국경을 튼튼하게 만들었다.

▌ 누르하치가 놀라서 돌아갔다

적에게 넘어간 4군을 장만이 1611년에 회복시켜 국경을 탄탄하게 구축하였다. 8년 후 1619년 4월 심하전역 때 누르하치가 조선을 정벌하려고 군사를 몰고 압록강으로 오니 4군 땅이 조선으로 넘어가 있었다. 부장들에게 이유를 물으니 8년전 조선의 장만이라는 장수가 찾아갔다고 한다. 누르하치는 몹시 놀랐다. "조선에는 전략을 아는 장수가 없는 줄 알았는데, 장만이 8년 후를 내다보고 대비하였다면 조선 정벌은 어렵다." 9개월 씩이나 국경에서 틈만 보다가 군사를 돌렸다. 장만의 선견과 용기가 전쟁을 막은 것이다.

▌4군은 세종대왕이 세운 국방의 요충지다

4군은 중강진 이남의 여연·우예·자성·무창으로, 세종대왕이 국경을 지키기 위해서 세운 국방의 요충지인데, 토질이 척박하고 지세가 험하여 관리가 어려웠다. 세종대왕이 돌아가시자 국경의 개념과 전술을 모르는 군왕과 신하들이 관리가 어렵다는 이유로 4군을 폐하고 관리를 철수시켰다. 관리가 어렵다고 영토를 포기하는 어리석음을 저지른 것이다. 이에 기회를 보고 있던 여진인들이 4군 땅에 들어와 진을 치고 살게 되니 이제는 그들의 땅이 되어버렸다.

▌4군은 여진족 땅이 되어버렸다

우리에게는 어렵고 힘든 땅이지만 여진족에게는 살기 좋은 따뜻한 남쪽 땅이었다. 그래서 그들이 차지하고 산 것이 104년이나 되었다. 우리가 폐지한 것은 152년째다. 지금의 국제 법에서도 백년 넘게 실효지배를 했다면 영토권 주장이 가능해진다. 우리 조정에서 4군 땅을 중요하지 않게 여긴 것은 여진족의 세력이 항상 약할 것이라는 안일한 생각에서 기인되었다. 장만은 머지않은 장래에 이 여진족과 우리가 큰 전쟁을 하게 될 것이라고 예측하였다. 그때 가서 4군 땅의 군사적 위협은 우리에게 거의 치명적이 될 것이다. 적이 먼저 알아차리고 손을 쓰기 전에 4군 땅을 되찾아야 한다고 주청하였다.

장만이 홀로 4군땅 탈환작전을 시작하였다

장만이 광해군에게 앞으로의 정세에 대하여 자세하게 설명하고 4군 땅에서 저들을 몰아내게 군사를 내달라고 주청하였다. 그러나 광해군을 비롯한 조정 중신들은 우리가 선제공격하는 군사작전은 자칫 전쟁을 불러온다며 동의하지 않았다. 장만은 4군 땅에 적들을 두고는 나라를 지킬 수 없다며 중앙의 도움 없이 홀로 4군 땅 탈환작전을 감행하기로 결심하였다. 장만의 정보는 치밀했으며, 장만의 배짱은 독보적이었다.

장만이 수하 부장들에게 여연군수·우예군수·자성군수·무창군수 등의 수령 임명장을 만들어 주고는 4군으로 들여보냈다. "4군으로 들어가서 관청을 개설하라. 만일 여진 군사가 잡아 말을 묻거든 겁먹지 말고 이 문서를 적장에게 보여주고, '이 땅은 본래부터 조선 땅이라 수령으로서 백성들을 다스리러 나왔다' 말하고, 만일 순응치 않으면 대대적인 토벌군이 공격할 것이라고 엄포를 하라."고 일러 보냈다.

부하 제장들은 장만의 능력을 믿고 있었기에 조금도 겁먹지 않고 4군으로 들어갔다. 장만의 말대로 적군에게 잡혀 적장 앞에 서게 되니 장만이 시킨 대로 "우리 땅을 다스리러 왔다."고 당당하게 말하였다. 그리고 "그대들이 여기에서 철수하지 않으면 대대적인 토벌군이 곧 진격해 올 것이다." 하니, 그들이 긴장하면서 자세하게 물었다. 적장이 나서며 "너의 대장이 누구냐?"고 물었다. 부하들이 "우리 대장은 장만이다" 하니, 적장은 "함경감사 하던 장만이냐?" 하며, 되물었다. 부하들이 "맞다."고 하니, 적장이 "장만은 우리 편이니 전쟁은 불가하다. 우리가 돌아가는 것이 이치에 맞는다." 하며, 압록강 너머로 철수하였다.

우리 역사 속에서 적의 수중에 넘어갔던 영토를 찾아온 장수가 몇이나 되겠는가? 이 업적은 청사에 길이 남을 것이다. 고려 때 서희장군이 담판으로 강동 6주를 찾아온 업적과 비길만 하였다. 우리의 역사가들이 이를 기억하지 못하는 것은 참으로 안타깝다. 이 업적은 8년 후 심하전역 때 국경을 지켜내는데 결정적인 역할을 하였다. 장만의 선견과 배짱이 국경을 지켜낸 것이다.

조선왕조실록 자료

광해군12년(1620) 2월 8일 **비변사가 호인 사백여 기가 국경을 침범한 일에 대해 논하다**

비변사가 아뢰었다. "노추가 전일에 하세국(河世國) 등을 풀어 보낸 일과 사군(四郡) 고지(故地)의 오랑캐 가호를 철수시킨 일들을 자못 덕을 끼쳤다고 생각하면서, 우리가 사례하지 않는 것을 매우 괴이하게 생각한다.고 합니다."

인조 시대와 장만

23. 팔도도원수 장만의 전략

반정으로 즉위한 인조도 국방의 위급함을 느껴, 장만을 등용하여 국방을 맡겼다.

▌인조 역시 장만에게 국방을 맡겼다

29살짜리 능양군이 광해군을 몰아내고 정권을 잡았다. 혁명실세는 이귀·김류·최명길·신경진·이서 등 대부분 서인들이지만, 백성을 안정시키고자 남인인 이원익을 영의정으로 삼았다. 내각을 발표하고 조정이 구성되었는데 국방이 문제다. 광해군의 중립정책을 비난하며 정권을 잡았으나, 막상 자신이 정권을 잡고 보니 국방이 겁이 난다. 이원익이 장만을 도원수로 삼아야 지킬 수가 있다고 하였다. 인조 또한 믿을 만한 장수는 장만밖에는 없었다. 할 수 없이 또 다시 장만을 불러서 도원수로 삼았다.

▌가장 화려한 출정식

장만은 이제 정말로 쉬고 싶었다. 선조 때도 광해군 때도 국방을 맡았

모화관

는데 이제 또 다시 국경으로 나가라는 말인가? 그래서 사양하는 상소를
올렸는데 인조가 "나라가 위급한데 재주 많은 신하가 뒤로 빼는 것은
의리가 아니다."라고 하였다. 장만은 사직도 못하고 또 다시 국경으로
나갔다. 팔도도원수는 무슨 자리인가? 전국의 국방을 홀로 담당하는 자
리다. 임진왜란 때 권율 장군이 잠시 팔도도원수를 하고는 2번째다. 심
하전역 때 강홍립은 5도도원수였다. 장만이 또다시 국방의 책임을 맡아
서 국경으로 나가니 인조가 성대한 출정식을 열어 주었다.

 조선 건국이래 가장 성대한 출정식이었다. 세종 때 대마도 정벌에 나
가는 이종무나 최윤덕 이래 처음 열리는 출정식이지만 그때보다 훨씬
더 화려하였다. 장만의 출정식이 화려했던 이유는 인조정권의 선포식
을 겸했기 때문이다. 인조는 자신이 왕이 된 사실을 만백성들에게 알리

고 싶었다. 그래서 반정 40일만에 장안의 백성들을 모두 불러내 장만의 출정식을 구경하게 하였다. 모화관 앞에 단을 쌓고 여러 가지 경기도 하고 연회도 하였다.

인조가 장만의 출정식을 이토록 화려하게 거행한 것은 민심을 얻고 있는 장만장군을 통하여 자신의 반정을 백성들에게 널리 선포하고자 한 것이다. 나라에 정권이 새로 들어섰으니 의례 정권선포식이 있게 마련이다. 그러나 무지한 백성들은 누가 정권을 잡던 상관이 없었다. 광해군 정권에서 많이 시달렸으니 불신감이 팽배해 있었다.

그러나 장만은 여러 도를 돌면서 백성들을 잘 다스리고 탐관들을 잡아내며 백성을 위해 정성을 다했으니, 백성들 중에 모르는 자가 없었다. 구경이라면 밥도 굶고 모여드는 백성들이니 인파가 구름처럼 모여들었다. 장만이 갑옷을 입고 말을 타고 사열대 맨 앞에 나가 서있다. 인조는 구름같이 모여든 만백성들 앞에서 반정(反正)을 선포하였다. 재신(宰臣) 신흠이 읽어 내려간다. 신흠은 장만의 죽마고우다.

▌반정의 선포식

"이 나라는 임진왜란의 병화를 입고 조정은 텅 비고 백성들은 초근목피로 겨우 산목숨을 이어가는데 선조께서 힘을 다하여 인재들을 발굴하고 백성들을 구원하니 잠시 근심을 덜게 되었다. 그러나 혼군(광해)이 발호하여 난신적자들로 앞잡이로 삼고 죄 없는 왕자들을 죽이고 모후(인목대비)를 해하며 구금시키니 이런 흉악한 일은 역사에도 없던 일이다. 또 사치와 방탕을 일삼고 백성들의 고혈을 짜서 궁궐 짓는 일에 탕진하니 백성들은 아비규환의 지옥으로 빠지고 국고는 텅 비어 위사들의 녹봉조차 주지 못했다. 오직 난신적자 무리들과 자신들만 배부르며 호의호식하고 또 귀신에게 홀려 불구덩이에서 빠져나가겠다며 교하(파주)로 천도까지 감행하려 했었다. 천도는 함부로 하는 것이 아니다. 태조께서 이 나라를 세우시며 한양에 자리잡고 이 나라를 종사에 맡긴 뜻은 이 터에서 뜻을 세우고 길이길이 백성들은 편안하게 다스리라는 높은 뜻이 있었다. 종사에서 200년을 이어온 높은 뜻을 귀신과의 장난으로 팔아버리려고 하였으니 그 죄 또한 놀랍도다. 이에 우리 성군(인조)께서 나서서 악을 일시에 제거하시며 종사의 뜻을 이었도다. 성군께서는 백성들을 보살피며 병든 백성, 굶주린 백성들을 살릴 것이다. 백성들은 안심하라! 저 북쪽에 오랑캐들이 거미와 지네처럼 우리백성들을 노려 보고 있지만 이제 도원수 장만이 나가서 서쪽 무리들을 평정하고 탐관들을 다스려서 만백성들을 편안하게 할 것이다."

▎볼만=장만

이어서 장만장군이 말을 타고 군사들을 사열을 하니, 백성들은 이미 장만의 명성을 잘 아는지라 백성들이 환호하며 가히 볼만한 구경거리라 "볼만=장만"이라고 연호하였다. 백성들은 이런 출정식을 구경한 적이 없었다. 204년 전 세종 1년 대마도정벌 때 최윤덕의 출정식이 있고는 처음 있는 일이다. 204년 만에 처음 있는 일이니 아는 자가 아무도 없었다.

▶ 저 대장장수가 누구래?
• 아니 장만 아닌가! 자넨 장만도 모르나?
▶ 전라, 함경감사 하던 장만 말인가?
• 맞네! 그 장만이지.
▶ 그런데 감사가 왜 장군이 되나?

- 이 양반 먹통이구만! 장만은 보통 감사가 아니지. 심하전역 때 압록
  강에서 누르하치 군대를 막아낸 장수가 저 장수래! 그리고 맨손으로
  오랑캐들을 내쫓고 4군땅도 찾아 왔다잖아!
- 대단한 장수네! 이번엔 어디로 가나?
- 청나라 놈들이 쳐들어온대! 또 압록강으로 가겠지 뭐!
- 그런데 상감이 주는 것은 무엇인가?
- 아! 쌍방검 아닌가베! 말 안듣는 놈 깍 죽일 수 있는 쌍방검이네! 생
  사여탈권을 지닌 저거 받은 장수 몇 안되지!
- 대단한 권력이네! 무슨 대장인가?
- 이번엔 팔도도원수래!
- 3,4도도 아니고 팔도는 처음 듣는데?
- 아! 정권이 바뀌었잖아! 팔도가 비상시국이지! 그리고 장만만한 대장
  감이 없지!
- 정말로 "볼만=장만"이네 그려!
- 암! 장만은 볼만한 장수지! 함경도 가면 지금도 인기가 대단하다는
  데, 오랑캐들도 장만이라면 꼼짝을 못한다는데!
- 난 전라도에서 올라왔는데 전라도에서도 장만 사또 인기가 최고였었지!
  탐관들이 죽을 맛이었지!
  백성들은 살맛 났었다네!

이때부터 백성들 사이에서는 "볼만=장만"이라는 말이 생겨 불려지고
있었다. 이괄의 난 때 장만이 역전승을 이루자 이 "볼만=장만"이 또 한
번 노래로 만들어져서 조선 말기까지 불려졌다. 백성들이 장만의 민생
을 살리기 위한 정성에 감동되어 부르게 된 노래다.
장만은 팔도도원수가 되어 화려한 전송식을 받으며 군사들을 이끌고

서쪽으로 진군하였다. 조선의 백성들은 이러한 구경을 해본 적이 없었다. 임진왜란 때도 도망가고 당하는 우리 군사들만 보아왔지 이처럼 장관(壯觀)인 것은 처음 보았다.

오늘날의 국군의 날 행사보다도 더 볼만한 위용이었을 것이다. 장만이 처음으로 창설한 신무기인 조총부대가 선두를 이루며 그 위용을 뽐내고 출정하였다. 조총부대의 사격시범도 있었고, 여러 종목의 경기도 있어 시상하였다. 백성들의 입은 딱 벌어지고 눈은 휘둥그레져 감탄사를 연발하며 구경거리에 마냥 도취되었다. 이렇게 해서 성대하게 이루어진 장만의 출정식은 이정구, 신흠, 장유, 이식 등 4대 문장가를 비롯하여 당대의 유명 인사들이 모두 기록하여 '서정록(西征錄)'에 남겨놓았다. (『낙서집』 권6 참조)

"볼만=장만"은 지금의 국어사전에도 남아있는데, 그 뜻이 "볼만하다"라는 본래의 뜻을 유지하지 못하고 "구경만하는 사람"으로 비틀어져 있다. 그 이유는 시기하는 사람들이 꾸며서 퍼트렸기 때문이다. (『낙서집 보유』 권2 참조)

▶ 영조가 물었다. "왜 장만의 이야기는 두 가지 말이 있는가?"

▶ 대사헌 정익하와 좌의정 조현명이 답하였다. "시기하는 사람들이 꾸민 말입니다. 시기하는 사람들이 장만이 인조반정과 이괄의 난 때 뒤에서 구경만 했다고 퍼트렸는데 이 말도 재미가 있어서 유행하게 된 것입니다."

조선왕조실록 자료

인조1년(1623) 4월 24일　　**상이 모화관에 나가 도원수 장만을 전송하다**

상이 모화관에 거동하여 도원수 장만을 전송하였다. 상이 융복(戎服) 차림으로 장막에 나아가니, 종재(宗宰) 인성군 이공, 의창군 이광, 흥안군 이제, 경평군 이늑, 영의정 이원익, 영중추부사 기자헌, 좌의정 정창연, 진원부원군 유근, 예조판서 이정구, 능원군 이보, 이조판서 신흠, 구천군 이수, 형조판서 서성, 대사헌 오윤겸, 병조판서 김류, 이조참판 이귀, 부제학 정경세가 시립(侍立)하였다. 표신(標信)으로 원수 **장만**을 부르니, 투구와 갑옷차림으로 들어와 두 번 읍하는 예를 행하였다. 중군 현즙, 별장 **남이흥** 및 군관 74인도 계하(階下)에서 차례로 두 번 읍하는 예를 행하였다.

상이 원수를 앞으로 나오게 하고 이르기를, "경은 직접 한 잔을 들고 다 마시라." 하니, 장만이 사양하였다. 이어 주달하기를, "서로(西路)의 파발을 일찍이 말을 가진 방군(防軍)으로 세웠기 때문에 변보(邊報)가 지체되는 근심이 없었습니다. 그런데 지금은 각 고을로 하여금 파발을 세우게 하기 때문에 아무리 긴급한 보고도 매우 늦게 전달됩니다. 예전의 규정대로 말을 가진 군사에게 방수(防戍)하는 임무를 면제해주고 파발로 세우는 것이 어떠하겠습니까?" 하니, 상이 "아뢴대로 하라"고 하였다. 상이 어탑(御榻)에서 내려와 친히 **상방검(尙方劍)**을 잡고 장만에게 하사하면서 이르기를, "대장 이하로 명을 듣지 않는 자는 이 검으로 처치하라." 하였다. 원수및 중군·별장·군관이 모두 두 번 읍하는 예를 행하고 나갔다.

낙서집 자료

『낙서집』 제6권 1. **서행록(西行錄)의 증언서(贈言序)** 월사 이정구 씀

원수 장공이 출사(出師)하여 서쪽으로 갈 적에 우리임금께서 친히 서교(西郊)에서 전송하시니 옛날에도 없던 거룩한 예(禮)이다. 장막과 단을 마련해서 장수를 배(拜)하고 수레를 밀치며 출사(出師)하는 예(禮)를 행하였다. 상(왕)께서 원수(元帥) 앞에 잔을 내리시며 차고 계시던 보검(상방검)을 풀어 내려주시며 이르시기를 "부원수 이하로 명령을 듣지 않는 자는 이것으로 다스리라" 하시니, 원수 장만은 머리를 조아리며 물러갔다. 아름답고 거룩하도다. 수백 년 동안 없던 일이다. 오호라 우리임금께서 서교(西郊)의 예(禮)를 처리하시지 아니했다면 어찌 능히 안령(鞍岺: 이괄의 난)의 기공(奇功)을 이루었을까. 공(公)으로 하여금 이 공(功)을 이 땅에서 이루게 하니 하늘의 뜻이던가. 드디어 써서 서행증언(西行贈言)의 서(序)로 한다. …

『낙서집』제6권 2. **서행증언(西行贈言) 장만원수의 출사하는 글 상촌 신흠 씀**

임진왜란에 원수 권율이 비로소 팔도를 통솔하였으니 중(重)하다고 하겠지만, 난리중이라 예수(禮數)를 갖추지 못하고 다만 병부(兵符)만을 나누었던 것이다. 왜구가 실은 대국(명나라)을 상대한 것이니 권공이 원융(元戎)이겠는가. 대국(명)의 구사(驅使)를 받으며 감히 스스로 결단을 못하였다. 뒤에 이항복과 한준겸이 변방에 부(府)를 개(開)하였으나 책임이 편안하자는데 있었으며, 관할한 것도 몇도 뿐이다. 장만에게 팔도병마수군도원수를 시키시어 군사를 서관(西關: 평양)에서 보도록 하시며, 상(왕)께서 몸소 교단에 거동하시어 원수 장만을 보내실 적에 아기(牙旗)를 벌리고 북을 세우며 칼을 차고 나오시니, 옥절(玉節)은 앞에 있고 금부(金斧: 금도끼)는 겸하였다. 원수가 상(왕)을 바라보며 손을 들어 읍하니 상께서 계단을 내려서서 받으시며 차시었던 보검을 풀어 장만에게 주시며 이르시기를, "명(命)을 듣지 않는 자는 이것으로 다스리라" 하시니 장만이 올라가서 받으며 읍하고 물러났다. …

皇命天啓三年 癸亥夏至日 申欽 序: 황명 천개 3년 계해년(1623) 하지일 신흠 씀

---

24. 이괄 난의 평정

인조반정 이후 이괄이 반란을 일으켜 서울까지 함락시켰지만 장만이 평정하였다.

▌이괄 난은 왜 일어났는가?

1. 인조가 반골기질이 있는 이괄을 오판하여 대군을 맡긴 인사실패가 원인이다.

2. 인조가 역모사건을 신속하게 처리하지 못하고 반란을 초기에 잡지 못하여 사태를 키웠다.

3. 인조반정의 성공이 모방 반란을 부추기는 역할을 하였다.

인조정권 초기에 반란이 많았다.

①이괄의 난(1624.1) ②박홍구의 난(1624.11) ③이인거의 난(1627.9) ④유효립의 난(1628.1) ⑤이충경의 난(1629) 등, 정권초기 6년 동안에 반란이 5번씩이나 줄지어 일어났다. 물론 광해군 때도 역모사건은 많았지만 그때와는 질이 다른 반란사건들이다. 광해군 때는 하찮은 불만을 역모로 조작한 사건들이지만, 지금은 광해군을 몰아낸 인조를 응징한다는 명분으로 의거를 집행한 엄연한 반정사건들이다. 인조보다는 훨씬 더 떳떳한 명분들이었다. 그 중에서도 이괄의 난은 정말로 인조를 왕위에서 쫓아낼 뻔하였다.

광해군을 세웠다면. 만일 이괄이 흥안군을 왕으로 세우지 않고 광해군을 왕으로 세웠다면 장만장군이 끝까지 막았을까? 아쉬운 질문이다. 이괄이 광해군·인성군·흥안군을 놓고 고민했을 것이다.

인조가 정권을 잡고 보니 국방이 어려웠다. 그래서 장만장군을 다시 불러 국방을 맡겼는데, 장만은 전략가다. 군사들을 실제로 훈련시키고 국경을 지켜낼 용맹한 장수가 필요했다. 국경으로 달려온 장만은 또 다시 대비전략을 짰다. 광해군 때보다도 훨씬 더 어려운 상황이었다. 청군의 세력도 커졌지만, 더 어려운 조건은 인조가 광해군의 중립정책을 파기한 것이다. 인조는 광해군의 중립정책을 명에 대한 배신이라고 배척하였으니 중립정책을 쓸 수가 없었다. 당연히 청의 침공 확률은 높아졌다.

장만은 이러한 정세를 직감하고 청의 침공에 대한 대비책을 세웠다. 우선 2만의 군사를 훈련시켜 정예군으로 만들어야 한다. 1년 정도만 훈련시키면 이들이 백성들을 이끌어 전쟁을 감당할 수 있을 것이다. 장만의 계획은 착수되었다. 우선 영변에 1만2천의 군사를 모아 놓았다. 이제 훈련시킬 부원수만 내려오면 된다. 장만은 인조에게 용맹한 장수를

김류

선별하여 부원수로 내려보내 달라고 요청하
였다.

　인조정권은 인조·김류·이귀가 주도하였
다. 김류는 이괄을 부원수로 추천하였다. 인
조도 매우 만족해하였다. 부원수는 실제로 대
군을 통솔하는 직책이라 믿음이 있어야 한다.
믿을 만한 인물은 인조반정 공신들뿐이다. 그
중에 무인은 신경진, 이서, 구굉, 이흥립, 이
괄 등이 있었지만 이괄이 가장 용맹하고 병법에 능했다. 그래서 인조는
이괄을 낙점하였다.

　그런데 이귀와 최명길이 문제를 제기하였다. 이괄은 용맹하지만 성
품이 거칠어 대군을 맡기면 위험하다고 하였다. 이에 인조는 "내가 그대
들을 믿는 것만큼 이괄장군도 믿는다." 하며 이괄을 부원수로 보낼 것을
고집하였다. 그래서 이괄이 영변에서 1만2천의 대군을 호령하게 되었
다. 이것이 인조의 첫 번째 오판이다. 이 오판이 나라를 뒤집어엎었다.
장만이 아니었다면 조선왕실은 끝날 뻔하였다.

　여기서 혹자들은 이괄이 요직에서 밀려난 것이라고 한다. 이괄이 자
신을 변방으로 쫓아낸 것에 불만을 품고 반란을 일으켰다고 한다. 이는
잘못된 분석이다. 이괄은 요직에서 밀려난 것도 아니며, 대우의 불만
때문에 반란을 일으킨 것도 아니다. 이괄은 반정 후 오히려 높은 대우를
받았다. 포도대장과 한성판윤은 무관인 이괄에게 있어서는 결코 불만
스러운 대우가 아니다. 그리고 부원수직을 한직으로 이해하는 것은 잘
못된 분석이다.

　부원수는 '계엄군 부사령관'인데 어찌 한직으로 몰아낸 것이겠는가?
이괄에게 불만이 있다면 공훈 서열이 생각보다 2, 3칸 뒤로 밀린 것뿐

영변읍성지도

이다. 그런데 공신의 대우는 서열이 중요한 게 아니라 등용하는 관직이 중요하다. 관직으로만 본다면 이괄은 김류, 이귀에 이어서 3번째의 대우를 받았다. 인조가 이괄에게 기대를 걸었기 때문이다.

▎이괄은 이성계의 건국에 대한 야심이 있었다

반정공신은 "1등에 김류, 이귀, 김자점, 심기원, 신경진, 이서, 최명길, 이흥립, 구굉, 심명세 등 10명이고, 2등에 이괄, 김경징, 신경인, 이중로, 이시백, 이시방, 장유, 장돈 등 16인"인데 이괄은 11번째 대우였다. 1등에 끼지 못한 것이 유일한 불만이지만, 공직자가 이 정도의 불만으로 반란을 일으킨다는 것은 상식 밖이다. 이괄의 생각대로라면 최명길의 다음 순서 정도는 아닐까 한다.

2, 3칸쯤 뒤로 밀린 것뿐인데 이 정도가 **뼈**에 사무치는 불만은 아닐 것이다. 또 이들보다 몇 배나 더 큰 보직을 받고 있는 상황에서 겨우 이것 하나의 불만으로 반란을 일으킨다는 것은 정답이 아니다. 이괄이 반란을 일으킨 진짜 이유는 다른데 있었다. 이괄은 이성계의 건국에 대한 야심이 있었다.

이괄은 원래 태생이 반골 기질이다. 대장이 아니면 성에 차지 않는 기질이다. 인조반정은 신경진, 이서, 구굉이 시작하고 김류, 이귀, 최명길이 주도한 쿠데타다. 이괄은 뒤늦게 끼어들어서 홍제원에서 잠시 군사들을 흩어지지 않게 다잡은 공이 전부다. 그래서 11번째 공신으로 올렸고 포도대장, 한성판윤을 거쳐 부원수로 제수되었다. 이괄의 성품으로는 김류, 이귀를 꺾고나서 정권을 잡고 흔들어야 직성이 풀리는데 성에 차지 않았다. 그래서 술만 먹으면 모조리 싹쓸어 버린다는 말이 입에 달렸다.

고려 때 무신정권시대가 있었다. 문관들이 무관들을 멸시하자, 무신 정중부가 불만을 품고 난을 일으켜 정권을 잡았다. 무신들이 왕을 꼭두각시처럼 조정하면서 권력을 휘둘렀다. 이괄은 처음에는 무신정권을 꿈꾸었다. 문관이라고 거들먹거리는 김류, 이귀를 때려잡고 인조를 꼭두각시처럼 조정하면서 권력을 휘둘러보고 싶었다.

그런데 기회가 왔다. 인조가 자신에게 1만2천의 대군을 맡긴 것이다. 가뜩이나 야심이 가득한 자가 대군을 호령하니 간땡이가 부어올랐다. 인조반정 때 보니 별것 아니다. 몇 놈만 때려잡으니 모두가 굽실거린다. 이제는 야심도 커졌다. 양아치 같은 무신정권이 아니라 이성계처럼 새로운 나라를 세워 나의 큰 뜻을 펼쳐보자! 이제 이괄의 꿈은 이성계의 건국에 대한 야심으로 바뀌었다.

▎윤인발은 누구인가?

윤인발은 이괄에게 반란을 부추긴 책사(策士)다. 윤인발은 윤경립의 서자이며 허균의 제자로, 광해군 때도 반란을 획책하다가 두목인 허균이 처형당하자 지하로 숨어들었는데 이제 또 다시 활동을 시작하였다. 윤인발은 광해군 때의 세력들을 비밀리에 모아 반란을 준비하고, 인성군에게 접근하였다. 인성군은 광해군의 바로 밑에 동생으로 광해군 다음 서열이었다.

윤인발이 말하기를, "광해군이 죄가 있어 몰아냈다면 의당 다음 순서는 인성군으로 대를 이어가야지, 어떻게 인조가 이어갑니까? 이는 찬탈입니다. 당연히 되찾아와야 합니다." 하니, 인성군이 "당연한 일이다. 그대들은 큰 뜻을 이루라!" 하며, 동조하였다. 윤인발은 이에 힘을 얻어서 이괄에게로 달려갔다. 반란의 계획은 이괄이 서울에서 떠나기 전부터 시작되었다. 윤인발은 인성군과 이괄의 힘을 이용하여 정권을 잡고 허균이 꿈꾸던 계급 없는 세상을 만들겠다는 망상에 빠져있었다.

윤인발은 장만의 사위가 될 뻔하였다. 그런데 윤인발의 숙부인 윤의립이 말려서 중단되었다. 장만의 서녀와 윤인발의 혼사가 오가는데 장만이 좀 이상하여, 윤의립에게 윤인발에 대해서 물어보았다. 윤의립이 말하길 '머리는 좋은데 생각하는게 좀 이상하다'고 하여 장만이 그만 두었다. 윤인발은 머리는 좋지만 허균처럼 계급 없는 사회를 만들겠다는 좀 이상한 인물이었다. 한때 이괄의 아들인 이전의 스승으로서 이괄과 친밀하게 지냈다.

윤인발이 이괄에게로 갈 때 시신을 구하여, 자신이 죽은 것처럼 위장하여 장례까지 치르고 떠났다. 머리깎은 중으로 변장하고 영변에 있는 이괄의 막부로 들어가서, 이괄의 책사가 되어 반란을 계획하였다. 윤인

발이 말하기를, "모두들 부원수께서 나서기를 바라고 있습니다. 부원수
께서 한번 일어선다면 천만군사가 스스로 따를 것입니다." 하니, 이괄
이 고개를 끄덕였다.

인성군·윤인발·이괄, 이들은 모두 동상이몽의 꿈을 꾸고 있었다.
인조도 성공했는데 나라고 못하라는 법이 있는가? 인성군은 인성군대
로, 윤인발은 윤인발대로, 또 이괄은 이괄대로 자신이 주군이 되는 각
기 다른 꿈을 꾸며 반란에 동참하였다. 이괄과 윤인발이 반란을 모의하
자, 이괄의 아들인 이전은 마치 자신이 왕자라도 되는 양 떠벌리고 다녔
다. 천기가 누설된 것이다. 이전은 윤인발과 함께 거사를 위해서 영변
으로 갔지만, 이전의 반역모의가 고변되었다.

관련자들이 모두 잡혀오자, 이귀가 인조에게 고하였다. "이전이 역모
를 하였으니 빨리 이괄을 소환하여 조사해야 합니다. 늦으면 어떤 일이
일어날지 모릅니다." 하였지만 인조는 거절하였다. "내 그대를 믿는 것
만큼 이괄도 믿는다." 하였다. 모두들 나서서 주청하자 인조는 마지 못
하여, '이전과 한명련만 소환하여 조사하라'고 하였다. 인조는 무능하여
여러번 오판으로 전쟁을 키웠다. 이괄의 난도, 정묘호란도, 병자호란도
사전에 막을 수 있었는데 인조의 오판으로 전쟁이 일어난 것이다.

▌ 이괄이 영변에서 반란을 일으켰다

이괄은 금부도사가 이전과 한명련을 잡으려고 영변으로 떠났다는 소
식을 듣고는 곧바로 심복들을 모아놓고 반란을 선포하였다.

"나에게는 아들이 하나뿐이다. 이제 잡혀가면 나와 그대들이 모의한
반정계획이 그대로 노출될 것이다. 이제 나와 그대들이 잡혀가 죽는 것
은 시간문제다. 나는 지금 군사를 몰고 서울로 올라가 임금 주변에 있는

간신들을 일거에 소탕하고, 좋은 세상을 만들려고 한다. 지금 우리군사 1만 2천을 몰고 올라가면 막을 군사가 없다. 성공 확률은 100%다. 그대들은 반정공신이 되어 대대로 복을 누리게 될 것이다. 평양 원수부에는 몇 안 되는 오합지졸 뿐이다. 내가 몇일 전에 장원수를 만났는데, 원수도 나와 같은 생각을 갖고 있었다. 내가 나서면 동조하겠다고 하였다. 그대들은 나를 따르겠는가?" 하자, 이수백, 기익헌 등 심복들이 모두 이괄을 따르겠다고 맹세하였다. 금부도사 일행을 죽이고 가야 군사들이 동요하지 않는다고 하였다.

이괄은 심복들의 맹세를 받은 다음, 군사들을 모아놓고 회군을 선포하였다.

"지금 대궐에서 반란이 일어나 임금이 잡혀 있다. 그리고 임금이 우리에게 '와서 구하라'는 밀서를 보내왔다. 이게 그 밀서다. 그래서 지금 우리가 임금을 구하러 간다. 그런데 반란군이 우리를 제압하려고 금부도사를 보내서, 지금 오고 있다. 우리는 금부도사 일행을 모두 잡아서 처치하고 진군할 것이다. 이는 사느냐 죽느냐 하는 전쟁이다. 조선에는 우리 1만2천 정예군을 막을 군사가 어디에도 없다. 반란군은 겨우 수백의 군사에 지나지 않는다. 우리가 가면 그들은 추풍낙엽처럼 쓰러질 것이다. 제군들이 서울에 도착하면 모두 공신이 되어 대대로 복을 누릴 것이다. 그대들은 모두 나를 따르라!" 하니, 모두들 영문도 모르고 대오를 따랐다. 이 멋진 글들은 모두 윤인발이 써 주었다. 반란은 이괄 주연에 윤인발 각본으로 시작되었다.

이괄은 1624년 1월 21일 금부도사가 도착하자마자 잡아 죽이고 1만2천 군사를 몰고 서울로 진격하였다. 부하들이 처음에는 협박에 속아서 출발했지만, 나중에는 성공 확률 때문에 흩어지지 않고 서울까지 따라왔다. 이괄이 회유하기를, "우리의 반정 성공 확률은 100%다. 내가 1년

전에도 수백의 군사를 몰고 대궐로 들어가 성공시켰는데, 지금 우리의 1만2천 군사를 막을 자는 아무도 없다. 이제 제군들이 서울만 도착하면 나라를 구한 공신이 되어 최고의 대우를 받게 될 것이다. 이제는 도망가도 이미 역적이 되었으니 죽음뿐이다." 하여, 군사들이 이괄을 따랐다. 따라만 가면 공신이 되어 대우를 받는다는데 누가 나서서 반기를 들겠는가?

이괄군이 서울로 진격할 때 평양을 우회하였다. 이는 장만장군을 피해서 가려는 것이다. 장만과는 원한도 없고 싸울 필요가 없었다. 이괄은 서울에 두고 온 가족들이 다급하여 빠른 속도로 서울로 진군하였다. 장만의 군사와 싸운다면 시간이 지체된다. 장원수가 아니라 인조의 실세들을 뒤엎는 게 급선무다. 그래서 평양을 우회하여 진군하였다. 이괄은 반란하기 며칠 전에 동태를 살펴보기 위해서 장원수를 찾아보았다. 원수가 몹시 아파서 거동조차 힘들어 했다. 이괄은 장원수는 치지 않아도 위협이 되지 않는다고 판단하였다.

이괄은 안주성에 있던 정충신에게 별장(別將)을 보내 '반정에 동참하라'고 하였지만, 정충신은 별장을 따돌리고 평양의 원수부로 달려갔다. 이 소식을 접한 장만은 병석이지만 몸을 일으켜 갑옷을 갖추어 입고 관군을 수습하였다. 장만은 제일 먼저 인조에게 출사표(出師表)를 올리고 흩어진 관군을 수습하여 이괄군을 뒤쫓았다.

▌장만이 출사표로 이간계를 막다

장만은 제일먼저 임금에게 출사표부터 올려 적의 이간계를 차단시켰다. "신은 부귀와 영화가 하늘에 닿았으니 더 바랄 것이 없습니다. 이미 늙고 병들어 주군의 높은 은혜에 보답하지 못했는데, 이번 난을 토평하는 일을 신의 마지막 직무라고 여기고 죽음으로써 이 역적을 맡겠습니다. 이 도적은 이간질 잘하는 교활한 자가 모사를 맡았으니 틀림없이 군신의 사이를 이간질할 것입니다. 주군께서 그들의 이간질에 흔들리지 말고 끝까지 신을 믿고 초심을 지켜주시면 신은 반드시 저 적을 토벌하고 죽을 것입니다." 하였다.

인조는 공주로 피난가는 수모를 겪으면서도 장만의 출사표 때문에 믿고 기다려 끝내 장만이 적을 토벌하는 공을 이루게 하였다. 윤인발은 인조와 장만장군을 이간시키는 계략을 여러 번 썼다. '장만이 거사의 주모자다.', '정충신과 남이흥이 거사에 참여하였다.'라는 가짜 뉴스를 퍼뜨려 인조를 현혹시켰다. 장만을 시기하는 언관들도 한몫 거들고 나섰다. "장만이 의심스러우니 교체하여야 합니다. 정충신은 처음부터 역모에 가담되었으니 당장 잡아들이소서!" 하였다. 나중에 난이 평정되자 인조가 "한때는 심히 의심이 들기도 하여 흔들렸다"고 소회를 토로하였다. 인조가 장만을 끝까지 믿을 수 있었던 것은 평소에 사심 없는 장만의 인품 때문이었다. 선조와 광해군도 그래서 장만을 신임했던 것이다.

▍장만이 흩어내는 계략을 쓰다

이괄의 반란군이 영변을 출발했다. 이괄은 영변에서 1만2천 군사로 반란을 일으키고 22일 아침에 영변을 출발하였다. 잡혀가는 구성부사 한명련을 구출하고, 자산과 신창에서 전열을 가다듬고 24일 아침에 다시 출발하였다. 강동으로 진군하는데 군사들이 길가에 붙은 격문(檄文)을 보더니 대오가 술렁였다. 길가에 붙은 격문은 장만 진영에서 붙여놓은 것으로 "이괄이 군사들을 속여 반란을 일으킨 것이니, 돌아오는 자는 모두 용서한다. 관군이 이미 진압부대를 구성하여 곧 진압될 것이다.

도원수 장만 백." 이런 내용이었다.

장원수가 종사관 김기종에게 묻기를, "그대가 영변에서 군사를 시찰할 때 반드시 제장들과 말하였을 것이다. 그 가운데 적을 따르지 않을 자로 그 사람됨을 가히 생각할 만한 자가 있는가?" 하니 김기종이 이르기를, "사람을 안다는 것은 심히 어렵습니다. 비록 헤아림이 어렵지만 (이괄에게 참여한 장수 가운데) 이윤서, 유순무, 이신은 그 사람됨을 관찰하면 반역하지 않을 것입니다." 하였다. 원수가 이르기를, "유순무와 이신은 내가 이미 안 지 오래니 반드시 적을 따르지 않을 것이다. 계교를 가지고 부추겨 보자!" 하며, 제장으로 하여금 각기 이간(離間)할 계책을 드리라고 했다.

별장 박진영이 김기종에게 이르기를, "이 사람은 이괄의 중군 이윤서의 노비(奴婢)로 이름은 효생이라 합니다. 만일에 계교를 쓰려면 이 사람을 쓰는 것이 기회입니다." 하니, 김기종이 바로 방안으로 데리고 들어가 술과 고기를 먹이며 말하였다. "네가 만약 돌아갈 때 편지 하나를 이윤서에게 주어 군사를 거느리고 의(義)로 돌아서게 한다면 마땅히 너에게 천금의 상을 줄 것이요. 임금께 고(告)하여 네 주인의 벼슬도 높여줄 것이다." 드디어 남이홍, 유효걸, 박영진이 연명으로 글을 짓고 역(逆)과 순(順)의 이해관계를 말하여 옷의 꼬맨 곳을 뜯어 감추도록 하고 원수에게 고하니, 원수가 베 50필을 효생에게 주었다.

효생이 말하기를, "우리 주인이 적중에 있으니 죽지 않으면 포로가 될 것입니다. 이 상을 내려주심은 하인으로서 부끄럽습니다. 마땅히 만번 죽음을 무릅쓰고 적진에 들어가서 이 글을 주인에게 보고하여 살길로 나아가시도록 하겠습니다. 이런 일로 인하여 재물을 주시는 것은 쇤네가 참아 받을 수 없습니다." 하며, 고사하고 받지 않으니 보는 자들이 모두 '진정으로 의롭다'고 했다. 효생이 곧바로 자산(慈山)으로 가서 그

글을 전했다. 이윤서·유순무·이신·이탁 등이 앞서 이미 모의한 바가 있었는데, 편지를 보고 은밀히 소속장수들과 더불어 '밤에 세 번 북치면 방포(탈출)하자'고 약속하고 흩어졌다.

밤에 적의 진영에서 크게 놀랐다. 영유파총 김통가 등도 또한 이 모의에 참여하여 자못 공(功)이 있었다. 이윤서·유순무·이신·이탁 등 네 명은 곧 원수부에 도착하여 뜰아래 꿇어앉아 절하며 통곡하니, 원수 또한 상(床)에서 내려와 손을 잡고 울며 말하기를, "당초에 협박을 받은 것이 창졸간에 이루어져 죽었으면 짐짓 좋았지만, 죽지 않고 군사를 거느리고 돌아온 것도 또 하나의 길이었다"고 하며, 그날로 세 사람을 별장으로, 유순무는 중군으로 삼고 의심하지 않으니 전군이 모두 장원수의 넓은 도량에 탄복하였다.

▌자객이 원수를 노리고 침입하다

반란군의 자객 가운데 포로된 자를 원수가 방으로 데리고 들어가 가슴을 헤치고 말하기를, "네가 능히 의(義)로써 나를 찌르겠거든 찌르라! 그러지 못하겠으면 내 말을 따르라!" 하니, 자객이 감동하여 울며 죽기로 보답하기를 맹세하였다. 적이 자객(刺客) 8인을 모집하여 4인은 철산으로 보내어 순찰사 이상길을 찔러 죽이려 하고, 4인은 평양으로 보내어 장원수를 찔러 죽이려고 했다. 그중 한 명이 체포되었으나 원수는 그를 죄주지 않고 술과 고기를 먹여 짐짓 달래며 풀어주니, 그 뜻은 '적에게 관군이 이미 준비가 다 되어 있음'을 알려 적의 기세가 꺾이도록 하자는 전략이다.

적의 군사들이 격문을 보고 이르기를, "장원수도 이번 거사에 참여했다더니, 이제 이 격문을 보니 우리를 속인 것이다." 하며, 드디어 늦장

부리며 떠나지 않았다. 이괄이 군정이 흔들림을 알고 높은 곳에 결진(結陣)하여 달래며 진정시켰다. 해가 저물고 어두워서 강동에 진을 치지 못하고, 후퇴하여 전일에 머물던 자산으로 되돌아왔다. 그날 밤에 적병이 크게 흩어지며 네 사람의 장수가 도망해 나오니, 격문을 붙인 계교가 성공한 것이다. 이괄은 더 이상 진군이 어렵게 되자 군사를 되돌려 자산과 신창에서 2일을 더 묵으면서 부하들을 회유하고 겁박해서 통솔체제를 측근체제로 바꾼 후에야 26일에 다시 출발하였다. 관군은 황주와 평산에서 두 차례나 이괄군과 전투를 벌였지만 군사 부족으로 패하고 말았다.

▌임진강 방어선은 스스로 무너졌다

이제 반군은 거칠 것이 없었다. 황주와 평산에서의 승리로 사기는 하늘을 찌르고도 남았다. 반면에 관군은 두 번의 패배로 풍비박산이 되어 모두들 기가 죽어 축 늘어졌다. 장만은 패잔군들을 수습하면서 한편으로는 파발을 띄워 충청도와 전라도의 군사들을 올라오게 하였다. 이 전쟁이 쉽게 잡히지 않을 것을 대비하여 장기전을 계획한 것이다. 그리고는 임진강 협공작전을 세워 조정에 지원을 요청하였다. "도성의 군사로 임진강에서 하루 이틀만 지켜 준다면 원수부의 군사가 적의 뒤를 쫓아 임진강변에서 적을 사이에 두고 남북에서 협공하여 적을 섬멸할 수 있습니다." 조정에서도 장만의 계략에 동의하여 임진강에 이흥립·박효립·한교를 보내 단단히 지키게 하였다. 그런데 이 세 사람을 중용한 비변사의 김류와 이귀는 용병에 둔재들이었다.

배신자 경력이 있는 이흥립을 중용한 것은 큰 실책이었다. 박효립과 한교 또한 무능한 어중이를 중요한 작전에 쓴 것이다. 이흥립은 인조반정 때 광해군의 호위대장으로서 배신하여 반란에 참여한 인물이다. 병법에서는 배신자를 절대로 중용하지 않는다. 한번 배신한 사람은 또 배신한다. 이괄이 임진강 북쪽에 도착해서 남쪽 강변을 바라보더니, 이흥립과 박효립이 지키고 있는 것을 알고는 회심의 미소를 지었다. 이괄이 크게 웃으며 흥분해서 떠들었다. "하늘이 나를 돕고 있다. 하늘이 돕지 않는다면 배신자 이흥립을 배치하지 않았을 것이다."라고 하며, 들떴다.

전쟁에 있어서 강을 건너는 일이 가장 어렵다. 이괄은 임진강을 어찌 건너야 하는가 걱정이 많았는데, 막상 와서 보니 길이 열려 있었다. 관군에서 누가 용병하기에 이흥립을 배치했을까? 그 아둔한 이귀와 김류가 그리했을 것이다. 이괄과 한명련과 윤인발은 서로 쳐다보며 웃었다.

강을 건너기 위해서 이흥립과 전투를 벌이는 것보다는, 겁쟁이 이흥립에게 겁을 주어 스스로 물러나게 하는 것이 더 빠른 작전이다. 이괄의 군사들을 강변에 횡대로 정렬하여 강 건너 관군에게 위용을 자랑하며 겁을 주었다. 그리고는 전령 두 사람을 강 건너 이흥립과 박효립에게 보내 서찰을 전달하라고 하였다. 길을 비켜주면 공신으로 대우하겠다는 것이고, 만일 대항하면 이중로처럼 목을 자르겠다는 내용인데, 개인적으로 특별히 친근함을 강조하였다.

"장군과 나는 동지 아닌가요? 또 한 번 동지가 된다면 그 정이야 둘도 없이 귀할 것입니다. 나는 장군을 국부의 예로 대접하겠습니다. 그러나 만일 우리와 대적한다면 가차 없이 목을 베일 수밖에 없습니다." 하니, 겁 많은 이흥립이 먼저 말을 돌려 도주하였다. 그 뒤를 이어 박효립도 도주하니, 한교인들 버틸 재간이 없어 그 마저 도주하였다. 적들은 아무런 저항도 받지 않고 최고의 관문이었던 임진강을 손쉽게 건넜다. 이렇게 해서 장원수가 크게 기대했던 임진강 협공작전은 여지없이 무너지고 말았다. 2월 8일 오후였다. 이괄은 임진강을 넘어 파주들에서 노숙

하며 도성을 살핀 후에, 도성 내에서 저항할 군사가 없자 9일 아침에 내응자들의 환영을 받으면서 무혈입성하였다. 이괄이 서울을 함락시킨 것이다.

▌한편 장만의 군사는 쉬지 않고 적을 뒤쫓았다

장만이 열심히 행군하여 9일 오후에 임진강에 도착하니 적은 이미 강을 건너간 후였다. 강가에서 촌부들에게 이 소식을 듣고는 모두가 통분하고 허탈하여 모래사장에 주저앉고 말았다. 하루 사이로 이괄 군을 놓쳐버린 것이다. 도성의 그 많은 군사들이 어찌 임진강에서 단 하루도 못 버텨 주었단 말인가? 내심으로 임진강에서 적을 잡을 수 있다고 굳게 믿고 치밀한 계획을 세웠는데, 적이 빠져 나갔다니 온몸에 힘이 쭉 빠졌다. 장원수는 다시 낙담한 군사들을 수습하였다.

▌파주들판에서 마지막 작전회의가 있었다

▶ 장원수 왈, "금일의 방책에는 두 가지가 있다. 하나는 지금 당장 적을 공격하여 한번 죽도록 싸우는 것이다. 하나는 이서의 군사를 재촉해서 동로를 지키며 신경원의 군사로 남로를 지켜 사면을 포위하고, 남쪽에서 올라오는 군사들을 기다려 힘을 합쳐 만전의 계책으로 나아가는 것이다. 제장들은 이 둘 중에 어느 길을 선택하겠는가!" 하니,

▶ 정충신 왈, "지금의 일은 급합니다. 적과 시간을 두고 노는 것은 불가하오니, 성패를 막론하고 어찌 일전을 미루겠습니까. 병법에도 '먼저 북산을 점거하는 자가 이긴다'고 하였으니, 관군이 먼저 안령(인왕산)을 점거하여 진을 친다면 그 형세가 마땅히 도성을 굽어보고 누를 것입니다."

하였다.

▶ 남이흥 왈, "금일의 방책은 정충신의 말이 제일이오니, 원하옵건대 원수는 빨리 결정하소서." 하니, 독전어사 최현과 체찰부 종사관 김시양과 원수부 종사관 이민구와 김기종이 또한 그 계획을 찬성하여 원수가 즉시 결단하고 군령으로 명을 내렸다.

무악 봉수대

관군이 파주에 도착했을 때 총독부사 최명길과 협수사 이시백이 군사 200여명을 거느리고 도성으로부터 도착하였다. 최명길은 장만의 사위다. 죽을 힘을 다하여 적진을 뛰어넘어서 장인의 막부로 달려온 것이다. 최명길은 체구는 작아도 목숨을 겁내지 않는 뱃심이 있었으며, 의협심이 강하여 위기 때마다 제 역할을 해냈다. 이시백은 이귀의 장남으로 최명길을 깊이 따랐다. 이귀는 이시백을 안전한 강화도로 보내자고 하였지만, 이시백은 그럴 수 없다며 최명길을 따라 장원수에게 달려왔다. 이들이 온 것이 장원수에게 큰 힘이 되었다. 도성의 군사가 처음으로 원수부의 군사와 합류하니 군사들의 사기가 몇 배나 더 올랐다.

정충신은 연서역에 도착하여 척후장 김양언으로 하여금 200기를 거느리고 인왕산 아래 도착케 하여 말을 버리고 도보로 가만히 고개머리에 올라 봉졸(봉화꾼)을 잡아 열대로 봉화를 올리라고 시키니, 적으로 하여금 경보 없음을 알리자는 것이다. 이어서 대군(大軍)이 정토로를 경유하여 안령(무악산) 위에 진을 치니 날이 어두웠다.

정충신, 유효걸, 이희건, 김경운, 조시준, 최응일, 신경원 등이 먼저 군사들을 이끌고 고개 위에 도착하여 진세(陣勢)를 살피며 계획을 짜고 기다렸다. 군사가 밤에 도착하느라 사람과 말의 움직이는 소리가 적지 않았지만, 마침 동풍이 세게 불고 있어 이괄의 군중에서는 아무도 몰랐다.

▌장만의 인왕산전투 작전명령

장만이 부장들을 모아놓고 인왕산 전략의 유리한 점을 일러 주었다.

- 첫째. 은폐물을 활용하라! 우리 군사는 성곽 수비에 훈련된 군사라 은폐물이 없으면 싸우지 못한다. 그런데 인왕산 꼭대기는 가파르고 큰 바위들이 많아서 은폐물이 확고하니, 모두들 바위에 몸을 숨기고 싸우면 성 위에서 싸우는 것보다 더 유리하다.

- 둘째. 인왕산 꼭대기에 진을 치면 배봉진이다. 배봉진(背峰陳)은 배수진(背水陣)과 같은 입장이지만, 배수진은 은폐물이 없어 군사들이 겁을 먹게 되는데 배봉진은 숨을 만한 은폐물이 많으니 안심하고 싸울 수 있다.

- 셋째. 우리는 산 위에서 싸우니 위치면에서 훨씬 더 유리하다. 신립이 탄금대에 배수진을 쳤는데, 은폐물도 없고 위치적으로 유리한 점도 없어 군사들이 겁을 먹고 사기가 떨어져 패하였다. 그러나 인왕산은 위치적으로도 높고 유리하니 싸움에서 반드시 이길 것이다. 적은 여러 가지 면에서 우리보다 불리하다. 단 하나 쪽수가 많다는 것만 유리한데, 이 또한 걱정할 필요가 없다. 적은 도적놈 심보로 뭉쳐진 군사라 의리가 없어서, 우리가 반나절만 버티면 반드시 흩어질 것이다. 우리는 반나절만 버티면 이길 수 있다.

- 넷째. 이 전쟁은 군사들의 사기로 결정된다. 군사들에게 이같이 유리한 점을 설명하여 사기를 잃지 않게 해야 한다. 다만 걱정은 이괄이

접전을 피하는 경우인데, 이 경우엔 장기전으로 대응한다. 하지만 새벽에 함성을 지르면 이괄의 성격상 반드시 응할 것이다.

█ 도성에 입성한 이괄의 삼일천하

이괄은 2월 9일 아침에 서울에 입성하여 그를 따르는 자들로부터 대대적인 환영을 받으며 대궐부터 차지하였다. 이괄은 머릿속에서 이성계의 조선건국을 꿈꾸고 있었다. 수 일 전만 해도 반정에 성공하여 섭정하는 게 꿈이었지만, 이제는 대권이 눈앞에 오자 욕심이 커졌다. 그래서 이성계의 조선건국을 꿈꾸고 있었다. 그러기 위해서는 이성계가 한 것처럼 무능한 자를 왕위에 올려놓고 정지작업을 해야 된다. 그런 후에 역성혁명으로 가는 것이다. 그래서 이괄은 얼마 전에 흥안군에게 통보해서 도성에 남아있게 하였다. 흥안군은 선조의 10번째 왕자로 행실이 모자라서 모두가 꺼리는 사람인데, 인조가 몽진할 때 몰래 도망하여 이괄 군과 합류하였다. 흥안군에게 미리 남아있으라는 통지를 주었기 때문이었다. 이괄이 당초의 계획대로 한다면 윤인발이 추대하는 인성군을 선택하는 게 맞지만, 중간에 욕심이 생겨서 각본을 바꾸어 버린 것이다.

이괄이 흥안군을 선택한 이유는? 이괄은 1년전 인조반정에 참여하여 정권분배의 경험이 있는 사람이다. 그때는 중심에서 밀렸지만 지금은 중심을 선점하리라 다짐하였다. 이괄 반란의 주도세력은 이괄·한명련·윤인발 등 세 그룹이었다. 반정이란 성공한 후에 누가 실권을 움켜잡느냐가 중요하다. 전적으로 자신의 군사만으로 도성을 점령했으니 모든 주도권이 오직 자신에게 있었다.

지난번 인조반정 때는 말단으로 참여하여 주도권이 없었지만 이번은 자신이 주도자가 된 것이니 왕위 자리에 욕심이 생길만도 하였다. 이괄은 처음에 고려의 무신정권을 꿈꾸고 있었지만, 이제는 아예 이성계처럼 자신이 왕이 되고 싶었다. 그러기 위해서는 똑똑한 인성군보다는 변변치 못한 흥안군이 꼭두각시 왕으로는 제격이었다. 이렇게 해서 이괄은 흥안군에게 연통을 했다. 좀 모자라는 흥안군은 신바람이 나서 '나도 왕이 될 수 있다'는 생각으로 수일 전부터 비를 맞으면서까지 건릉(태조의능)과 목릉(선조의능)을 참배하며 자못 결의를 다졌다.

지금의 정치인들이 툭하면 현충원을 찾아가는 원리와 같다. 그러나 흥안군의 이상한 행동을 눈치 챈 사람은 없었다. 그저 미친놈의 이상한 행동이라고 치부하고 말았다. "저 미친놈 좀 이상하지, 안하던 짓을 하네!" 하였다. 그런데 흥안군은 정말로 왕이 되고, 이괄의 삼일천하는 화려하게 시작되었다. 이괄은 삼일 동안 모든 관리를 발령 내고, 황제노릇을 하였다. 그런데 2월 11일 새벽에 인왕산 산봉우리에 관군이 함성을 질러댔다. "역적놈 이괄이를 죽이러 가자!" 이 함성이 이괄에게 보고되자, 이괄은 '저 놈들을 처단하고 아침밥을 먹자'며 진격을 명하였다. 이렇게 해서 아침부터 인왕산 전투가 시작되었다.

▌백성들이 구경하는 인왕산 전투

안산 전투는 백성들이 구경하는 참으로 진기한 전투였다. 2월 11일 새벽에 안산에 관군이 있음을 알고는 한명련과 이괄이 출병을 상의하였다. '우리나라 병법은 정예부대를 선봉으로 한다. 원수는 뒤에 있을 것이고 원수를 지키는 군사는 허술할 것이니, 일부의 병사로 항왜를 대동하고 창의문에서 연서로를 돌아나가 원수의 본진을 공격하면 반드시 원수를 잡을 수 있을 것이다. 원수를 잡아다가 안산에 있는 관군에게 보이면 사기가 떨어져서 투지가 없어질 것이니 일격에 전승할 것이다.' 하였

인왕산도

는데, 전세가 어려워져 실행하지 못하였다.

한명련이 또 이르기를, "안산의 군사는 그 수가 얼마 되지 않는다. 그러니 도성의 백성들을 몰아내어 산에 올라 내가 싸우는 법을 보도록 하며, 하나의 길을 따라 공격하면 저 멀리서 온 오합지졸들이 반드시 기(旗)를 빼앗기고 싸움이 붙기도 전에 흩어질 것이다." 하며 군중에 명령하여 '빨리 주먹밥을 나누어주고 싸움에 이기면 아침밥을 먹자'고 하며, 성문을 열고 출병하였다. 출병의 한 가닥은 박정길의 집 앞길에서, 한 가닥은 연지 담 뒷길로 따라 산에 널리고 골을 메우며 꾸역꾸역 개미처럼 기어올랐다.

관군은 산꼭대기에 진을 쳤으니 배봉진(背峰陣)이다. 배봉진은 도망갈 길이 없다. 오직 싸우다가 죽을 뜻만 있어 단단히 마음먹고 기다렸다. 구경하는 도성 백성들이 곡성(曲城)에서 남산까지 성첩을 메우고 전쟁구경을 하였다. 그 풍경이 마치 빨래를 산 위에 널어놓은 듯하였다. 한명련이 항왜 일백 수십 인을 데리고 정포수(조총수)로 선봉을 삼고, 이괄은 진중에서 독전하며 바람을 타고 양진영을 공격하니 화살과 돌이 비오듯 하여 아무도 감히 앞에 나서지 못하였다.

관군 진영에서는 남이흥이 칼을 빼어 독전하니 장사들이 감히 도망갈 생각을 못한다. 김경운과 이희건이 앞에 나서 화살을 쏘는데 백발백중으로 적들을 맞추었다. 김경운이 총을 맞고 죽자, 변흡이 손에 칼을 들고 독전하였다. 군사들이 모두 죽기를 각오하고 싸웠다. 이 때에 별안간 바람이 바뀌면서 산 위에서 적진 쪽으로 세차게 불었다. 모래바람이 일어 앞이 보이지 않았다. 적은 낮은 지형에서 세찬 바람까지 맞으며 싸우게 되었으니 힘들고 관군은 사기가 곱이 되었다.

역사상 처음으로 백성들을 관중석에 모셔놓아, 백성들이 구경하는 전투가 벌어졌다. 이괄은 자신들이 수효도 월등히 많고 승리할 자신이 있으니 백성들을 나와서 구경하라고 독려하였다. 자신이 승리하고 관군들이 형편없이 깨지는 것을 백성들이 목격해야 자신을 따를 것이라고 본 것이다. 그래서 군사들을 시켜 아직 잠자는 백성들까지 모두 깨워서 전쟁구경을 하라고 하였다.

이렇게 해서 백성들이 관객으로 동원되어 구경하는 진기한 전투가 서울의 한복판에서 벌어졌다. 백성들은 월드컵축구 구경하듯이 처음에는 이괄군이 유리하자 '이괄이 이겨라!' 하다가, 나중에는 관군이 유리해지자 '장만이 이겨라!' 응원까지 해가며 전투구경을 하였다. 마침내 관군이 역전승을 이루자 월드컵 4강전에서 우리가 승리할 때처럼 모두가 일어나 환호성을 올리며 역시 "볼만=장만이구나! 볼만하구나!" 하면서 "볼만=장만!" "볼만=장만!"을 연신 외쳐댔다.

"볼만=장만"은 지금의 국어사전에도 남아있는 말이다. 이괄의 난 때 안산전투에서 계속 지기만 하던 관군이 어렵게 역전승을 이루자 구경하던 백성들이 환호하며 이구동성으로 "장만이 볼만하구나!" 하였다. 이미 1년 전 장만이 팔도도원수로 평양으로 출정할 때, 임금이 서교에서 화려한 출정식을 해줄 때부터 "볼만=장만"이라는 칭호를 붙여주었는데 이제 또다시 장만이 이괄의 군을 극적으로 토평하자 아예 "이괄이는 꽹과리요, 장만이는 볼만이네!"라는 노래까지 만들어 어린아이들까지 즐겨 불렀다. 이괄 군이 산 위로 올라갈 때 사기를 올리려고 소징을 마구 쳐대며 올라갔기 때문에 소징을 칠 때 나는 "꽹~" 하는 소리와 이괄의 "괄" 자를 붙여 꽹괄이라고 불렀던 것이다.

전투가 새벽에 시작해서 오후가 되도록 관군 진영에서는 단 한사람도 도망자가 없었으니 얼마나 무서운 결집력이었는가. 관군의 제장들은 의리로 똘똘 뭉친 집합체였으니 한사람도 도망가지 않고 죽기로 싸울 뿐이었다. 높은 곳을 선점한 배봉진은 배수진보다 싸움에서 유리한 면이 많았다. 인왕산은 큰 바위들이 많고 가팔라서 자신을 방어하는 은폐물이 확실했으며, 공격 때도 위에서 아래쪽으로 쏘게 되니 매우 유리했다. 반대로 이괄군은 아래에서 위쪽을 올려다보고 쏘게 되니 확실하게 불리했다. 장만군은 비록 수효는 적었지만 위치면에서도 작전면에서도 사기면에서도 우위에 있었다. 이괄은 용맹하지만 전략면에서는 장만의 적수가 되지 못하였다.

인왕산 전투는 장만의 전략이 이긴 것이다. 청태종이 병자호란 때 썼던 기다리는 전략을 써야 하는데, 성질 급한 이괄은 정면대결 전략을 썼다. 이괄은 이미 도성을 차지했으니 관군을 포위만 하고 느긋하게 기다리면 관군은 3일만 지나도 식량이 떨어져 스스로 항복했을 것이다. 장만은 이괄의 급한 성품을 잘 알기 때문에 유인작전을 썼다.

▌적진이 흩어지고 이괄이 도주하였다

종사관 김기종의 계략은? "적이 반드시 성(城)을 비우고 출전했을 것입니다. 이때에 아군이 창의문으로 들어가서 먼저 기(旗)를 세우고 남이흥과 정충신으로 하여금 서쪽과 남쪽의 두 문으로 입성하면 적이 반드시 진퇴를 낭패할 것이니 일격에 섬멸할 수 있습니다."

체찰사 이시발이 "이는 기발한 계책이다. 기회를 놓치지 말자." 하였다.

그러나 장원수가 이르기를, "계책은 좋으나 성중의 지세가 평원과 달라 거리와 골목이 깊고 굽고 한데다가, 항왜는 매복을 잘한다. 만에 하나 한번 실수하면 후회해도 돌이키지 못한다. 도성민이 적과 서로 섞여있어 병과 병이 맞붙는다면 반드시 사상자가 많을 것이니 만전할 길로 나아감만 못하다." 하며 중지시켰다.

전투가 오래 지속 되어 오후에 이르자 이괄군은 지치기 시작하였다. 산 밑에서 오르는 군사는 산 위에 매복한 군사보다 체력소모가 몇 배나 더 심하였다. 사기가 점점 떨어져 가는데 풍향이 갑자기 바뀌었다. 산 위로 불던 바람이 갑자기 돌풍을 일으키며 방향을 바꾸어 산 밑으로 불었다. 정충신이 기회를 놓치지 않고 "모래를 뿌려라!" 하자 모래가 돌풍을 타고 이괄군의 면상으로 쏟아져 내렸다. 이괄군은 갑자기 쏟아지는 돌풍과 모래 때문에 눈을 뜰 수가 없었다. 이때 적장 이양이 탄환을 맞고 말에서 떨어졌는데 누군가가 "한명련이 죽었다!" 하고 외치자 관군이 순식간에 "와~" 하고 함성을 지르며 일제히 일어나 돌격하였다.

이괄군의 선봉이 순식간에 무너지며 도망가기 바빴다. 선봉이 무너지자 2진도 피로가 겹쳐서 더 이상 버티지 못하고 도주하였다. 1, 2진이 무너지자 뒤에 있던 이괄군은 스스로 무너졌다. 이괄과 한명련은 서로 얼굴만 쳐다보다가 "우리도 도망가자!" 하며 말을 돌려 도주하였다. 이괄군은 군사로서 가장 중요한 의리(義理)가 없었으니, 장만의 예언대로 불리해지자 순식간에 무너졌다. 장만은 이것을 알고 있었기 때문에 포기하지 않고 끝까지 기회를 엿본 것이다.

한명련이 화살에 맞고 퇴각하자, 진 앞에서 죽임을 당한 적과 벼랑에서 떨어져 죽는 적병이 부지기수라. 관군이 추격하니 형세가 귀 달린 병을 세워놓은 것 같았다. 유효걸이 거느린 북군은 하나가 열을 당하니, 적은 죽을 겨를조차 없었다. 길을 나누어 흩어져 달아나며, 혹은 민가에 들어가 숨기도 했다. 도성민이 돈의문과 서소문을 닫으니 적이 들어가지도 못하고 숭례문으로 향하다가, 혹은 마포로 서강으로 향하여 물에 빠져 죽는 놈도 많았다.

정충신이 쫓아가라고 독촉하니 남이흥이 말리며 이르기를, "금일의 일은 하늘의 도움에 힘입어 여기에 이른 것이다. 하루도 못가서 두 놈의 머리가 도착할 것이니 궁하도록 쫓을 것이 없다." 하였다. 정충신이 이르기를, "빠른 우레는 미처 귀를 가리지 못하니, 곧바로 추격하여 적이 미처 숨기 전에 쳐야 된다. 저 한명련과 이괄의 넋 빠진 귀신들이 어느 겨를에 패(敗)를 돌려 승(勝)할 것인가. 만약에 전력을 다하여 따라 붙으면 반드시 광통교를 못가서 잡을 것이다." 하니, 남이흥이 애써 말렸다.

정충신과 남이흥은 최고의 장수들로 장만의 막부에서 서로 자리다툼을 하였지만, 장만이 3인이 의형제를 맺어 중재하였다. 지금은 서로가 힘을 모아 나라를 구하자고 형제처럼 위해주었다. 이들이 의형제가 되어 힘이 합쳐지니 이괄의 난과 정묘호란을 막을 수 있었다. 임진왜란 때도 장만 같은 인재가 있었다면 이순신과 원균의 갈등도 잘 다스렸을 것이다.

윤인발의 머리인가? 김기종이 고개 위에 도착하여 부원수 이수일과 마주 앉으니, 잠깐 동안에 수급이 산같이 쌓였다. 한 사람이 중의 머리를 바쳤는데 얼굴이 살아있는 것 같았다. 김기종이 이르기를, "산에 있는 중이 와서 진중에서 죽을 리는 없다. 이 사람의 모습이 윤가와 같으니 윤인발의 머리가 아닌가 합니다." 하니, 부원수 이르기를, "나도 그렇게 여기니 종사관의 말이 옳다." 하였다. 그런데 윤인발의 머리가 아니었다. 윤인발은 며칠 후 이괄과 함께 이천에서 죽었다.

윤인발은 옛 승지 윤경립의 서자이다. 이괄의 아들 이전과 역모를 꾀하며, 도성의 모리배들과 서로 결탁하여 내응하기로 약속했었다. 문회와 이우에게 고발을 당하자 스스로 음모가 누설되었음을 알고는 도중에서 도적을 만나 피살된 것으로 가장하여 이괄의 군막으로 숨어 들어갔다. 타인의 시체를 구하여 자신의 시체라 속여 사람들로 하여금 의심하지 않도록 하고는, 머리 깎고 중으로 위장하여 영변으로 갔다가 반란한 뒤에는 항상 이괄의 좌우에 있으면서 모사를 맡아 왔었다.

▌이괄의 천금 같은 후회는

이괄은 달아나다가 이천 묵방리에 있는 한 농가를 탈취하여 겨우 한숨을 돌리며 후회하기 시작했다. 사나이 일장춘몽이 겨우 삼일천하(三日天下)란 말인가? 좀 더 침착하게 인왕산을 공격했어야 했는데 자신의 경솔함이 한없이 후회되었다.

옆에 있는 한명련에게, "한공께는 정말로 죄스러울 뿐입니다. 이제 초나라의 항우 꼴이 되었으니 오강(항우가 빠져 죽은 강)에라도 빠져죽어야 할까요?" 하니, 듣고 있던 한명련이 위로했다. "이공께서는 너무 자책에 빠지지 마시오. 병가에서는 패가 있어 승리를 얻는다 하였으니 와신상담을 해서라도 훗날을 도모합시다."

한명련의 장남 한윤은 이십대 후반에 혈기 왕성한 무장이다. 지금의 패잔군 속에는 한윤이 이끄는 제장들이 많았다. 한윤의 동생들과 사촌, 그리고 종들까지도 모두 한윤을 따르는 심복 무장들이다. 그러니 발언권도 이괄, 한명련, 윤인발에 이어서 제4인자 위치에 있었다. 한윤이 오래 전부터 생각해왔던 모책(謀策)을 낸다. 청나라와 연합을 해서 관군을 치자는 것이다. 단순히 정권을 잡는 방편으로 쓰자는 것뿐이지만, 우리는 구한말에 나라를 팔아먹는 매국노들의 죄상을 잘 알고 있다. 한윤은 지금 매국노 짓을 하겠다는 것이다.

한윤이 말하였다. "국경을 넘어 청나라로 가는 것이 어떻겠습니까? 강홍립 장군도 그곳에 있으니 곧바로 재기할 수 있을 것입니다. 청국에서 군대만 내 준다면 뒤집기는 쉽습니다." 하니, 한명련이 정색하면서 침통한 표정으로 말한다. "그건 안 된다! 아무리 궁해도 우린 조선의 사대부다. 어찌 오랑캐를 끌어들여 내 나라를 치겠느냐! 강홍립 장군도 어쩔 수 없어서 항복한 것이지, 청군을 끌어들여 우리를 칠 생각은 없을 것이다. 청군이 우릴 도와 거사를 이룬다면 반드시 우릴 속국으로 삼을 것이다." 하니, 윤인발이 한윤을 거들었다.

"대장군님의 말씀이 옳지만, 한윤의 주장에도 일리는 있습니다. 청국은 지금 중원의 주인이 되려 하고 있으니 조선의 정치에는 관심이 없습니다. 조선이 명나라와 연합하여 후방을 칠 것을 염려할 뿐입니다. 청국이 우리에게 1만의 군사만 빌려준다면 우린 정권을 잡은 뒤 청국의 우방이 될 것을 맹서할테니, 청국으로서는 대 환영일 것입니다. 우리가 이제까지 명나라와 우방으로 지내왔던 것처럼 이제부터는 청나라와 우방으로 지낼 것이니, 청국이 우리를 지배할 일은 없을 것입니다. 좀 더 깊이 생각하면 아주 좋은 계책이 될 것입니다." 하니, 이괄이 나서서 논쟁을 다음으로 미룬다.

"하나의 좋은 계책임에는 틀림없지만, 이 계책은 자칫 잘못하면 조국을 팔아먹는 매국노가 될 수도 있으니 반정실패의 죄와는 차원이 다릅니다. 좀 더 신중하게 연구해 봅시다."

이괄의 천금 같은 후회는 계속 이어졌다. 이미 자정을 넘긴지는 오래된듯하다. 이제는 한명련과 단 둘이 남았다. 어제의 잠자리와는 비교가 안 된다. '인간사 새옹지마(塞翁之馬)'라고는 하지만 이처럼 급변하기는 드문 일이다. 이괄은 누우면 곧바로 코를 고는 전형적인 장사의 골격이지만 오늘은 좀처럼 잠이 오지 않는다.

이괄이 어릴 적 제법 재주있어 큰 뜻을 품었는데, 오늘은 장기판에서 외통수에 몰려있다. 1만 2천이나 되는 군사를 모두 잃고 이제는 겨우 5, 6십명 패잔군의 졸장 신세라, 덩치가 산 같은 이괄도 잠이 올 리가 없었다. 머릿속에서는 자꾸만 항우의 마지막 장면이 지워지지 않는다. 이괄의 후회는 계속해서 이어졌다.

"내가 평양성을 지나올 때 장만이 병이 심하여 거동을 못하리라 판단하여 평양성을 그대로 지나쳤는데, 이것이 나의 가장 큰 실착이었소! 병도 병이지만 사사로운 정 때문에 그리 한 것인데, 지금 생각하니 병법을 어긴 것이오! 또 인왕산 전투에서도 병법을 어기고 마구잡이로 돌진했으니, 나는 병법을 두 번씩이나 크게 어겼소. 장만은 중병을 앓으며 두 번이나 패했으면서도 포기하지 않고 병법 또한 어기지 않고 끝까지 지켜냈으니 내가 병술에서 진 것이오." 그러나 이 같은 이괄의 천금(千金)같은 후회도 훗날을 기약할 수가 없었다. 이괄은 전쟁에서 패한 것만 후회했을 뿐, 탐욕에 대한 근본적인 후회는 끝내 할 줄을 몰랐다.

▌ 이괄이 이천에서 부하들에 의해서 죽다

공주로 가는 길목을 차단하라! 장만은 임금이 있는 공주 쪽으로 적군이 가는 것을 염려하여, 공주로 가는 길목에 군사를 배치하여 차단하였다. 정충신은 적이 경안(광주)다리에서 머물고 있다는 소식을 듣고 출병하여 쫓아갔다. 경안다리에 도착하니 따라오는 부장들은 유효걸과 조시준, 말이 잘 달리는 군관 27기뿐이다. 적은 관군을 바라보고 대병이 뒤에 있을 것을 의심하여 일시에 흩어져 도망하였다.

정충신

홍안군 이제는 과주(과천)의 소천으로 도망하여 원수부의 군관이라 자칭하며 민가에 투숙 하려다가, 전 현감 안사성에게 체포되어 서울로 보내져 군중에 가두어졌다. 한남도원수 심기원과 도감대장 신경진 등이 수원에서 도착하여 "홍안군 이제는 이미 참역(참람한 역적)이 되었으니 누구나 베일 수 있다"며, 체부 및 장원수와 상의하여 돈화문 앞에서 목 졸라 죽였다. 이괄의 심복인 이정배 또한 사람들에게 잡혀 보내져서 원수가 베었다. 이괄은 경안다리를 지나 이천 쪽으로 도주했는데, 다리를 건너간 자는 심복 오륙십명 뿐이다.

이수백과 기익헌이 상의하였다. "우리가 이괄의 꼬임에 빠져 나라를 지키는 임무를 잊고 역도가 되어, 이제는 꼼짝없이 죽게 되었다. 이괄을 죽여 원수도 갚고, 이제라도 뉘우쳐 나라님께 잘못을 빌어보자. 우리를 살려줄지는 모르지만, 우리의 죄가 가볍게는 될 것이다." 하니 모두가 찬동하여, 그날 밤에 어둠을 틈타 그들의 목을 잘라 함에 담아 임금이 있는 공주행제소로 달려갔다. 이렇게 해서 이괄의 난은 22일 만에 끝이 났다. 이수백과 기익헌 등이 이괄과 한명련 등 친족과 최측근 9명을 죽였는데, 윤인발도 그중에 끼어있었다. 그러나 한윤과 한택은 몸을 날려 도주하였다.

　다음날 아침 정충신과 유호걸·조시준·이희건 등이 기마병을 거느리고 이천 묵방리에 도착하니, 적의 무리들이 밭에서 이괄, 이수, 이전, 한명련, 윤인발 등 9명을 죽이고, 적장 이수백 등이 글을 지어 임대곤을 시켜 서울의 원수부로 보고하게 하였다. 도적들의 수급은 공주로 향하고 '한명련의 아들 한윤과 조카 한택은 도망하여 잡지 못했다'고 하였다.

▌정묘호란을 불러온 한윤과 한택은?

원숭환

　정묘호란이 순전히 한윤과 한택이 부추겨서 일어났다고 볼 수는 없지만 상당히 영향을 미친 것은 사실이다. 청나라로 넘어간 한윤은 제일 먼저 강홍립을 만났다. 그리고 청나라 대장군 아민과 청태종도 만났다. 강홍립에게는 "우리 조정에서 강장군의 처자들을 모두 죽였다"고 거짓말을 하여 강홍립이 반감을 갖도록 만들었다. 그리고 유해와 아민을 만나서는 조선의 군사들은 모두가 허깨비들이라 만일 청국의 철기군이 진격한다면 모두 겁을 먹고 도주 할것이라고 부추겼다. 자신들은 보병군사 1만으로도 보름 만에 서울까지 함락시켰다며, 자신들에게 청군 1만군사만 내주면 보름 만에 조선왕을 잡아다 바치겠다고 설득했다. 이것이 시발점이 되어 정묘호란이 일어나게 된 것이다.

　그 당시 청쪽도 사정이 복잡했다. 누르하치가 1626년 2월에 명의 영원성을 공격하다가 원숭환의 대포세 례로 크게 부상을 입고는, 그 후유증 으로 8월에 죽었다. 후계자로는 누르 하치의 2남 다이샨·3남 망고타이·8 남 홍타이시·조카 아민이 있었는데, 홍타이시가 가장 유력하여 2대 칸이 되었다. 청은 1619년 심하전역 때 장 만의 중립정책에 의해서 화친 상태로 조선침공을 자제하고 있었다. 누르하 치는 조선과 화친 관계를 유지하려고

홍타이시

하였지만, 홍타이시 등 젊은 장수들은 조선을 정벌해야 명을 상대할 수 있다고 주장하였다.

홍타이시가 칸이 되자 조선 정벌론이 갑자기 부상하였다. 그러나 친 형인 다이샨과 망고타이는 조선 정벌에 소극적이었다. 그래서 4촌형인 아민에게 3만5천의 군사를 주면서 조선정벌을 맡겼다. 홍타이시가 조 선 정벌을 아민에게 맡긴 이유는 친형들보다는 4촌이 왕권 싸움에서 좀 더 멀었기 때문이다. 아민이 조선 정벌에서 성공하면 세력이 커져 자신 을 위협할 수도 있지만, 4촌이기 때문에 좀 더 안전하였다. 그렇게 해서 아민이 조선을 침공하지만, 안주성 싸움에서 3천의 군사가 죽어나가자 서둘러 화친하고 돌아왔다.

▌반란평정 후 서울은 아비규환의 지옥이었다

반란은 평정되었지만 서울의 치안상태는 아비규환의 지옥 같았다. 도 적떼가 날뛰고 원수진 놈 서로 죽이고, 심지어는 관군이 죄 없는 백성들까

지 마구죽여 그 수급을 바치고 적의 수급이라며 상을 타려고 하였다. 장만은 서울의 치안을 잡기위해서 전쟁보다도 더 심한 전쟁을 또 한 번 치렀다. 장만에게 생명을 아끼는 인본주의 철학이 부족했다면 이때 무수한 백성들이 죽어 나갔을 것이다. 도민이 다투어 적병과 아군을 가리지 않고 죽여가지고 와서 수급을 바치며 죄를 면할 계획을 하며, 개인적인 원한으로 인하여 무고한 자를 참살하여 적병이라고 일컫는 자도 있었다. 장원수는 매우 근심하여 군중에 령(令)을 내리기를, "앞으로 수급을 바치는 자는 공적으로 인정하지 않는다. 오직 사로잡는 자에게만 상을 준다." 고 광고하여 엄금하니, 서로 죽이는 환란이 그치며 도성이 안정되었다.

▌장만이 왼쪽 눈을 실명하다

전쟁에서 장수가 한쪽 눈을 잃으면 대개 화살에 맞았다고 한다. 그러나 최고사령관이 눈에 화살을 맞는 확률이 얼마나 될까? 당태종이 고구려와의 전쟁에서 양만춘 장군이 쏜 화살에 왼쪽 눈을 맞아서 실명을 하였다는 말을 믿는가? 역사를 꾸미는 것은 기록이 없기 때문인데, 장만 장군 역사는 다행스럽게도 기록이 많다.

장만은 1619년부터 안질을 앓았다. 평소에도 과중한 직무에 시달려 눈을 혹사했는데, 1623년 도원수로 출병하여 신경을 많이 쓰니 안질이 재발되었다. 이때 몇 달만 치료하면 위기를 면할 수 있었겠지만, 갑자기 이괄의 난이 일어나니 안질이 문제가 아니었다. 치료는 고사하고 전쟁터에서 찬바람으로 일괄하니 왼쪽 눈을 영원히 실명하기에 이른 것이다. 그래서 애꾸눈 장수가 되었다. 그런데 안대가 특이하다. 장만장군의 안대는 아주 독특하여 연구대상이다.

▌성공한 쿠데타를 뒤집고도 낙향한 장수!

이괄은 이미 서울을 함락시키고 새 왕까지 세웠다. 막강한 군사까지
확보했으니 누가 감히 도전하겠는가! 그가 처음부터 세우기로 했던 똑똑
한 인성군을 버리고 모자라는 흥안군을 왕으로 세울 때는 자신이 왕이
되려 한 것이다. 그런데 장만이 "이괄은 백성을 살릴 위인이 아니다.
고려 때 무신정권보다도 더 많은 백성들을 죽일 것이다." 하며 부족한
군사들을 의(義)로써 단결시켜, 끝까지 포기하지 않고 기발한 전략으로
인왕산 전투에서 이괄의 나라를 뒤집었다. 장만은 성공한 쿠데타를 뒤집
고도 벼슬을 마다하고 낙향해 버렸다. 그래서 장만이 위대하다는 것이다.

▌장만의 두 번째 영정

경기도박물관에 장만의 영정이 두 벌 있다. 하나는 선조에게 하사받
은 유화복 영정이고 하나는 인조에게 하사받은 공신복 영정이다. 선조
때는 명군의 난동을 평정했다고 받았으니 공신영정은 아니다. 선조는
장만의 능력과 백성을 위하는 정성을 높이 사서 공직자들의 표상으로
삼기 위해 영정을 그려주었다. 영정을 기린각(麒麟閣)에 걸어놓고 많은
사람들이 보게 한다. 이 사람의 본을 받아서 이 사람처럼 공을 세우면
이렇게 대우를 받는다는 의미이다.

장만은 이괄의 난을 평정하고 인조로부터 또 다시 영정을 하사받았
다. 이번에는 공신복영정이다. 영정은 도화원에서 그리는데 사실 그대
로 그려야 한다. 그래서 상처 자국이나 마마 자국까지도 그대로 그렸다.
장만은 이괄전쟁으로 왼쪽 눈을 잃어 그 모습이 흉해서 안대로 가리고
다녔는데, 임금이 내리는 영정은 안대를 하고 그릴 수가 없었다. 그래

서 안대를 벗고 흉한 모습이 그대로 그려졌다. 이것을 본 인조가 "원훈의 모습이 이래서는 안 되니 안대를 그려 넣으라"고 하였다. 차고 다니는 안대는 끈으로 묶어 맨 것이라 그대로 그리면 작품을 버릴 것 같았다. 그래서 화공들이 가상의 안대를 그려 넣었다.

영정은 곧 훈장이다. 공신들의 영정은 많이 남아 있지만, 임금에게서 유화복 차림의 영정을 하사받은 인물은 드물다. 유명한 재상들도 공신이 아니면 70세가 되어 기로소에 들어갈 때나 영정이 내려지므로, 유화복 영정은 대개 노인들의 영정뿐이다. 하지만 장만은 34세 때 유화복 영정을 하사받았으니 보기 드문 일이다.

장만의 영정 두 벌은 아주 특별한 스토리를 담고 있어 사료적 가치가 크다. 이를 연구하는 사람이 없는 것이 안타까울 뿐이다.

조선왕조실록 자료

인조2년(1624) 3월 8일   장만·정충신 등 진무공신 27인을 책정하다
진무 공신(振武功臣) 27인과 추가로 5인을 책정하였다.
▶장만(張晩)·정충신(鄭忠信)·남이흥(南以興)을 1등에 세 자급(資級)을 올리고,
▶이수일(李守一)·변흡(邊潝)·유효걸(柳孝傑)·김경운(金慶雲)·이희건(李希健)·조시준(趙時俊)·박상(朴瑺)·성대훈(成大勳)을 2등에 두 자급을 올리고,
▶신경원(申景瑗)·김완(金完)·이신(李愼)·이휴복(李休復)·송덕영(宋德榮)·최응일(崔應一)·김양언(金良彦)·김태흘(金泰屹)·오박(吳珀)·최응수(崔應水)·지계최(池繼崔)·이락(李洛)·이경정(李慶禎)·이택(李澤)·이정(李靖)·안몽윤(安夢尹)을 3등에 한 자급을 올렸다.

장만의 요청에 의해 2인이, 또 인조의 요청으로 3인이 추가되었다.
장만은 공신록에서 자신을 빼고 고생한 부하들을 넣어 달라고 3번이나 상소를 올렸다. 그렇게 해서 2등에 김기종이, 3등에 남이웅이 추가

로 선정되었다. 또 인조의 명에 의해서 처음 고변한 문회, 이우, 김광소 등 3인도 3등에 추가로 선정되었다. 총32명이 공신이 되었다.

1등 공신 3명에게는 3계급씩 특승시켰다. 2등공신 9명에게는 2계급씩 특승시켰다. 3등 공신 20명에게는 1계급씩 특승시켰다. 장만은 이전에 종1품 상계이므로 2계급만 승급되어 정1품상계가 되었다.

25. 부귀영화를 버리다

인조가 생명의 은인으로 높이 대우했지만, 장만은 부귀영화를 마다하고 낙향하였다.

▌장만을 추고한 인조

장만은 서울의 치안을 다스린 후 공주로 피난갔던 인조를 맞아 들였다. 돌아온 인조는 왕권을 되찾아 한없이 기뻤지만, 생명의 은인인 장만이 곁에 없어 허전했다. 반정 때 나라를 빼앗아준 공신들은 늘 내 곁에 있어 나를 지켜주는데, 이괄 난을 평정하고 나를 죽음의 문턱에서 구해준 장만은 내 곁에 있지 않다.

인조는 공주까지 피난가서 한없이 후회하였다. "누구든 이괄을 잡고 왕권만 되찾아 주면 임금 다음의 벼슬을 주겠다."고 수 없이 다짐하였는데, 장만이 난을 평정하고 자신을 다시 경덕궁으로 돌아오게 해주었다. 그래서 장만에게 높은 벼슬을 주려고 하는데, 장만이 시골로 내려가 아무리 불러도 오지 않는다. 성공한 쿠데타를 뒤집었으니 의당 권력을 잡고 휘두르겠지만, 권력에 욕심이 없는 장만은 부귀영화를 버리고 낙향

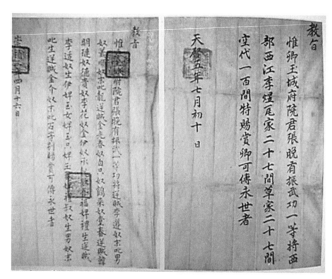
옥성부원군교지

하였다. 그래서 장만이 위대하다는 것이다.

　장만은 벼슬을 탐하지 않았다. "관직도 백성 살리려고 한다."는 사람이니 높은 벼슬 준다는 게 별로 즐겁지 않았다. 몸도 추스르고 마음도 추스르려고 시골로 내려갔는데 왕이 불러도 오지 않자, 인조가 장만을 잡아오라고 하였다. 그 죄목은 '임금을 업신여긴 죄'이다. 임진왜란 때 선조가 이순신에게 뒤집어씌운 죄목이다. 그러나 이순신의 직위와 장만의 직위는 다르다. 이순신은 일개 장수에 불과하지만 장만은 도원수로 임금을 살려낸 은인이며, 지금은 눈까지 잃고 치료중이다. 그런데 인조는 장만을 조정을 업신여긴 죄로 추고까지 명하였다.

▌관직을 낮추어 달라는 팔도도체찰사

　추고(推考) 소식에 놀란 장만은 미처 완쾌되지 못한 몸으로 조정에

출사하였다. 인조는 출사한 장만을 보자 너무 반가워 그날로 옥성부원군으로 책봉하고, 며칠 후에는 아무에게도 내려준 적이 없는 팔도도체찰사라는 높은 직함을 내려주며, 계속해서 국방을 맡아 달라고 간절하게 부탁하였다. 4도도체찰사는 임진란 때 내려준 적이 있었지만, 팔도도체찰사는 처음이다. 임금이 팔도 전체의 통제권을 위임한다는 뜻이다. 장만은 관직이 너무 높다며 4도도체찰사로 낮추어 줄 것을 주청했지만, 인조는 강행하였다. 관직이 너무 높다며 낮추어 달라고 한 사람은 아마도 장만장군 뿐일 것이다.

또 우찬성에 개성유수까지 겸직을 시켜 녹봉을 후하게 만들어 주었다. 장만은 간절하게 사양했지만 소용이 없었다. 이렇게 해서 또 다시 변방으로 달려간 장만은 청의 침공에 대비하는 전략을 구상하였다. 다 망가진 군사로 어찌 청의 대군을 막을까? 이제는 안주성방략 뿐이다. 그런데 인조가 방해를 놓는다.

▍공주 피난처에서 돌아온 인조는

인조가 공주 피난처에서 돌아오니 창경궁과 창덕궁이 모두다 불타버려 쓸 수가 없었다. 할 수 없이 광해군이 지어놓은 경덕궁(경희궁)으로 들어갔다. 광해군은 이날을 대비해서 그렇게도 고생하며 궁궐을 지었는가! 광해군이 지은 궁궐이 가장 비난했던 인조에게 가장 큰 수혜를 주었다. 경희궁의 자정전으로 들어와 다시 용상에 앉으니 새로 태어난 기분이었다. 1년 전에 반정으로 광해군을 몰아내고 왕위에 올랐을 때보다도 더욱 감격적이고 기뻤다. 복(福)은 나의 복이지만 덕(德)은 장만의 덕이로다. 임금이 기쁨을 감추지 못하고 연실 웃으며 잔치라도 벌이려고 하였다.

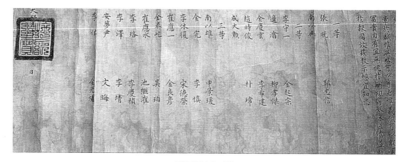

진무공신녹권

연로한 정승들이 임금을 말렸다. "어처구니없는 전쟁으로 죽어나간 백성들이 수천이요, 백성들의 터전은 아비규환이 되었는데 어찌 잔치를 할 수 있으오리까? 먼저 백성들을 구휼하소서!" 하니, 인조가 비로소 전투에 공을 세운 자들을 진무공신으로 봉하라고 하였다.

26. 전쟁예고와 안주성방략

장만은 다시 국경으로 나가 강 건너 청나라를 바라보며 안주성방략으로 대비하였다.

▌최초의 팔도도체찰사 장만

1년 전 반정 때는 인조가 장만에게 팔도도원수로 국방을 맡겼는데, 이번에는 팔도도체찰사로 국방을 맡겼다. 장만은 공이 있어서 광해군 때 이미 종1품이 되었다. 이제 이괄의 난 평정으로 다시 올라 정1품이 되었으니 삼정승의 품계다. 인조가 이괄의 난을 평정한 자에게 임금 다음의 자리를 주겠다고 하였으니 영의정을 주어야 하는데, 영의정을 주면 국방을 맡길 수가 없다. 국방이 위급하니 장만은 국방을 맡겨야 한다. 그래서 생각한 것이 팔도도체찰사다. 조선 개국이래 이제까지 팔도도체찰사를 위임 받은 인물은 장만이 최초이다.

전쟁의 조짐이 보이면 국가에서 제일 먼저 도원수를 정하여 요리하게 하였다. 그리고 체찰사를 정하여 도원수를 통제하게 한다. 도원수는 군사를 통제하지만 체찰사는 도원수와 백성 전체를 통제한다. 도원수는 전쟁의 규모에 따라서 3, 4도를 맡았는데, 전국을 상대로 하는 전쟁 규모는 팔도도원수가 최고다. 임진왜란 때 권율이 잠시 팔도도원수를 하였지만, 그때는 군령이 명나라 군영에서 나왔으니 권율은 이름뿐이었다. 인조반정후 장만이 최초로 실세 팔도도원수를 맡아서 전국 군사를 호령하였다.

팔도도체찰사(八道都體察使)가 뭐 그리 대단한가! 임금의 권한을 나누는 것이다. 도원수는 군사들만 통제하지만 체찰사는 도원수부와 백성 모두를 통제한다. 즉 임금의 권한 전체를 위임 받은 것이다. 그래서 팔도도체찰사는 여간해서 내려 주지 않는데, 쿠데타 때문이다. 전국 계엄군사령관이 쿠데타를 하기는 쉬운 일이어서, 여간 믿지 않으면 팔도도체찰사를 내려주지 않았다.

장만이 최초로 팔도도체찰사를 받게 된 이유는 인조의 자기와의 약속 때문이었다. "내 임금 다음 자리를 주겠다." 혼자 한 약속이지만 지키고 싶었다. 그래야만 또 다른 쿠데타에서 안전할 것 같았다. 그리고 장만을 또 다시 국경으로 보내기 위해서는 걸맞는 대우가 필요했다. 팔도도체찰사는 영의정보다도 더 높은 자리이니 인조가 약속을 지킨 것이다.

▌관직이 너무 높다며 줄여달라는 장만

공직자중 관직이 높다며 줄여달라는 인물이 있었는가? 장만이 처음에는 관직 자체를 사양했는데, 인조가 또 다시 "국가가 위급할 때 능력 있는 신하가 어찌 뒤로 빠지려고 하는가?" 하니 사양하지 못하고 관직을 줄여 달라 청하였다. "팔도 도체찰사는 병든 소신이 감당하기엔 무리입니다. 임진왜란 때 유성룡, 이원익, 이항복 같은 유능한 재상들도 3, 4도의 체찰사에 그쳤는데, 못난 소신이 어찌 팔도를 감당할 수 있겠습니까? 남쪽 4도는 그리 위급한 사정도 아니니, 4도로 줄여서 감당할 수 있게 해주소서!" 하니 인조가 말렸다. "남쪽 4도도 체찰이 필요하니 경은 사양만 말고 직임을 수행하라!" 이렇게 해서 장만이 조선 최초로 팔도도체찰사 직함을 수행하였다.

▌장만에게 내려준 팔도도체찰사의 발령장

장만에게 내려준 팔도도체찰사의 발령장이 사료적인 가치가 있다는 것은 인조의 정성이 담겨 있기 때문이다. 인조는 장만에게 팔도도체찰사 직함을 1624년 10월 3일, 1625년 2월 13일, 1626년 1월 13일, 1627년 1월 17일 등 4번 내려 주었다. 그때마다 발령교지가 내려졌는데 첫 번째 교지는 택당 이식이 지었으며, 세 번째 교지는 포저 조익이 지었다. 다음에 소개하는 교지는 조익 선생이 지은 것으로 문장력이 뛰어나며, 국내 교지로는 가장 긴 625자나 되어 인조의 정성과 마음을 알아볼 수 있다. 임진란 때 이순신에게 내려진 삼도수군통제사의 교지는 20여 글자 이내이며, 영의정의 발령 교지도 일백여 자를 넘지 못한다. 임진란 때 이원익에게 내려진 3도도체찰사 교지도 140여 자를 넘지 못했는데, 인조가 장만장군에게 내려준 본 교지에는 무려 625자나 담고 있다.

『낙서집 보유』 권3. **팔도도체찰사 장만에게 내리는 교서[敎體察使張晩書]**

왕께서 이르시기를, 체찰사란 숭질(崇秩:정1품)의 존(尊)함을 가지고 팔방의
대중(大衆)을 거느리며 원수(元帥)의 위에 있으면서, 마음과 몸을 바쳐 안으로
는 ▸**장량(張良)의 운주(運籌:꾀)로**[1] 승부를 결정하고 밖으로는 ▸**배도(裵度)
의 명(命)을**[2] 선포하여 싸움을 감독하는 직이다. 삼군(三軍)의 용맹과 위엄이
모두 여기에 있으며, 한 나라의 안위가 관계되는 곳이다. 진실로 소유한 덕망
과 실로 융성함이 아니고서 누가 능히 이부탁의 중함을 감당하랴. 오직 경(卿:
장만)은 신(神:정신)이 악(岳:큰산)으로 부터 내려오고 재주가 때를 위해 태어
났도다.

시(詩)와 서(書)를 때로 익히고 인(仁)과 의(義)를 닦아서 처음으로 유아(儒雅)
하다고 소문나니 낭묘(廊廟:국가)의 그릇이요 경제(經濟:민생)의 지략이다.
이에 평생에 포부로 선왕(先王:선조) 때부터 방백(方伯)을 거쳐 시험하면서 경
험을 남북에서 갖추고 공적을 시종에 쌓았도다. 위엄을 행함은 가을과 같고
인이 행하여짐은 봄과 같아 모두가 ▸**아름다운 정사(政事)를**[3] 일컬으며 공(公)
이 벼슬을 그만두면 모두가 근심하고 쓰면 기뻐하니, 평소에 민중의 마음을
복종시켰도다.

우리나라가 병화(임진난)를 겪은 이래로 조정의 의론이 항상 비오기 전을 경계
하듯 하니, 장단(將壇:장수)의 물망이 오래도록 이미 경(卿)의 몸으로 돌아가
며, 진영을 다스리는 훌륭한 인재들이 모두 경의 문하(門下)에서 나왔도다.
▸**군사들의 사력(死力:복종)을 얻은 것은**[4] 옛날의 명장(名將)들도 얻지 못했던
일이다. 이제 나라 사람의 추천이 됨은 지금의 조정에서 둘이 없도다. 경은
지난날(광해때) 어둔 정치가 어겨지고 어지러울 때에 ▸**명이(明夷: 태양이 숨
다)하였다.**[5] 경(卿)이 일찍이 참소 당하며 무고에 얽혀 몇 해 동안 안개를 황야
에서 피했다.

내가 즉위할 때에 어려움이 많은지라 이에 그대를 선택하여 원융(元戎:장수)
으로 삼고 친히 교외(郊外)에서 전송했다. 군심(軍心)이 모두 대장을 얻었다고
기뻐하며 조야(朝野)는 믿어 장성(長城)으로 삼았으니, 불행히도 재앙의 신하
(이괄)가 간사하고 교만하며 반란군이 미친듯 날뜀을 생각이나 했으랴. 어찌
일시의 대역(大逆)으로 따지고 말 것인가? 이 일은 천고의 수치로다. 재앙이
서울에 육박하니 어찌 ▸**동관(潼關)의 함락과**[6] 다를 것인가. 계산이 종사(宗

社)를 위하니 부득이 봉천(奉天:피난)함을 면하지 못했도다.

경(卿)은 이때에 평양에 있다가 장준(張浚)의 눈물을 흘리며 변란(變亂)을 듣고 행군하였으며, 한홍(韓弘)의 가마를 타고 병을 부축하면서 길에 올랐다. 적병의 뒤를 쫓으며 나아가 도성의 앞까지 핍박하여, 군을 명(命)하여 치라하니 제군의 지휘와 계획을 먼저 정한 것이다. 돼지 날뛰듯 하는 도적의 무리를 멸하니, 어가가 환도하고 종묘의 모습이 여전하게 되었다. 금일의 재조(再造)를 생각하면 노장(老將)의 기이한 공이 아닌 것이 없도다.

▸하늘이 이서평(李西平:李晟)을[7] 내신 것이 사직(社稷)을 위함이니, ▸관중(管仲)이 아니었다면 우리가 호복(胡服)을 입었으리로다.[8] 그대가 오직 공(功)과 선(善)을 자랑하지 아니해도 다툴 자가 없으며, 내가 실로 도탑게 여기니 감히 잊어버리겠는가. 이제 나라의 힘이 안정되지 못하면 반역을 헤아리지 못하게 되거니와, 6,7년간 병사들을 수고롭게 하여 국경의 피폐함이 이미 심하며, 수천리 길에 꼴을 나르고 양식을 운반하니 나라 안이 모두 소모되고 말았도다.

만일에 ▸노(虜:여진족)가 말을 먹일 생각을 한다 해도[9] 그들이 나에게 결초(結草)하여 보은할 믿음이 없는데야 어찌하리오. 국방의 계획을 아침저녁으로 근심함즉한데, 국경을 지키는 장수가 이미 수막(帥幕)에 속하였으니, 뜻을 몸받쳐 명(命)을 전제(專制)함 또한 마땅히 상신(相臣)에게 위임한지라. 누가 감히 이것을 감당할고?

경(卿)만한 이가 없구나. 높은 이름과 오래된 덕은 이미 가깝고 먼 곳에 흡족하고, 위열(偉烈)과 수훈(殊勳)이 또한 우주에 떨치고 빛나네. 나라 안에서만 의지하여 편안할 뿐 아니라, 또한 노중(虜中:오랑캐)에서도 범하기 어려움을 두려워 할만하다. 이에 경(卿)에게 팔도도체찰사를 명하노라.

조나라에는 염파(廉頗)가 있으니 진나라 사람이 감히 엿보지 못하고, 송나라에서 온공(溫公:사마광)을 정승으로 삼으니 거란이 국경을 경계하였다. 사람을 얻는 것이 중함은 옛부터 이와 같으니, 짐이 경(卿)에게 위임을 온전히 하노라. 내가 이미 나라 전체를 경(卿)에게 들고저 하니 그대의 책임의 크다. 경(卿)은 마땅히 ▸진췌(盡瘁)해서 국궁(鞠躬)[10] 하라. 고로 이같이 교시하나니 생각하여 마땅히 다함을 알라.

---

1) 장량(張良)의 운주(運籌:꾀)로 : 운주는 우주의 돌아가는 이치를 계산한다는 뜻으로,

한나라 유방이 장량의 전략을 칭송하며 '장량의 운주수는 나보다도 월등하다' 라고 하여 유래된 말이다.

2) 배도(裵度)의 명(命)을 선포(宣布) : 당나라 헌종때 반란군을 토벌한 배도가 반란군의 괴수만을 처형하고 나머지 사람들을 모두 살려주며 황제의 명이라고 선포하니 이때부터 유래된 말이다. 반란군을 평정하고 민심을 달랜다는 뜻으로 인용된다.

3) 아름다운 정사(政事)를 : 장만의 정치가 민생을 위하는 정성이었다. 가는곳 마다 백성들이 따르고 기뻐하며 백성들은 "볼만=장만" 이라고 노래까지 지어 부르며 칭송하였다. 신흠의 락민루기와 차천로의 상소문에도 나와 있다. 장만이 관직을 놓으면 백성들이 먼저 근심하였다.

4) 군사의 사력(死力)을 얻은 것은 : 군사들로부터 진심으로 죽을각오로 싸움에 임하게 함은 장수 된자의 사명이다. 그러나 부하들로 부터 진심으로 심복받은 장수가 몇이나 되는가? 장만이 부하들의 마을을 사로잡은 능력은 자기를 희생하는 사랑이었다. 장만은 백성을 사랑하고 부하들을 내 몸보다 사랑했다.

5) 명이(明夷) 하였다. : 명이란 태양이 땅속에 숨는다는 뜻이다. 광해군 때 장만은 광해군의 폭정을 여러번 시정을 요구하다가 파직되어 시골에서 은거했다. 이를 두고 이르는 말이다.

6) 동관(潼關)의 함락 : 동관은 중국 섬서성의 요새지다. 당나라 덕종이 동관이 반란군에게 함락 당하자 봉천(奉天)으로 몽진하였다. 이괄의 반란군이 서울을 함락 시키자 인조도 공주로 몽진하였다. 장만이 서울을 되찾았다. 동관의 함락은 도성을 도적에게 빼앗긴다는 뜻으로 쓰인다.

7) 하늘이 이서평(李西平:李晟)을 : 당나라 덕종이 주자의 난으로 봉천으로 몽진 했는데 이성(李晟)이 난을 평정하고 덕종을 맞아 들여 사직을 잇게 하였다. 장만도 이괄 난을 평정하고 공주로 피난간 인조를 맞아 들여 사직을 다시 잇게 하니 장만을 이성에 비유한 말이다.

8) 세상은 관중(管仲)이 아니었다면 우리가 호복(胡服)을 입었으리로다. : 관중은 오랑캐의 침공을 막고 제나라를 부흥시킨 전략가다. 공자가 관중을 찬양하면서 "만약에 관중이 없었다면 우리는 머리를 풀고 오랑캐의 복장을 입었을 것이다."라고 한데서 유래된 말이다. *본문에서 인조는 장만을 이성과 관중에 비유하여 칭송하였다. 장만이 심하 난 때부터 꾸준히 청군의 침공을 막아낸 업적을 말하는 것이다.

9) 노(虜:여진족)가 말을 먹일 생각을 한다해도 : 인조는 친명반청 정책이다. 노가 말을먹일 생각이란 청이 화친을 청하는 일로 혹 여진족이 화친을 청한다 해도 인조는 마음이 가질 않는다는 뜻이다. 인조는 장만이 아무리 청이 강하다고 말해도 청을 얕보려고 하였다. 청에 대해 광해군은 너무 겁먹고 있었고, 인조는 너무 얕보고 있었다. 광해군은 장만의 중립전략을 받아 주었지만 인조는 철저히 배격하였다.

10) 진췌(盡瘁)해서 국궁(鞠躬)하라. : 몸과 마음을 다하여 나라를 지키라는 뜻으로 쓰인다. 제갈량의 말에서 유래된 말이다.

▌어려운 상황에서 국경 방어를 맡은 장만

장만의 팔자는 기구하다. 선조 때부터 국경을 맡은 것이 몇 번째인가. 1607년 함경도 관찰사 때부터 이번까지 7번째, 17년째다. 나라 지키는 기술자 국방전략가 장만은 고독하고 외롭고 힘들다. 남들보다 재주가 뛰어나다는 이유로, 또 백성 살리려는 정성이 많다는 이유로 홀로 국경을 맡은 것이 20년이 다 되었다.

▶ 1607년 선조 때도 함경도 국경을 맡아서 정탐전을 활용하여 오랑캐를 막아냈다.

▶ 1611년 광해 때도 평안도 국경을 맡아서 4군 땅을 찾아오며 오랑캐를 막아냈다.

▶ 1619년 4월에는 심하전역을 당하여 또다시 압록강에서 오랑캐를 막아냈다.

▶ 1619년 또 다시 이어지는 청의 위협에 중립정책을 만들어서 전쟁을 막아냈다.

▶ 1623년 인조 때도 팔도도원수가 되어서 청의 위협에 대비하였다.

▶ 1624년 1월 이괄의 난을 막아내며 한쪽 눈까지 잃었다.

▶ 1624년 10월 또다시 팔도도체찰사가 되어 청의 침공에 대비한다.

▶ 1627년 1월 정묘호란 때 홀로 개성으로 나가서 청의 침공을 막아냈다.

▌또 다시 아픈 몸을 이끌고 국경으로 나가다

장만이 전쟁시대에 국방을 책임진 것이 1600년부터 24년째다. 35세부터 59세까지 한 번도 쉬지 않고 이 나라 국방의 일에만 전념하였다.

"군 장성들이 다 그렇지 뭐!" 장만은 일반 군 장성으로 세월만 보낸 게 아니다. 전쟁시대에서 선조, 광해, 인조 3대 임금이 최고 권한을 맡겨서 전쟁을 주도하며 나라의 위기를 막아낸 세월이 24년이다. 나이 60세 이제는 늙을 만큼 늙었는데 또 국경을 맡으란다. 배에는 다섯 군데나 종기가 생겨 괴롭히며 아랫배에는 밤톨 같은 것이 뭉쳐서 앉았다 일어났다 하기조차 어려운데, 군사를 호령하여 전쟁터에서 청군을 막고 국경을 지켜내란다.

1624년 10월 이괄의 난이 진정되고 국경이 위급해지자 인조는 또다시 장만을 국경으로 보냈다. 정성들여 키운 1만2천의 정예군도 사라지고, 백성들도 전쟁이 할퀴고 간 상처로 아비규환의 지옥 같은 상황이었다. 장수들도 여러 명이 죽었고, 한윤과 한택은 청나라로 도망가서 조선을 침공하자고 부추긴다. 여러 악조건들이 장만을 괴롭게 하였다.

① 자신의 병이 더욱더 심해졌다. 아랫배가 굴신만 해도 베는 듯이 아팠다.
② 왼쪽 눈을 잃었다. 큰 타격이어서, 문서를 보기조차 어려웠다.
③ 백성들의 살림이 어려워져서 군사조발이 더 어려워졌다.
④ 이괄 난으로 그동안 준비해둔 무기와 군사들이 소진되었다.
⑤ 장만을 시기하는 자들도 더 많아져서 반대가 극심해졌다.
⑥ 동지였던 이귀까지 장만을 시기하여 장만의 정책에 반대하였다.
⑦ 인조까지 쿠데타가 두려워 우왕좌왕하며 장만을 흔들었다.
⑧ 청군이 더욱 많아지고 강해졌다. 중립정책이 파기되어 침공확률도 높아졌다.

▌장만의 전쟁 예고

광해군 때는 중립정책을 만들어서 청군을 달래가며 겨우 전쟁을 막아 냈는데, 인조는 광해군을 몰아내면서 중립정책을 파기하고 명쪽에 붙었다. 청이 볼 때는 불안하기 그지없는 짓이다. 인조가 중립정책을 비난하고 배청친명을 분명히 했으니, 이제는 청을 중립외교로 다스릴 수 없다. 그런데 한윤이 청으로 도주하여 조선의 형편없는 상황을 알리고 전쟁을 부추기니, 전쟁이 일어나지 않는게 더 이상한 일이다. 그런데도 우리 조정 신하들은 전쟁이 없을 것이라고 한다.

임진왜란 초기와 흡사하다. 지금은 전쟁이 임박한 상황이다. 그런데 우리 조정에서는 이를 감지하는 사람이 아무도 없다. 특히 이귀는 전쟁이 없을 터니 군사조발도 하지 말자고 한다. 청은 지금 명쪽에 신경쓰느라 조선쪽에는 신경 쓸 겨를이 없다고 한다. 선조도 전쟁이 없을 것이라는 주장에 현혹되어 전쟁 대비를 망쳤는데, 인조도 마찬가지로 전쟁이 없을 것이라는 주장에 현혹되어 전쟁 대비를 망치고 있었다.

우리 조정 신하들과 임금은 언제나 전쟁이 없는 것으로 믿기를 좋아한다. 발등에 불이 떨어졌어도 '아직은 전쟁의 기미가 보이지 않는다'는 안보 불감증의 환자들이 나라를 경영하고 있었으니 전쟁을 대비할 리가 없었다. 군사 조발도, 훈련도, 어느 것 하나 제대로 지원되는 것이 없었다. 장만을 시기하는 사람들은 전쟁 기미도 없는데 장만이 공연히 전쟁이 난다고 불안만 조성한다고 하였다. 장만은 광해 때도 '전쟁이 저절로 막아지기를 바라지 말라'고 하였다. 우리 힘으로 똘똘 뭉쳐서 지킬 의지가 있을 때 전쟁은 막아지는 것이라고 하소연하였다. 이제 역시 장만이 '전쟁이 일어난다'고 하소연하고 다니지만 아무도 믿지 않는다. 장만은 할 수 없이 인조와 담판을 짓기 위해서 어전에 들었다.

장만은 어전에서 확실하게 전쟁을 예고하였다. "전하! 청이 우리의 황폐한 사정을 안다면 어찌 침공하지 않겠습니까? 한윤이 청으로 넘어가서 우리의 황폐한 사정을 이미 고했는데 어찌 모르겠습니까? 청은 지금 침공의 준비를 하고 있을 것이 너무도 명백합니다. 우리는 대비에 온힘을 쏟아야 합니다. 어찌 안일하게 세월만 보내다가 임진란의 전철을 밟으려고 하십니까?" 하니 인조는 "경의 주장이 맞다. 내 최대한 지원할테니 경은 안심하고 대비책을 세우라!" 하였다.

▌장만이 만든 안주성방략

그런데 이괄의 난 전보다 상황이 너무 나빠졌다. 군사조발도 어렵고 시간도 없다. 정신을 가다듬고 전쟁대비를 살펴보니 이대로는 백전백패다. 할 수 없이 비상수단을 강구하니, 그것이 바로 작은 군사로 큰 군사를 이길 수 있는 안주성방략이었다.

우리가 야전에는 청군을 당할 수 없지만, 수성전(守城戰)에는 청군을 당할 수 있다. 수성전에는 영변성 같은 철옹성이 최고다. 그런데 이번 전쟁의 목표는 노략질이 아니라 서울이다. 지역을 지키는 게 아니라 서울 방위가 목표다. 서울을 지키려면 외진 곳에 있는 영변은 지키나 마나다. 그 당시 조선 조정에는 이처럼 초보적인 전략도 아는 재상들이 없었다. 그래서 임진왜란도 정묘호란도 병자호란도 일어난 것이다

모두다 바보 같고, 장만만 똑똑한가? 그렇게 질문하니 좀 이상하지만 사실이다. 장만은 선조 때부터 국방을 맡아온 국방전문가다. 광해군도 이를 인정하여 국방을 맡겼고 또 인조도 이를 인정하여 국방을 맡겼다. 그런데 광해군은 장만의 중립정책을 받아들여 전쟁을 막아냈는데, 인조는 믿고 맡겼으면서도 간신들의 '쿠데타가 염려된다'는 말에 현혹되

어 우왕좌왕하다 안주성전략이 허물어져 전쟁을 불러들였다.

"쿠데타가 염려되니 대비하자!"는 말이 어째서 간신들의 말인가? 쿠데타 대비나 전쟁 대비나 모두 중요하지만 가능성이 문제다. 전쟁 가능성은 100%이지만, 쿠데타 가능성은 전혀 없는 상황이다. 이를 구별하지 못한 인조는 쿠데타 염려 때문에 군사훈련을 중단시켜 가능성 100%인 전쟁대비를 허물었다.

적의 침공로는 의주로와 창성로 2가지 길이 있다. 두 길 모두 안주성에서 만난다. 대규모 전쟁은 반드시 안주성 길목을 통과해야 한다. 그래서 서울로 내려가는 길목인 안주성에 중진을 세우고 대군사로 이곳에서 한판 승부를 내려는 전략이다.

안주성방략은 평안북도를 처음부터 포기하고 요새지인 안주성에 군사를 총집결시켜 훈련하고 있다가, 적이 침공하면 안주성에서 대규모 결전을 벌려 한판의 전쟁으로 승패를 가리자는 전략이다.

장만은 광해군 때도 "우리는 흩어져서 지키니 패한다"고 하였다. "뭉쳐서 한판의 승부로 결정을 내자"는 주장이었다. 장만은 광해군 때도 진관제도를 파기하고 길목방어 전략으로 안주성방략을 중요시하여 여러 가지로 대비하였다. 그래서 인조정권 초기에 심복인 정충신을 안주성으로 보내 장기적인 대비책을 세우게 한 것이다.

정충신은 전쟁이 일어나면 근처의 성들에서 장수와 군사가 안주성으로 모일 수 있는 비상시 동원제도도 만들어 놓았다. 백성들이 농사를 짓다가 전쟁이 나면 스스로 모일 수 있는 예비군 동원제도도 만들어 놓았다. 이괄이 영변에서 군사를 훈련시키면 정충신이 안주성에 기구와 제도를 만들어 두었다가, 영변에서 훈련된 군사들을 안주성에 주둔시켜 청군과 한판 싸우자는게 장만의 계획이었다. 그런데 이괄의 난으로 이 계획이 무너져버렸다. 장만은 이제 또다시 이 계획을 세운다.

이번에는 정충신이 아니라 남이흥을 안주성에 배치하였다. 정충신은 머리가 좋아서 장기적인 계획과 기구와 제도를 만드는데 탁월하지만 지금은 그럴 시간이 없었다. 장만의 직감으로는 청의 침공이 임박하였다. 금년 겨울 아니면 내년 겨울이 위험하다. 지금은 1625년 6월이다. 정묘호란이 일어나기 1년 반전이다. 장만은 이때 이미 청의 침공을 확실하게 예고하고 전쟁 대비를 서둘렀다. 전쟁이 임박한 시기라면 용맹한 남이흥이 지키는게 전략에 맞는다. 그래서 남이흥을 안주성에 배치하여 '군사를 훈련시키라'고 하였다. 그런데 문제가 터졌다. 이귀와 박동선이 장만의 안주성방략에 제동을 걸고 나왔다.

▌제동이 걸리는 안주성방략

이귀와 박동선은 같은 서인으로 장만과는 동지였다. 그런데 이괄의 난으로 장만이 높은 대우를 받자 시기하기 시작하였다. 자신들은 혁명 실세인데 찬밥신세이고, 장만은 혁명에 가담하지도 않았는데 높은 대우를 받는다. 사실 이귀는 장만의 종형의 사위라 장만을 시기할 입장도 아닌데 좀 특이한 성품이다. 아군에게도 총질을 곧잘하는 인물이다. 그래서 장만을 시기하며 안주성방략에 제동을 걸었다. 당시 비변사는 이귀가 주도하였다. 인조가 이귀에게 힘을 실어주었다.

인조 정권의 실세는 김류·이귀·이원익·윤방·신흠 등이다. 이원익·윤방·신흠은 얼굴이고 실세는 김류와 이귀인데, 이귀가 소리 지르면 김류도 뒤로 피한다. 인조는 김류를 더 신뢰하지만 김류도 병술을 모른다. 그래서 장만이 체찰사가 된 것이다. 그런데 이귀가 문제다. 이귀가 비변사를 눌러 안주성방략을 허물게 하였다.

이귀는 병법에 문외한이다. 그러나 스스로는 병법을 잘 안다고 착각하였다. 그래서 장만의 안주성방략을 신랄하게 비판하였다. 1625년 6월 19일부터 안주성방략의 논쟁이 치열하였다.

▌치열한 안주성방략의 논쟁

▶ 장만이 인조에게 고하였다. "청은 반드시 침공합니다. 이제 중립전략을 쓸 수 없다면 안주성방략을 써야 합니다. 안주성은 적은 군사로 청의 대군사를 막을 수 있는 유일한 요새지입니다. 군사를 모두 안주성으로 모아서 안주성방략을 쓰려고 하니, 윤허해 주소서!" 인조는 안주성방략을 윤허하였다. 그래서 장만은 안주성방략을 열심히 준비하고 있었는데, 이귀가 반대하고 나섰다.

▶ 다음날 이귀가 인조에게 아뢰었다. "안주성방략은 겁이 많은 장만이 부하들의 안전만을 고려하여 내지에서 지키려는 하책입니다. 우리는 의당 국경인 의주에서 지켜야 합니다." 인조는 다시 솔깃하여 의주에서 지키라고 하였다.

▶ 장만이 다시 인조에게 아뢰었다. "의주성방략은 백패의 전술입니다. 적은 야밤에 기습으로 침공하는데 주력군이 적의 턱밑에서 지키면 적의 기습에 속수무책으로 초반에 당하고, 싸움은 해보지도 못하고 패할 것입니다. 안주성방략만이 최선이오니 다시 허락해 주소서!" 인조는 또다시 흔들려 안주성에서 지키라고 하였다.

▶ 이에 이귀도 지지 않고 대들었다. "안주성에서 지킨다면 평안북도는 처음부터 적에게 내주자는 작정입니다. 평안북도도 전하의 땅입니다. 평안북도 백성들이 무어라 하겠습니까? 군사는 당연히 평안북도 지켜야 합니다. 장만이 너무 겁을 먹고 실수하는 것입니다. 의주에서 지키라고 하소서!" 인조는 또 다시 솔깃하여 의주에서 지키라고 하였다.

의주도 내 땅인데 버리면 안 되지! 무식한 인조였다.

▶ 장만이 다시 인조에게 아뢰었다. "지금 전쟁은 평안북도를 먹자는 전쟁이 아닙니다. 조선을 송두리째 먹자는 전쟁입니다. 그저 국경만 지키면 된다는 단순한 생각으로는 전쟁에서 이길 수 없습니다. 방어전략은 당연히 서울 방어에 목표를 두어야 합니다. 서울 방어에 효율적인 전략으로 싸워야 이길 수 있습니다. 만일 군사가 의주성에서 지키다가 적이 야밤에 기습으로 침공하여 의주성을 포위하고 나머지 군사가 남으로 내려온다면 어찌하겠습니까?" 인조는 또다시 흔들려 안주성에서 지키라고 하였다.

▶ 이에 이귀가 쿠데타 염려설을 들고 나왔다. "전하! 지금 청은 명과의 전쟁에 몰두하느라 조선쪽에는 생각할 여유도 없습니다. 청은 조선을 침공할 마음도 먹지 않는데 겁이 많은 장만이 과잉 방어를 하는 것입니다. 그리고 안주성에 대군사를 모아놓으면 이괄의 쿠데타 같은 반란이 또 일어날 수 있습니다. 남이흥이 이괄의 마음을 먹는다면 안주성은 영변보다도 더 가까우니 반란하기가 더 용이한 지역입니다. 군사는 의당 국경을 지키는 게 병법입니다. 의주에서 지키라고 하소서!" 인조는 또다시 솔깃하여 의주에서 지키라고 하였다.

█ 인조가 구성방략으로 흥정하였다

이에 장만이 결심하고 인조에게 아뢰었다. "전하! 전쟁은 자신감으로부터 시작되는 것입니다. 소신은 무능하여 의주성방략으로 적을 막을 재간이 없습니다. 소신을 교체하여 유능한 장수에게 국방을 맡겨 나라 지키는 기회를 잃지 마소서!" 장수가 전쟁을 앞두고 내는 사직서는 죽을 각오로 항의하는 것이다. "나를 죽일테면 죽여라!" 하는 과격한 항의다.

장만은 정묘호란 직전 인조가 대비전략을 허물자 이를 경고하기 위해서 무려 7번씩이나 사직서를 내며 대들었다. 인조는 난감하였다.

장만 말고는 국방을 지켜낼 인재가 없었다. 그래서 생각해낸 것이 절충안이다. "그렇다면 의주와 안주의 중간인 구성에서 지켜라!" 하였다. 장만은 기가 막혔다.

장만이 또다시 아뢰었다. "구성은 요새지도 아니고, 성이 없어서 한판의 승부를 낼 적지가 아닙니다. 후일 다급하여 안주성으로 옮긴다면 손실이 너무도 클 것입니다."라고 하였으나, 인조는 구성으로 정해버렸다. 더는 양보 못한다고 하였다.

▌인조가 안주성방략을 반대하는 이유

인조가 안주성방략을 반대하는 이유는 이귀의 쿠데타 염려설 때문이었다. 인조는 쿠데타로 정권을 빼앗은 사람이다. 그리고 1년만에 이괄의 쿠데타로 죽었다가 살아난 인물이니 쿠데타 소리만 들어도 오금이 저린다. 그래서 안주성만은 안된다고 고집을 부렸다. 안주성이나 구성이나 쿠데타 확률에 무슨 차이가 있겠는가? 심리적인 차이 뿐인데, 그 때문에 인조는 절호의 기회인 안주성방략을 허물어버리는 엄청난 실책을 저질렀다.

이게 정묘호란을 결정적으로 어렵게 만들었다. 이때 인조가 조금만 현명하여 안주성방략을 승낙했다면 남이홍이 그렇게 쉽게 패하지 않았을 것이다. 인조는 쿠데타설에 겁을 먹고 안주성방략을 파기했지만, 막상 전쟁이 터지자 바로 남이홍에게 안주성으로 물러나서 싸우라고 하였다. 그러나 너무 늦었다. 남이홍이 안주성으로 옮기자마자 청군이 들이닥치니 준비가 되지 못하여 요새지 안주성의 장점을 활용하지 못하고 패하고 말았다.

　장만은 슬펐다. "아! 국운이 다했는가! 우리 백성들이 박복한가! 내 재주가 부족한가! 하늘이 돕지 않는가! 전에는 광해군 때문에 안 되더니, 이번에는 인조 때문에 안 되는구나! 연개소문이 이래서 주군을 내몰고 백성을 지켜냈는가! 나라가 망할 것이 눈앞에 보이는데 나는 어찌해야 하는가!" 그렇다고 연개소문처럼 할 수는 없었다. 그저 광해군을 열심히 설득하듯이 이제는 인조를 열심히 설득하였다. 그러나 무능한 임금들은 결정적일 때 외고집을 부려 나라를 망쳐놓는다. 마치 제갈공명이 무능한 유선을 설득하듯 답답한 심경이었다.

▌이귀와 장만이 한판 붙다

　어느 날 비변사에서 장만이 이귀에게 말하였다. "대감! 구성은 매우 불리합니다. 요새지인 안주성에서 싸워야 겨우 승산이 있습니다. 안주성방략에 동의해 주시오." 이귀가 화를 내며 반대하였다. "안됩니다. 평안북도도 지켜야 합니다. 의당 의주에서 지켜야 하는데, 구성도 못 나간다는 말씀입니까?" 장만이 또 따졌다. "이는 병법을 모르고 하는 말입니다. 전쟁은 이겨야 지킬 수가 있습니다. 패하면 평안북도가 문제가 아니라 나라 전체가 위험해집니다. 우리가 이길 수 있는 곳은 오직 요새지인 안주성 뿐입니다." 하였지만 이귀는 끝까지 반대하였다.

　장만은 할 수 없이 "국가에서 나에게 체찰사의 책임을 맡겼으니 내 뜻대로 하겠습니다." 하였다. 이에 이귀도 지지 않고 대들었다. "이는 국가의 존망이 달려있는 문제입니다. 나라가 망하면 나도 또한 죽는데 어찌 상관이 없다 하겠습니까. 어찌 국가를 지키는 일을 내지에서 편하게 지키려고만 하십니까?" 하였다. 장만과 이귀는 큰소리로 싸웠다.

인조는 시비를 가리지 못하였다. 이귀와 장만이 인조에게 시비를 가려달라고 사직서를 올렸지만, 인조는 시비를 가릴 수가 없었다. 장만을 자르자니 국방을 지킬 인재가 없고, 이귀를 자르자니 쿠데타를 지켜줄 경보기가 없어지는 격이다. 그래서 아무도 자르지 못하고 사직서를 돌려주었다.

두 임금 때문에 장만은 괴롭다

인조의 정치는 대체로 이러하였다. 이귀의 권한은 인조로부터 나왔다. 인조가 장만에게 국방을 맡겨놓고, 또 이귀에게도 은근히 장만을 견제할 권한을 주었기 때문에 이귀가 저리도 당당하게 나오는 것이다. 인조는 이귀의 말이 격이 떨어진다고 하면서도 쿠데타 일 만큼은 현혹되어 이귀의 말을 따랐다. 장만은 인조 때문이라는 사실을 알기 때문에 직접 임금을 질책하며 대든 것이다. 광해 때도 폭정의 원인이 이이첨이 아니라 광해 때문이라는 사실을 알기 때문에 광해에게 직접 대들었다.

임금에게 대드는 장만은 괴롭다. 광해·인조 두 시대에서 국방의 책임을 맡은 장만은 어리석은 두 임금을 설득하는게 가장 괴로웠다. 나를 믿으면서도 믿지 못하는 두 임금을, 그래서 나라를 망치는 두 임금을 어찌해야 하는가? 연개소문처럼 뒤집어엎어야 하는가? 적과 싸우기도 벅찬데 인조와도 또 이귀와도 싸워야 하였다. 겨우 윤방만이 한두 마디 거들뿐인데 역부족이었다. 인조시대의 비극은 여기에 있었다.

남이흥이 안주성에서 지켰다

남이흥이 1군 사령관으로서 구성으로 나가라는 명을 어기고 계속하여 안주성에서 지켰다. 남이흥은 인조반정 때도 반정에 쉽게 동조하지 않아서 반 혁명분자로 몰려 죽을 뻔한 인물이다. 그때는 장만의 구원으로 겨우 살아서 이괄의 난에 공을 세워 지위가 탄탄하게 되었다. 그런데 이제 또 다시 왕명을 어기고 안주성에서 지키고 있었다.

군부의 실세들은 모두 장만의 전략에 동조하였다. 안주성에서 한판 승부를 내자는 전략에 100% 지지를 하고 있는데 인조정권의 실세들, 그 중에서 이귀와 박동선 등 몇몇이 어리석은 인조를 현혹시켜 안주성 방략을 허물고 구성에서 지키라는 왕명을 만들어냈다. 군부에서는 불만이 많았다. 병법도 모르는 이귀가 어리석은 임금을 꼬드겨 나라를 망친다고 하였다. 남이흥은 쥐뿔도 모르는 쥐새끼 같은 놈들이 나라를 망친다며, 왕명을 어기고 계속하여 안주성에서 지켰다. 남이흥다운 배짱이다.

▌ 이귀의 레이더 망에 남이흥이 걸려들다

이귀는 인조반정의 실체적인 주인공이다. 이귀가 병법은 모르지만 정보수집에는 촉이 있었다. 인조반정 때도 이 촉으로 반정을 지휘하였으며, 이괄의 난 때도 반란정보를 제일 먼저 알아냈다. 인조가 이 때문에 이귀를 내치지 못하였다. 이귀는 왕명으로 감찰반을 수시로 내 보냈다. 감찰반들은 반란이 의심된다며 군사훈련도 못하게 만들었다. 인조는 장만을 시켜서 전쟁을 대비하라 해놓고는, 이귀를 시켜서 전쟁대비를 허물고 있었다. 어쨌든 이귀의 레이더망에 남이흥이 걸려들었다. 남이흥이 구성에서 지키라는 왕명을 어기고 안주성에서 지키고 있다는 감찰반의 정보가 들어왔다.

이귀는 신바람이 나서 인조에게 달려갔다. 당장 남이흥을 왕명을 거역한 죄목으로 처벌하라고 아뢰었다. "왕명을 모독한 남이흥을 당장 참수하여 왕명의 준엄함을 보여주어야 기강이 설 것입니다." 이귀는 사관들조차 잡군자(雜君子)라고 표현하는 인물이다. 남이흥이 없어도 장만이 없어도 자신이 나가서 적을 막아낼 수 있다고 판단하는 돈키호테 같은 인물이다. 그러나 인조는 난감하였다. 남이흥을 자르면 장만도 그만둘텐데, 남이흥과 장만이 없어도 청군을 막아낼 수 있겠는가?

아무리 어리석은 인조라도 반정공신 중에는 국방을 지켜낼 인재가 없음을 잘 알고 있었다. 그래서 남이흥을 자르지 못하고 '다시 구성으로 나가서 지키라'고 하였다. 이렇게 해서 남이흥이 억지로 구성으로 나가서 지키게 되었다. 구성으로 나가니 요새지도 아니고 성곽도 없어서 전쟁이 매우 불리해졌다. 문관들은 전쟁의 상황을 전혀 모른다. 그러면서 전략에 참견만 하였다. 정묘호란은 이귀와 인조 때문에 망쳤다. 왜 망쳤는지, 그런 원리조차 모른다. 그래서 병자호란도 일어난 것이다.

▌의주성방략의 장단점

장점 : 국경에서 지키니 평안북도 백성들이 안심할 수 있다.
단점 : 적의 야간기습 침공에 초장에 타격을 입어서 전투할 수가 없다. 주변 성에서 지원군이 모여들어 대오를 갖출 시간이 없다. 따라서 군사들이 불안하다. 결국 정묘호란, 병자호란 때 의주성 군사들이 기습침공에 힘을 쓰지 못했다.

▌안주성방략의 장단점

장점 : 안주성은 국경에서 멀리 있다. 적의 침공시 국경에서 경보가 오

면 4~5일 간의 시간 여유가 있다. 이 동안 주변의 여러 성에서 군사들이 모여들어 대오를 제대로 갖출 수 있다. 그리고 청천강의 방어선에 매복을 시켜 적의 침공을 저지할 수 있으며, 청천강 이북 지역은 깊은 협곡으로 이어져서 매복이 더욱 용이하다. 협곡과 청천강에 5천의 군사만 매복시킨다면 5만의 군사도 막아낼 수 있다. 요새지 방어전략은 병법에서 기본으로 쓰는 전략이다.

단점 : 처음부터 평안북도를 포기한다는 느낌이 있다. 하지만 이번 전쟁은 평안북도를 노략질하자는 전쟁이 아니다. 서울을 차지하고 항복을 받자는 정벌 전쟁이다. 전쟁에서 지면 모두 잃게 되는데, 평안북도를 지키자고 패전이 뻔한 의주성방략을 쓸 수는 없다. 정묘호란과 병자호란의 책임은 안주성방략을 허물고 의주성방략을 고집으로 밀어붙인 인조와 이귀에게 있다.

조선왕조실록 자료

인조3년(1625) 6월 19일　**장만이 평안병사를 안주에 주둔시킬 것을 건의하다**

▶장만이 아뢰었다. "평안병사는 안주(安州)에 가서 주둔하는 것이 마땅한데 묘당(廟堂)은 구성을 병사가 지킬 땅으로 삼으려 하니 이는 잘못 세운 계책입니다."

▶영사 윤방이 아뢰었다. "장만의 말이 옳습니다. 구성은 성곽이 없으니 안주에 가서 주둔하는 것만 못합니다." 하니,

▶상이 이르기를, "안주에 가서 주둔하는 것이 견고한 것 같기는 하다. 그러나 주장(主將)이 내지로 물러나면 창성과 의주의 장사(將士)들이 반드시 허전한 마음을 가질 것이다." 하였다.

▶장만이 아뢰기를, "병사가 주장으로서 군사를 거느리고 구성의 변두리 땅에 깊숙이 들어갔다가 갑자기 패배를 당한다면 어떻게 하겠습니까." 하니,

▶상이 이르기를, "그렇다면 묘당과 잘 의논해서 처리하도록 하라." 하였다.

인조3년(1625) 6월 25일　**비변사에서 구성에 방수를 첨가하기를 청하다**

비변사가, 구성에 방수(防戍)를 첨가하고 별장을 골라 보내서 안주(安州)의 성

원을 삼계하기를 청하니, 상이 그대로 따랐다. 이에 앞서 **도체찰사 장만이 탑전에서 아뢰기를,** "조정에서 장차 평안병사로 하여금 구성에 나아가 주둔케 하려고 합니다. 구성은 창성(昌城)과 의주(義州)의 길목에 있으므로 과연 나아가 지키는 것이 마땅하겠습니다. 다만 성을 지키는 도구가 없으니 병사가 군사를 거느리고 나아가 주둔한다면 식량과 기계를 옮겨 들이지 않을 수 없습니다. 그러나 변란이 있을 때에 가서 만일 다시 옮긴다면 전도되는 걱정이 없지 않을 것입니다. 도원수 이홍주의 말에는 '병사는 마땅히 안주에 주둔해서 싸울만하면 싸우고 지킬 만하면 지켜야 한다.'고 합니다." 하였는데, 상이 **묘당**으로 하여금 잘 강구해서 처리하게 하였기 때문에 이런 청이 있게 된 것이다.

인조3년(1625) 7월 6일　**이귀가 남이흥이 안주에 물러나 지킨 죄를 진달하다**

우찬성 이귀가 상차하여, **평안병사 남이흥이 본진(本鎭)을 비워버리고 안주에 물러나 지킨 죄를 극력 진달하기를,** "조종조(祖宗朝)에서 평안도 안에 5진(鎭)을 설치한 뜻이 극진하였습니다. 그런데 광해 때에 예전 규례를 변경하여 7진(鎭)을 배치하여 **영변·구성·성천·평양** 4진은 모두 버리고 지키지 아니하여 일도의 백성으로 하여금 뜻밖의 변란을 만나면 모두 적을 피할 곳이 없게 하였습니다. 지금 남이흥은 국가가 다시 살려 준 은혜를 생각하지 않고 감히 난리에 임하여 스스로 보전할 생각을 품고서 안주에 물러나 지키고 싶다고 많은 말을 늘어놓으며 조정을 기망하였으니, 담당 관아로 하여금 율에 의해 죄를 정하게 하소서." 하니, 상이 묘당으로 하여금 의논하게 하였으나 결정하지 못하였다. 대개 남이흥이 **안주를 지키려고 한 것은 장만의 계책이었다.**

어느날 이귀와 장만이 비국(備局)에 앉아 있었는데, 장만이 이 계책에 대해 또 말하자 이귀가 큰소리로 꺾으며 말하기를, "남이흥이 안주에 물러나 지키다가 적이 만일 맹산(孟山)의 길을 경유하여 곧바로 해서로 향하여 그대로 서울로 들이닥치면, 이는 영공이 지난 해에 이괄이 멋대로 경성을 범하게 한 때와 다름이 없다." 하니, 이에 장만이 크게 노하여 말하기를, **"국가에서 나에게 체찰사의 임무를 맡겼으니 서변의 일은 내가 주장하겠다."** 하자, 이귀가 또 말하기를, "이는 국가의 존망이 매여 있는 것이다. 나라가 망하면 나도 또한 죽는데 어찌 상관이 없다 하겠는가." 하였다. 장만이 더욱 원한을 품었다.

인조3년(1625) 7월 9일　**장만과 이귀가 서로 다투는 것을 책하다**

옥성부원군 장만과, 우찬성 이귀가 어느날 공좌(公座)에서 서로 힐난하여 모두 불평스런 뜻을 품고 각각 차자를 올려 해면해 주기를 청하니, 상이 하교하였다. "찬성 이귀와 옥성 부원군 장만은 모두 원훈(元勳)의 중신으로 마땅히 예로써 서로 공경하고 의리로써 서로 경계하며 부족한 점이 있더라도 또한 가부를 서로 도와서 국가의 위급한 상황에 따라 처신해야 한다. 그런데 감히 몇 마디 말을 가지고 싸움을 벌이는가 하면 심지어 차자를 올려 체직시켜 주기를 청하기까지 하였으니 너무도 외람스럽다. 마땅히 추고하여 후일을 경계해야 할 일이지만 지금은 우선 버려둔다. 이 차자를 도로 내주라."

인조3년(1625) 9월 3일   **장만이 변방의 방비에 대한 계책을 논하다**

장만이 아뢰기를, "평안도의 지형은 산세가 죽 뻗어 있는데 **영변과 안주 사이는 벌의 허리처럼 좁습니다.** 적군이 강변을 거쳐 오는 경우에는 반드시 이 길을 경유할 것이니 모름지기 먼저 **안주성을 쌓아 적을 저지하는 본거지로 삼는다면** 걱정을 없앨 수 있을 것입니다." 하니, 상이 이르기를, "경은 지금 평양으로 내려가서 수비의 일을 십분 조치하여 기필코 지킬 수 있는 근거지로 만들도록 하라. 민력을 돌보지 않고 성을 쌓고서 마침내는 헛되이 버리게 한다면 매우 불가하다." 하였다.

인조3년(1625) 9월 28일   **이귀를 접견하고 서쪽 변방의 형세 등을 묻다**

이귀가 아뢰기를, "**적이 꼭 침범해 올 형세가 없으니** 남쪽 지방의 병졸을 조발해서는 아니될 것입니다." 하였다."

인조4년(1626) 2월 12일   **병조판서 장만이 본직 및 체찰사를 사직하는 차자를 올리다**

병조판서 장만이 차자를 올려 본직(本職) 및 겸대한 체찰사(體察使)를 사직하니, 왕이 답하였다. "지금 이 두 가지 직임은 모두 긴급한 데에 관계되는 것으로서 사람마다 감당할 수 있는 것이 아니다. 더구나 체찰사가 서전(西銓)을 겸하여 관장하는 것은 실로 유익한 것으로 조금도 불가할 것이 없다. 이런 지극한 뜻을 본받아 직임이 중하다고 혐의하지 말며 또한 업무가 번다하다고 피하지 말고 속히 출사하여 직무를 폐하는 폐단이 없게 하라."

인조4년(1626) 3월 28일   **병조판서 장만이 병을 이유로 사직하다**

겸병조판서 장만이 병을 이유로 차자를 올려 사직하니, 상이 윤허하지 않았다.

인조4년(1626) 7월 18일   **병조판서 장만이 분황을 이유로 사직하니 불허하다**

겸병조판서 장만이 상차하여, 부모의 분묘(墳墓)에 분황(焚黃)할 것을 청하면서, 본직(本職)과 겸대한 체찰(體察) 가운데 하나의 직임을 사직할 것을 청하니, 상이 급마(給馬)하여 왕래하도록 명하고 체임은 윤허하지 않았다.

인조4년(1626) 9월 29일 **장만이 비방으로 인해 본직의 사직을 청하다**

겸병조판서 장만이 상차하였는데, 그 대략에, "신이 띠고 있는 본직을 오래 비워두어서는 안 된다는 뜻으로 탑전에서 한 번 아뢰었고, 중도에서 다시 아뢰었으나 모두 윤허를 받지 못하였습니다. 신의 복명이 새 달에나 있게 될 것이니, 그리되면 **3개월간이나 병조의 장관자리가 비어있게 됩니다.** 어찌 미안한 일이 아니겠습니까. 그리고 신이 은혜에 감격하여 무슨 일이든 피하지 않고 보니 사람들의 **비방을 많이 받게 되었고,** 결국은 시비를 야기시켰는데, 이는 스스로 취한 일이니 누구를 원망하고 허물하겠습니까. 삼가 성명께서는 속히 신이 겸대하고 있는 본직을 체차하시어 국사를 온편하게 하소서." 하였는데, 답하기를, "차자를 보고 경의 간절한 마음을 잘 알았다. **자고로 국사를 담당한 사람은 모두 남의 비방을 면하지 못하였으니,** 이는 형세가 그럴 수밖에 없는 것이다. 경은 무엇을 근심하는가. 이토록 고사하지 말고 올라와 직임을 살피라." 하였다.

인조4년(1626) 11월 2일 **서쪽 변방 대책에 대해 도체찰사 장만이 아뢰다**

도체찰사 장만이 아뢰기를, "현재 겨울이 깊어 강물이 얼었으므로, 우리들은 의당 날로 새롭게 정돈하여 **적이 반드시 올 것을 가정하고 대비해야 합니다.** 그런데 금년은 병사(兵使)가 경상(境上)에 진주(進駐)할 것이 없이 각기 본영(本營)에서 거느린 군사를 단속해서, 명을 들으면 당일로 출동할 수 있도록 함으로써 늦게 도착하는 걱정이 없도록 하고, 함경남도의 군사는 두 부대로 나누어 반은 우후(虞候)가 먼저 거느리고 진격하고, 반은 병사가 뒤에 거느리고 후원하도록 하는 것이 합당합니다. 이 뜻으로 각도에 하유하는 것이 어떻겠습니까?" 하니, 따랐다.

인조4년(1626) 12월 30일 **겸병조판서 장만이 사직을 청하다**

겸병조판서 장만이 차자를 올려 체직해 줄 것을 비니, 왕이 답하였다. "경은 문무를 갖춘 큰 재주로 많은 사람을 경험했으므로 오늘날 서전(西銓:병판)의 임무에 경보다 나은 사람이 없다. 더구나 군적(軍籍)의 정리가 지금 한창이니 더욱 가벼이 체직할 수가 없다. 경은 속히 나의 뜻을 이해하여 다시 사직을 고집하지 말고 속히 직무를 살피도록 하라."

인조5년(1627) 1월 17일 **금나라가 침입하자 대책을 논의하다**

▶접반사 원탁이 치계하기를, "이달 13일에 금(金)나라 군사가 의주를 포위하고

접전하였는데 승패는 모릅니다." 하였다.

▸**상이 이르기를**, "적이 만일 거침없이 쳐들어온다면 관서 지방은 미처 구제할 수 없을 듯하다." 하였다.

▸**장만이 아뢰기를**, "하삼도는 속히 징병토록 하고, 황주·평산은 급히 별장을 보내도록 하소서." 하니, 상이 모두 따랐다.

▸**상이 이르기를**, "관서지방은 부체찰사가 반드시 호령을 전적으로 주장해서 할 것이다. 안주의 분군(分軍)이 만일 적다면 **병사(兵使)는 물러나서 안주를 수비하도록 하라.**"

▸**장만이 아뢰기를**, "급히 선전관을 보내 하유토록 하소서." 하였다.

인조는 전쟁이 없을 것이라는 이귀의 말을 믿고 있었다. 막상 전쟁이 터지자 겁이 덜컥 나면서 장만이 주장했던 안주성방략을 뒤늦게 승낙하였다. 그러나 때는 너무 늦었다. 장만의 염려대로 병장기를 옮겨오는데 시간이 없었다. 남이흥이 급히 안주성으로 들어가 3천의 군사로 전투를 준비하니 1월 20일이다. 그 다음날 청군이 들이 닥쳐 다섯 번 막아냈지만, 대오가 미처 갖춰지지 못하여 요새지의 장점을 살리는 전략을 쓸 수 없었다. 결국 여섯 번째 공격에서 역부족으로 패하고 말았다. 남이흥이 죽으면서 인조를 원망하는 말을 남긴다. "내가 처음부터 안주성에서 지켰다면 결코 패장이 되지는 않았을 것이다. 원망스럽다." 이때 청군도 3천여 군사가 죽었다.

홍타이시는 조선을 쉽게보고 전쟁을 시작하였다. 그런데 안주성에서 3천여 군사가 죽으니 철군을 명하였다. 이때부터 갑자기 화친을 요구하였다. 침략자가 먼저 화친을 요구하니 이상한 일이다. 장만이 급히 개성으로 나가 진을 치고 대비하니 청군이 평산에서 진군을 멈추고 화친을 요구하였다. 결국 정묘호란은 화친맹약으로 수습되었다. 정묘호란은 순전히 인조의 무식 때문에 일어난 전쟁이다. 장만이 주청한 중립정책은 쓰지 못한다 하더라도, 안주성방략만이라도 받아주어 안주성에 처음부터 1만군사만 배치했었다면 남이흥이 틀림없이 청군을 물리치고 이겼을 것이다.

정묘호란 대비때 장만이 한 일은 무엇인가?

① 안주성방략을 준비하였다. 비록 이귀의 반대로 구성에서 지켰지만 절반은 활용되었다.
② 광해때 부정한 방법으로 들어온 무능한 수령들을 자르고 유능한 인재로 교체하였다.
③ 전쟁매뉴얼을 만들고 군사들에게 주지시켜 용맹하게 싸울 수 있게 하였다.
④ 남이흥 같은 용장(勇將)을 안주성에 배치하여 적에게 치명적인 타격을 주게 하였다.
⑤ 의주에서 지키라는 인조를 설득하여 의주성방략을 막아 결정적인 피해를 막았다.
⑥ 인조가 뒤늦게나마 안주성방략을 허락하게 하여 적에게 타격을 주어 항복은 면했다.

안보 불감증에 시달리는 우리민족

- 안보 불감증은 우리 민족의 병폐다.

우리 민족은 심각한 안보불감증이라는 병에 걸려있다. 전쟁회피증후군이라는 더 심각한 병도 동시에 앓고 있다. 전쟁은 무조건 피하고 보자는 초식동물의 인식 수준이다. 고구려 때 100만의 대군과 맞서 싸우던

위상은 사라진지 오래다. 조선 백성은 전쟁하면 뒤로 도망가기 바쁘다. 장만장군은 이러한 백성들과 임금을 이끌고 전쟁을 치렀다.

이는 500년 전이나 지금이나 마찬가지다. 임진왜란도 정묘호란도 병자호란도 세월호참사도 모두 우리 민족의 안보불감증이 불러온 참사다. 장만은 시대의 선각자로서 안보불감증에 빠진 임금과 신하들을 이끌면서 어렵게 나라와 백성들을 지켜냈다. 후세에 "장만한다!"라는 말을 남겨 우리들에게 환란에 미리 대비하라는 교훈을 심어 주었다. 광해군과 인조는 안보불감증에 이기심과 무지를 겸한 임금이다. 이런 군주가 전쟁시대를 맡았으니 장만장군이 재능을 다 발휘하지 못하였다.

지금 한국사에서 정묘호란을 검색하면 장만이 도망갔다는 기술만 나온다. 장만이 어디로 도망갔는가? 시기하는 자들이 만들어 놓은 가짜뉴스가 역사로 기록되어 있다. 장만이 전쟁을 준비하는 과정은 전혀 나오지 않는다. 정묘호란의 핵심은 안주성 전투다. 정묘호란을 기술하면서 장만이 준비하는 안주성 방어전략 이야기를 뺀다면 무슨 이야기가 남겠는가? 정묘호란과 안주성방략은 다시 조명되어야 할 역사다. 누군가가 다시 조명하기를 바라면서 이 글을 쓴다. (『인조실록』 1625년 6월 19일 참조)

27. 정묘호란에 홀로 나가다

조정에서 말들은 많았지만, 막상 전쟁이 일어나자 모두 도망가고 장만 홀로 전쟁터로 나갔다.

정묘호란은 이귀와 인조가 장만의 대비를 허무는 상황에서 일어났다

장만은 광해군 때도 국방을 맡아서 청의 침공에 대비하였다. 그때는 장만의 중립전략을 광해군이 받아들여 전쟁을 막아냈다.

장만은 인조반정에 참여치 않았으므로 인조정권에도 참여하지 않으려고 하였다. 그러나 정권을 잡은 인조는 국방의 위급함을 느끼며 또다시 장만을 팔도도원수로 등용하여 국방을 맡겼다.

장만은 고심 끝에 두 가지 방책을 마련하였다. 첫째가 안주성방략이고, 둘째는 1만2천의 정예군 양성이다. 심복인 정충신을 안주성으로 보내 청과 한판 전쟁을 치를 요새지 안주성을 준비하게 하였다. 그래서 정충신은 안주성을 정비하여 여러 가지 기계를 만들고, 비상시 주변 성에서 장수와 군사들이 안주성으로 모일 수 있는 제도도 만들었다. 백성들도 평시에는 농사를 짓다가 비상시에는 안주성으로 모일 수 있는 예비군제도를 만들어 놓았다. 이괄에게는 영변에서 1만2천의 군사를 훈련시키게 하였다. 1년 후 훈련된 군사들을 미리 준비된 안주성에 배치하여 청과 한판의 전쟁으로 승부를 가리려는 전략이었다.

그런데 이괄이 역심을 품고 1만2천의 군사로 반란을 일으켰다. 장만은 나머지 군사를 단결시켜 막아냈지만 국방은 황폐화되었다. 군사도 줄어들고, 그동안의 대비해 놓은 것들이 몽땅 사라졌다. 팔도도체찰사가 되어 국경으로 달려온 장만은 전쟁이 임박했음을 직감하였다. 8가지 악조건들이 장만을 괴롭혔다.

① 자신의 병이 더 심해졌다. 아랫배가 굴신만 해도 베는 듯이 아팠다.
② 왼쪽 눈을 잃었다. 이것은 큰 타격이어서, 문서를 보기조차 어려웠다.

③ 백성들의 살림이 힘들어져서 군사조발이 더 어려워졌다.

④ 그 동안 준비해둔 무기와 군사들이 이괄의 난으로 소모되었다.

⑤ 장만을 시기하는 자들도 많아져서 반대가 극심해졌다.

⑥ 동지였던 이귀까지 장만을 시기하여 장만의 대비에 반대하였다.

⑦ 인조까지 쿠데타가 두려워 우왕좌왕하며 장만의 대비를 흔들어댔다.

⑧ 청군이 더욱 많아지고 강해졌다. 중립정책이 파기되어 침공 확률도 높아졌다.

　장만은 이 8가지 악조건 속에서도 나라와 백성들을 지키려고 대비하는데, 이번에는 이귀와 인조가 앞을 막았다. 장만이 가장 강력하게 주장한 전략은 적이 기습으로 침공하면 국경에서 멀리 떨어진 요새지 안주성에 군사를 집결시켜 놓았다가 적과의 한판 전쟁으로 승패를 결정하려는 안주성방략이었다. 그런데 이귀는 시기심으로 장만의 전략을 막았고, 인조는 어리석어서 전쟁이 없을 것이라는 간신들의 말에 현혹되어 안주성방략을 허물어버렸다. 이귀와 인조는 안주성방략을 반대하며 의주에서 지키라고 하였다. 적은 야밤에 기습으로 침공하니 의주 같은 근접방어는 초장에 타격을 입어 싸울 수가 없다며, 장만은 원거리 요새지인 안주성방략을 적극 주장하였다.

　장만은 의주성방략으로는 도저히 적을 막아낼 재주가 없으니, 자신을 파직시키고 다른 장수로 교체하여 나라 지킬 기회를 잃지 말라고 하였다. 난처해진 인조는 "의주와 안주의 중간인 구성에서 지키라"고 하였다. 장만은 "구성도 요새지가 아니라 승산이 없으니 안주성방략을 허락해 달라"고 주청하였지만 인조는 끝내 듣지 않았다. 이귀의 "전쟁이 없을 것이다."라는 말과 안주성에 대군을 모아놓으면 "쿠데타가 일어날 수도 있다."라는 말에 현혹되었기 때문이다.

장만은 인조에게 7번씩이나 사직서를 내며 전쟁대비의 허술함에 대해 경고하였지만, 인조는 깨닫지 못하였다. 이렇게 해서 남이흥이 주력군을 이끌고 성곽도 없는 구성으로 나가서 지키고 있을 때 정묘호란이 터지고 말았다. 청의 홍타이시는 조선의 이런 상황을 훤히 알고 전쟁을 일으켰다.

▌당시 조·명·청의 배경은 이러하였다

청의 위협이 시작되었다. 여진족의 누르하치는 흩어져 있던 여진족을 통합시켜 1616년에 허투알라에 후금을 세우고 명과 대결하였다. 누르하치는 탁월한 전략가로 철기군도 만들고 8기군도 만들었다. 명나라는 군사는 많지만 정치가 혼란하여 청의 철기군을 당해내지 못하였다. 장만은 1602년에 선조의 명으로 명나라 사신길에서 여진족의 동태를 정탐하여 보고하였다. "명은 정치가 혼탁하여 군사가 무너지고 있으며 청의 누르하치는 장차 크게 번창시킬 인물입니다. 장차 명과 청의 전쟁이 불가피 할 것이며 이는 우리에게도 전쟁의 불씨가 번질 것입니다. 우리는 이에 대비해야 합니다." 장만의 예언은 정확하여 1619년에 심하 전쟁이 일어났다.

명·청 전쟁이 조선에게로 옮겨 붙었다. 명의 정치가 쇠락하자 누르하치는 1618년에 명의 요동을 공격하여 무순 땅을 차지했다. 화가 난 명황제가 요동경략에게 청의 정벌을 명하며 조선에서도 지원군을 보내라고 하였다. 장만은 "전쟁이 우리에게로 옮겨 붙을 수 있다"며 파병을 반대하였지만 관철시키지 못하였다. 장만은 명의 이이제이(以夷制夷) 전략을 경고한 것이다. 광해군도 장만의 주장에 힘을 얻어서 반대 의견을 피력했지만, 이이첨을 비롯한 신하들의 주장이 너무도 강경하여 파병이 이루어졌다. 명·청 전쟁이 우리에게 옮겨 붙은 것이다. 이렇게 해서 강홍립이 1만3천의 군사를 이끌고 압록강을 넘어 청군 진영으로 진격하다가 심하 땅 부거지역에서 청군과 접전하여 패하고 투항하였다.

청의 누르하치는 예상치 못한 조선의 침공으로 화가 나서 조선정벌을 명하였다. 청군이 압록강 쪽으로 진군하자 놀란 광해군은 장만을 급히 파견하여 청군의 침공을 막게 하였다. 누르하치는 장만에게 진로가 막히자 전략을 바꾸어 광해군에게 협박 문서를 보내왔다. '당장 명과의 관계를 끊고 청과 화친하지 않으면 죽인다'는 협박문서였다. 광해군은 겁을 먹고 청과 화친하려 하였지만 신하들은 청과의 화친은 명을 배반하는 일이라며 결사반대하였다. 답답해진 광해군은 장만에게 물어오라고 하였다. 장만의 답변은 명도 청도 아닌 중립정책을 제시하였다.

장만이 중립정책으로 청군을 막았다. 장만은 '명에게 더 이상 끌려다니지 말고, 청에게는 단호히 싸울 의지를 보여야 전쟁을 막을 수 있다'고 하였다. "명이 우리로 하여금 청을 원수지게 하려는 이이제이 전략을 쓰려고 하니, 우리가 이에 말려들면 안 됩니다. 명에게는 더욱 극진하게 사대를 하되, 명의 지시대로 청을 적으로 만들어서는 안 됩니다. 그리고 청에게는 자극하지 말며, 만일 침공한다면 단호히 싸울 의지를 보여야 전쟁을 막을 수 있습니다."

장만은 청은 결코 조선을 침공하지 못한다고 장담하였다. 장만의 주장은 이러하였다. "청은 지금 6만의 군사로 명을 대적하고 있으며 조선을 침공하기 위해서는 군사를 둘로 나누어야 하는데, 조선쪽으로는 2만 이상의 군사를 돌리지 못합니다. 따라서 우리는 2만의 군사만 막을 수 있으면 됩니다. 2만 정도는 우리 군사가 넉넉히 막아낼 수 있습니다." 하자, 광해군은 안심하여 장만의 중립전략을 받아들였다. 장만의 중립전략은 조·명·청 3국의 힘의 균형을 바탕으로 한 캐스팅보트 중립전략으로, 향후 8년 동안 전쟁을 억제시키는 역할을 하였다.

그러나 조선쪽에서 힘의 균형이 깨졌다. 장만의 중립전략은 조·명·청이 힘의 균형을 이루어 전쟁을 억제시키는 역할을 하였는데 조선쪽에서 먼저 힘의 균형이 깨졌다. 인조반정으로 중립정책이 파기되고, 조선이 명쪽에 붙으니 청이 침공할 이유가 생겼다. 게다가 이괄의 난으로 조선의 방어력이 무너지고, 한윤이 청으로 넘어가 이러한 사정을 세세하게 알려주며 침공을 부추겼다. 전쟁이 일어날 조건이 완성된 것이다. 조선의 조정에서 이를 알아본 전략가는 장만뿐이었다. 그래서 장만이 고심 끝에 안주성방략으로 대응할 것을 주장했는데, 불행하게도 이귀와 인조가 안주성방략을 허물어 버렸다.

이제 전쟁의 조건이 충족되었다. : ①중립정책이 파기되고, ②이괄전쟁으로 방어력이 무너졌으며, ③한윤이 청에게 알려주고, ④인조 때문에 안주성방략마저 무너졌다. 전쟁이 일어날 수 있는 모든 조건들이 충족된 것이다. 청쪽에서도 누르하치가 죽고 조선 정벌을 주장하던 ⑤홍타이시가 등극하니 조선 정벌이 더욱 가시화 되었다. 이를 제일 먼저 알아본 장만이 강력하게 경고하였지만 인조는 알아듣지 못하고 헛발짓만 하였다.

▌청의 사정은 이러하였다

원숭환이 누르하치를 잡았다. 누르하치가 1626년 2월에 명의 원숭환이 지키는 영원성을 공격하다가 부상을 입고 8월에 죽었다. 원숭환은 누르하치의 공격이 임박하자 화란에서 도입한 서양대포 16기를 성루에 설치하였다. 서양대포는 중국대포에 비하여 위력은 작지만 사정거리는 훨씬 더 멀었다. 누르하치는 대군을 몰고 영원성으로 진군하여, 중국

대포의 사정거리 밖에서 군막을 치고 군사를 지휘하였다.

누르하치는 철기군을 일시에 영원성으로 돌진시켰다. 그러나 원숭환은 개미떼처럼 발밑으로 달려드는 청군에 대해서는 관심도 없었다. 오직 누르하치 하나만 때려잡겠다는 신념 뿐이어서, 청군이 성밑에 올 때까지 대포는 한방도 쏘지 않았다. 누르하치를 안심시키려는 작전이다. 누르하치는 황룡이 새겨진 갑옷을 입고 군막 앞에서 지휘를 하고 있었으므로, 누런 황금색의 갑옷이 멀리서도 표가 났다.

영원성의 화란대포 16기는 이미 누르하치만 조준하고 있었다. 청군이 성 밑에 달라붙자 원숭환의 발포명령이 떨어졌다. 화란대포 16기는 누르하치만 향하여 일시에 발포되었다. 누르하치는 혼비백산하여 뛰었지만 이미 맞았다. 화살 같으면 갑옷이 막아 주겠지만, 대포알은 갑옷이 막아 주지 못하였다. 대포알이 여기까지 날아올 줄은 몰랐다. 누르하치는 큰 부상을 입고 전투를 계속할 수가 없었다. 결국 전투는 원숭환의 승리로 막을 내렸다. 누르하치는 이때 부상이 심하여 결국 1626년 8월에 죽고 말았다.

홍타이시가 2대 칸이 되었다. 청군은 8기로 구성되었다. 1기(旗)는 대략 1만여 명이다. 황, 청, 적, 백기가 있고 또 검은색 테두리를 두른 황, 청, 적, 백기가 있어 모두 8기의 편대가 서로 경쟁하며 전투하였다. 각 기(旗)를 지휘하는 장수를 왕(王)으로 호칭하였다. 누르하치 자신이 2개의 편대를 거느리고, 차남인 다이샨이 2개의 편대를 거느렸으며, 3남 망고타이, 8남 홍타이시, 손자 두도, 4촌 아민이 각기 1편대씩을 거느렸다. 그런데 누르하치와 슈르하치가 죽고 없기 때문에 편대가 바뀌었다.

홍타이시가 칸이 되는 배경 : 여진족은 장남 우선 승계의 법도가 없었다. 왕들의 회의에서 추대하는데, 세력이 크고 업적이 큰 왕이 추대되었다. 홍타이시가 가장 업적이 크고 세력이 강했기 때문에 추대되었지만, 형들인 다이샨과 망고타이는 별로 달가와하지 않았다. 누르하치의 장남은 츄잉인데 이미 죽고 없었다. 망고타이는 다이샨을 지지하지만, 두도와 아민은 홍타이시를 지지하였다. 결국 홍타이시가 다이샨을 누르고 2대 칸이 되었다. 두도는 누르하치의 장남 츄잉의 아들인데 츄잉은 죽었다. 4촌 아민은 누르하치의 동생인 슈르하치의 장남이다. 이 둘은 칸의 경쟁에서 밀리는 세력이므로 비교적 객관적으로 판단하여 가장 똑똑한 홍타이시를 지지하였다.

누르하치가 죽자 8왕자인 홍타이시(청태종)가 2대 칸으로 추대되었다. 그러나 홍타이시는 형들의 눈치를 살피지 않을 수가 없었다. 홍타이시가 칸으로 추대되자 군대를 재편성하였지만 형들인 다이샨, 망고타이의 편대는 손댈 수가 없어서 그대로 두고, 자신이 2편대를 거느렸으며, 나머지 3편대는 4촌인 아민에게 주어 조선 정벌을 명하였다. 이렇게 해서 아민이 3만5천 군사로 조선을 침공하였다.

홍타이시가 조선 정벌을 명하였다. 홍타이시는 누르하치 시절에도 조선을 먼저 꺾어야 명을 칠 수 있다고 주장하였다. 그러나 누르하치와 다이샨은 조선 정벌이 그렇게 쉽지 않다고 말렸다. 청이 조선을 쉽게 치지 못하는 이유는 명쪽에도 전략을 잘 아는 원숭환이라는 명장이 버티고 있었고, 조선에도 장만이라는 탁월한 전략가가 있었기 때문이다. 명을 치면 조선이 배후를 노리고, 또 조선을 치면 명이 배후를 노리기 때문에, 양쪽으로의 전쟁은 쉽지가 않았다. 그런데 홍타이시가 2대 칸이 되고, 또 한윤이 망명하여 '조선군사는 겁만 주어도 무너진다'고 부추기니 홍타이시가 솔깃하였다. 이때 바보 같은 인조가 대장군 장만과 갈등하며 방어력을 무너뜨렸다고 하니, 홍타이시가 조선을 깔보고 정벌을 명하였다.

조선 정벌은 1달 이내로 끝내야 한다. 홍타이시는 결심하고 군사를 둘로 나누었다. 청군은 장만이 중립정책을 쓸 때는 6만정도이었지만 지금은 8만이 넘었다. 그래서 3만5천의 군사를 빼서 조선 정벌을 시도한 것이다. 물론 이것도 위험한 모험이지만, 청태종은 조선 정벌을 속전속결로 끝낸다는 계산 하에 모험을 시도하였다. 청군 3만 5천이 조선 전쟁에 투입되었다는 사실을 원숭환이 알게 되면 청의 배후를 공격할 것이다.

원숭환이 사태를 감지하고 군사를 준비하여 청을 공격하려면 최소한 1달은 걸린다. 청태종은 이 1달을 이용하여 조선을 꺾으려는 것이다. 명이 움직이기 전에 조선전쟁을 종료시키고 군사를 원위치 시켜야 한다. 이것이 청군의 가장 큰 약점이었다. 장만은 이를 알고 안주성방략을 주장한 것이다. 청군을 깊이 끌어 들여 오래 붙들고만 있으면 이긴다. 안주성에서 버티고만 있으면 저들은 조선 땅에서 오래 머물 수가 없다. 이것이 장만의 전략이었다. 실제로 정묘호란에는 이 때문에 청군이 화친하고 돌아갔다. 그런데 무지한 인조가 안주성 전략을 허물어 버렸다. 장만이 인조정치가 광해의 폭정보다도 더 심하다고 한 것은 이 때문이다.

▌홍타이시의 조선정벌에 대한 목적과 제한

홍타이시는 1626년 10월에 아민과 두도의 지지를 받아 칸이 되었지만 형들인 다이샨과 망고타이는 별로 지지하지 않았다. 이들과의 대립구도를 빨리 외부로 돌릴 필요가 있었다. 그리고 조선 정벌을 성공시켜 자신의 입지를 빨리 키워야 했다. 한윤이 말하기를 '조선 군사는 건들기만 하여도 도망한다'고 하였다. 자신에게 청군 1만군사만 주면 반 달 내로 조선왕을 잡아다가 바치겠다고 하였다.

한윤의 말을 다 믿을 수는 없겠지만 이괄전쟁으로 조선군사가 해체된 것은 사실이다. 그리고 인조가 쿠데타에 겁을 먹고 군사조발도 훈련도 못하게 하여 군사의 사기가 바닥이라고 하니 지금이 조선정벌의 적기였다. 청군 3만5천으로 친다면 조선은 반달 만에 무너질 것이다. 그렇게 되면 형들에 대하여 자신의 입지가 견고해질 것이고, 또 조선으로부터 물자도 공급받을 수가 있게 될 것이다. 홍타이시는 다음과 같은 목적과 제한으로 조선 정벌을 명하였다.

① 명의 지원세력인 조선을 정벌하여 청의 지원세력으로 만든다.
② 형들에게 세력을 과시하여 내부 통합을 다진다.
③ 조선의 군사력이 가장 약해져 있을 때 기회를 놓치지 않고 쳐야 한다.
④ 명의 위협이 있으니 조선정벌은 한 달을 넘기면 안 된다.

▌정묘호란이 시작되었다

장만의 예언대로 청군은 1627년 1월 13일 새벽에 기습적으로 침공하여 의주성을 포위하고, 14일에는 능한산성까지 포위하였다. 의주성을 지키던 이완 장군은 새벽에 비상을 걸고 대응하였지만, 대응할 시간이 없어서 함락되고 말았다. 이완은 이순신의 조카로 임진왜란 때 이순신을 도와서 공을 세운 맹장이지만, 이때 전사하였다. 장만은 이 때문에 근접방어는 실패한다고 한 것이다. 성을 지키는 군사들도 밤에는 잠을 자야 한다. 몇몇의 야간 보초가 있기는 하지만, 이들이 야간에 적의 침공을 발견하기는 어렵다. 그러나 인조와 이귀는 보초의 현실을 너무도 모른다. 근접방어의 취약점을 모르고 의주성방어만 고집하였다. 그 결과 이완이 전과도 없이 죽었다.
적의 선두는 한윤이 이끌었다. 한윤은 의주성 지리를 잘 아는 무장이다. 어두운 야간에 몇몇의 날랜 척후병들을 이끌고 도랑을 타고 들어와 성문을 지키는 보초를 가격하였다. 의주성의 야간 보초들은 날랜 척후병들을 당해내지 못한다. 이들이 성문을 열고 성 밖의 대군을 끌어들이니 전투는 하나 마나다. 보초들이 척후병에 당하여 죽고 일부가 비상을 걸었지만, 이때 군사들을 깨워서 어느 겨를에 대오를 갖추고 전투에 임하겠는가? 적의 대군이 이미 성안으로 들어왔으니, 이제 잠에서 깨어난 군사들이 도륙을 당하는 것은 뻔한 일이다. 그래서 장만이 의주선방략은 백패의 전략이라며, 원거리 요새지인 안주성방략을 그토록 끈질기게 주장한 것이다.

만일 우리군사가 적들보다 월등히 많다면 초기 타격을 입었다 해도 싸울 여지가 남겠지만, 우리 군사가 현저하게 적은 상황에서 초기 타격은 재기 불능으로 빠진다. 이 때문에 장만이 의주성방략을 반대했다. 의주에서 구성까지 양보된 것은 그나마 다행이다. 그 때문에 남이흥의 주력군이 초기에 당하는 최악의 일만은 면할 수가 있었다.

우리의 주력군이 안주성에 있었다면 적의 침공을 알고도 4, 5일 간의 여유가 생긴다. 이때 주변의 군사를 끌어모아 대오를 갖추면 제대로 된 전투를 할 수가 있다. 안주성은 천혜의 요새지이니 1만의 군사만 갖추어도 3만의 군사는 넉넉히 막아낼 수가 있다. 안주성은 서울로 가는 길목이라 적이 안주성을 비껴 갈 수도 없으며, 또한 안주성 군사가 1만이 넘으면 성밖의 협곡마다 매복군사를 설치할 수가 있다. 이 정도로만 대비하였다면 정묘호란 때 청군 3만5천 정도는 안주성에서 막아낼 수 있었을 것이다. 그러나 안주성방략이 후퇴하여 청군은 의주성을 거뜬히 함락시키고, 4개 성에서 치열한 전투를 벌였다.

의주산성 : 의주성은 이완이 지켰지만 적의 기습에 대오도 갖추지 못하고 전투가 시작되어, 용맹하게 싸웠지만 결국 역부족으로 함락되고

말았다.

능한산성 : 청군은 의주성을 함락시킨 후 능한산성을 공격했지만 능한산성은 쉽게 함락되지 않았다. 능한산성은 거리가 떨어져 있어서 야간에 기습 당하지는 않았지만, 준비시간이 충분치는 못하였다. 하지만 선천부사 기협이 군사들을 잘 지휘하여 끝까지 항전하였다. 적들도 많은 피해를 입고 겨우 쪽수로 밀어붙여 성을 함락시킬 정도로 치열한 전투였다.

용골산성 : 용골산성은 의병장 정봉수가 지휘하여 적의 여러 번 공격에도 끝내 지켜냈다. 용골산성은 작은 성이지만 정봉수의 지략으로 지켜냈다.

안주성 : 안주성은 남이흥이 뒤늦게 들어가 대오도 갖추지 못했지만 청군과 치열하게 싸웠다. 적의 공격을 다섯 차례나 막아냈지만 역부족으로, 6번째 공격에서 함락되고 말았다.

▌인조가 놀라서 뒤늦게 안주성방략을 허락하였다

전쟁소식이 조정에 전달된 것은 1627년 1월 17일이다. 1월 13일 새벽에 전쟁이 터지자, 전쟁이 없을 것이라는 말을 믿고 있던 인조는 놀랐다. 그래서 "이들이 정말로 우리를 침공하려고 온 것인가? 아니면 모문룡을 잡으려고 온 것인가?"를 물었다. 장만이 답하기를, "홍타이시가 이전부터 조선을 쳐야 한다고 주장했는데, 이 자가 정권을 잡았으니 반드시 우리를 침공할 것입니다." 하였다. 인조는 또 놀라서 말하기를, "그렇다면 평안북도는 지키기가 어려울 것이다. 남이흥은 빨리 안주성으로 들어가서 지켜라!" 하니, 장만이 이 문제는 시급을 다투는 중대사이니 빨리 하달하기를 청하였다. 이귀 등 전쟁이 없을 것이라고 주장하던 패거리들은 말이 없었다. 인조는 이들에게 책임을 묻지도 않았다. 책임을 묻지 않으면 간신들의 현혹은 또 반복되니, 인조가 무능하다는 증거다.

청군은 의주성을 함락시키고 능한산성과 용골산성에서 전투하였는데, 능한산성은 여러번 싸워서 어렵게 함락시켰지만, 용골산성은 의병장 정봉수의 저항으로 함락시키지 못하였다. 모문룡을 잡으려고 가도로 진군했지만, 모문룡은 미리 알고 도주하였다.

남이흥

남이흥은 구성에서 지키다가 왕명으로 다시 안주성으로 들어갔다. 그러나 너무 늦었다. 17일 왕명이 떨어졌지만, 파발이 오가고 남이흥이 군사를 옮기니 이미 20일이다. 남이흥이 군사를 옮긴 다음날 정비하기 전에 청군이 들이닥쳤다. 청군이 국경을 넘은지 8일만이다. 남이흥은 짐도 풀기 전에 3천군사로 3만의 적과 싸웠다. 군사들이 제 위치에 대오도 갖추지 못하고 전투가 시작되었다. 청군의 공격을 다섯 차례나 잘 막아냈지만, 여섯 번째 공격에서는 역부족으로 함락되고 말았다.

▌안주성이 함락되었다

안주성은 장만이 그렇게도 공을 들인 요새다. 그런데 인조의 반대로 남이흥이 구성으로 나갔다가 되돌아오니 시간에 쫓겨 안주성의 장점을 활용하지 못하였다. 안주성의 장점은 요새지 협곡에 복병을 치는 전략인데, 인조 때문에 하나도 하지 못하였다. 남이흥은 성이 함락되어 죽으면서 "내가 처음부터 여기에서 진을 치고 싸웠다면 결코 패장이 되지 않았을 것이다. 군사 조발도 못하게 하고, 훈련도 못하게 하고, 또 안주성에서 지키지도 못하게 하였으니 그 것이 한탄스럽다." 하며 죽었다. 정묘호란은 우리가 충분히 이길 수 있었던 전쟁인데 인조 때문에 망쳤다.

▌적이 화친을 주장하다

홍타이시는 애초에 군사를 잃지 않고 조선을 취할 목적이었다. 조선의 방어력이 무너진 것으로 판단하여 조선을 깔보고 정벌을 시도한 것이다. 그런데 안주성을 함락시킨 직후 조선을 침공한지 10일 만에 조선 정벌의 실패를 인정하고 철군을 명령하였다. 그리고 화친전략을 들고 나왔다. 더 이상 싸울 의지가 없다는 뜻이다. 싸움은 이제부터 시작인데, 먼저 때린 놈이 화친하고 그만 싸우자고 한다.

그 이유는? 홍타이시가 조선을 날로 먹으려다 목에 가시가 걸린 것이다. 조선 군사가 생각보다 완강하게 버티니 조선 정벌이 한 달 내로 끝나기는 불가능했다. 의주성, 능한산성, 용골산성, 안주성 등 4개 전투를 치루어 보니 조선 군사가 너무도 강했다. 안주성에서 3천의 청군이 죽었는데, 더 이상 군사를 잃으면 안된다. 형들인 다이샨과 망고타이의 도전을 받게 될 것이다. 그리고 명의 원숭환에게도 침공받게 될 것이다. 조선은 사생결단으로 싸울만한 적(敵)도 아닌데 공연히 잘못 짚었다. 그래서 조선을 침공한지 10일 만에 철군 명령을 내리면서, 화친조약으로 끝내라고 하였다.

아민이 개성을 치자고 하였다. 이 때부터 아민과 유해는 인조에게 뻔질나게 화친 사신을 보냈다. 그러나 안주성이 무너지자 평양성을 지키던 윤훤이 겁을 먹고 도주하고, 황주의 정호서마저 도주하니 적은 힘들이지 않고 평산까지 진격하였다. 장만이 개성으로 나가 굳게 지키니, 전선은 평산과 개성 사이가 되었다. 아민은 평양성과 황주성을 거저 얻은데 힘을 얻어서 개성을 밀어 붙이자고 하였지만, 유해와 부장들이 말렸다. 유해는 명의 장수로 항복한 장수지만 전략이 뛰어나 아민의 전략을 담당하는 책사였다.

유해가 말하였다. "장만은 남이흥보다 지략도 뛰어나고 군사도 많습니다. 서쪽 해주쪽으로 정충신이 나가 있고 동쪽 철원쪽으로 신경원이 나가 있으니, 이는 장만이 즐겨 쓰는 솥발의 삼각전략입니다. 우리가 개성쪽으로 깊이 들어가면 정충신과 신경원이 우리의 배후를 칠 것입니다. 만일 우리가 이긴다 해도, 안주성에서 잃은 3천군사의 2배는 더 잃게 될 것입니다. 이는 칸의 전략을 망치는 일이니, 빨리 화친하고 철군하는 것이 상책입니다." 하니 아민이 화를 내고 나가버렸다.

▌한편 개성의 장만 진영에서는

장만은 개성에서 전략을 짜고 있었다. 어영군 포수 1백 명만 달라고 하여도 인조는 거절하였다. 인조가 국가의 방위보다 자신의 호위에 더 많은 군사를 배치하자, 장만은 할 수 없이 흩어진 군사를 끌어 모아 개성에서 방어선을 구축하였다. 유해가 예측한대로 삼면에서 협공하는 전략을 짰다. 그래서 정충신을 서쪽으로 보내고 신경원을 동쪽으로 보내서 협공을 준비하였다. 이때 동쪽의 군사가 동요하여 이를 진정시키려고 잠시 철원 쪽으로 나갔다가 돌아왔다. 후일 시기하는 자들이 이를 근거로 장만이 산골에 숨었다느니 도망했다느니 항복하려고 했다느니 하며 비방하였다.

장만이 성루에서 전략에 고심하고 있을 때 부장 하나가 근심스러운 얼굴로 질문하였다. "장군! 적들이 정말로 진격해 올까요? 그러면 훈련도 안된 우리 군사가 사나운 청군을 막을 수 있을까요?" 장만이 대답하였다. "너는 겁이 나느냐? 나도 겁이 난다. 그러나 겁이 나는건 적들도 마찬가지다. 누가 먼저 겁을 먹느냐가 승패를 결정한다. 맹수도 노려보는 자는 물지 못한다. 겁먹고 도망가면 그때 물리는 것이다. 전쟁도 마찬가지다. 저들도 죽기는 싫어서 노려보는 자는 공격하지 못한다. 우리가 겁먹고 도망가기를 기다리고 있는 것이다. 내가 여기서 죽기로 각오하고 있음을 이미 저들도 알았을 것이다. 겁먹지 말고 노려보고만 있으면 적들이 먼저 겁먹고 도망갈 것이다." 하였다. 그 부장은 적진을 향하여 노려보았다. 적들은 결국 개성을 치지 못하였다.

▌적이 화친하고 돌아가다

장만이 겁먹지 않고 개성에서 버티고 있으니 아민이 더 이상 내려오지 못하고 화친하고 돌아갔다. 저들은 당장 화친하지 않으면 죽일 것처럼 날뛰더니, 시간이 지나가자 풀이 죽었다. 그 내막은 이러하였다. 청태종은 이미 조선 정벌을 실패로 인정하고 철군 명령을 내렸다. 아민이 평산에서 며칠만 더 끌면서 개성의 조선 군사를 겁주어 흩어지게 한 후 서울을 점령해보려고 하였는데, 장만이 개성에서 군사를 지휘하여 군진을 탄탄하게 만드니 포기하고 주력군을 이끌고 압록강 이북으로 후퇴한 것이다.

아민이 서둘러 철군한 이유는 명군의 움직임이 포착되었기 때문이다. 원숭환은 '청군이 조선쪽으로 들어가 묶여 있다'고 하니, 군사를 모아서 기회를 보았다. 사태가 여차하면 청군의 배후를 치려는 것이다. 이 낌새를 알아차린 홍타이시가 아민의 복귀를 명령하였다. 이제 조선에 남은 청군은 유해와 강홍립과 부장들뿐이었다. 그러나 조선에서는 이를 알지 못하였다. 그래서 유해는 화친에 목을 매고 있었다.

▌ 정묘호란의 화친조약은 명분뿐이다

- 처음에는 화친 조건도 거창하였다.

① 명과의 관계를 끊고 청에게 복종하라.
② 왕자를 인질로 보내라.
③ 전쟁손실 보상하라.
④ 말과 소를 잡아 화친 맹세를 하라. - 그러면 우리는 돌아갈 것이다.

그러나 인조는 화친에 임하는 능력도 무능하여 대답을 미루었다. 인조의 무능함이 오히려 득이 되는 이상한 상황이 벌어졌다. 유해는 몸이 달았다. 화친하지 않으면 죽인다는 협박을 여러 차례 보냈지만 조선은 묵묵부답이었다. 인조는 신하들에게 "우리가 화친을 빨리 받아들이면 겁먹었다고 할 것이니 천천히 받아들여야 한다."고 했다고 한다. 신하들도 화친에는 소극적이다. 유독 전쟁 대비를 허물었던 이귀만이 화친에 적극적으로 매달렸다. 장만도 이렇게 보고하였다. "이제 우리 군사도 어느 정도 대오를 갖추었으니 한판 전투를 붙여볼 만합니다. 저들의 화친 조건이 불리하거든 승낙하지 마소서." 이때부터 화친협상은 미적거리며 시간을 끌었다.

이렇게 해서 정묘호란은 10일간 전투하고 화친협상은 1627년 1월 23일부터 3월 3일까지 40일 동안이나 지루하게 이어졌다. 그러면서 화친 조건도 모두 다 사라져 버렸다.

① 명과의 관계를 끊고 청에게 복종하라! - 이 조건은 사라졌고,

② 왕자를 인질로 보내라! - 이 조건은 가짜 왕자로 대체되었고,

③ 전쟁손실 보상을 해라! - 이 조건도 대폭 축소되었다.

④ 말과 소를 잡아 화친 맹세를 하라! - 이 조건만 제대로 실행되었다.

조선왕조실록 자료

인조5년(1627) 1월 17일   **금나라가 침입하자 대책을 논의하다**

▶**접반사 원탁이 치계하였다.** "이달 13일에 금(金)나라 군사가 의주를 포위하고 접전하였는데 승패는 모릅니다."

▶**정주목사 김진이 치계하였다.** "14일에 금나라 군대가 와서 능한을 포위하였다가 싸우지 않고 퇴각하여 곧바로 읍내에 대진을 쳤습니다. 이미 선천·정주의 중간에 육박하였으니, 장차 얼마 후에 안주에 도착할 것입니다."

▶**상이 이르기를,** "적이 거침없이 쳐들어온다면 관서지방은 미처 구제할 수 없을 듯하다."

▶**장만이 아뢰기를,** "하삼도는 속히 징병토록 하고, 황주·평산은 급히 별장을 보내도록 하소서." 하니, 상이 모두 따랐다.

▶**이어서 물었다.** "이들이 **모장(毛將:모문룡)**을 잡아가려고 온 것인가, 아니면 전적으로 우리나라를 침략하기 위하여 온 것인가?"

▶**장만이 아뢰었다.** "듣건대 **홍타이시**(洪泰時)란 자가 매번 우리나라를 침략하고자 했다는데 이 자가 만일 일을 맡게 되면 반드시 그 계획을 성취시킬 것입니다."

▶**상이 이르기를,** "관서지방은 부체찰사가 반드시 호령을 전적으로 주장해서 할 것이다. 안주의 분군(分軍)이 만일 적다면 병사(兵使)는 물러나서 안주를 수비하도록 하라." 하니,

▶**장만이 아뢰었다.** "급히 선전관을 보내 하유토록 하소서."

　　안주성방략을 반대하던 인조가 막상 전쟁이 터지자 다급해져 안주성 방략을 허락하였다. 그래서 남이흥이 안주성으로 들어가 지켰지만 너무 늦어서 요새지의 효과를 보지는 못하였다. 적의 공격을 5번을 막아

냈지만 6번째는 역부족으로 함락되고 말았다.

인조5년(1627) 1월 17일   장만이 군병 조발과 파주산성에서 수비할것을 아뢰다
장만이 아뢰기를, "적이 만일 대로를 따라 곧장 나온다면 형세상 반드시 중간에서 적과 서로 만나게 될 터인데 단지 군관만을 대동하고 간다면 형세가 매우 위태롭게 될 것입니다. 청컨대 **어영군 가운데서 정포수(精砲手) 1백 명을 선발**하고 개성부와 장단의 군병을 모조리 조발하여 갔으면 합니다." 하니, 상이 이르기를, "**어영군은 아직 데리고 가지 말라.**" 하였다.

장만이 전쟁터로 나가면서 어영군에서 정포수 1백 명만 달라고 하였다. 그러나 인조는 어영군은 왕의 호위에 써야 한다며, 이 마저 거절하였다. 장만은 나라와 백성을 지키기 위해서 병든 몸을 이끌고 군사도 없이 적진으로 나갔다.

인조5년(1627) 1월 17일   장만이 군병을 보내줄 것을 청하다
장만이 아뢰기를, "삼가 황해감사의 장계를 보니 '본도의 군병이 이미 평안도로 조발되어 들어갔다.' 합니다. 신이 비록 달려간다 하더라도 빈손일 뿐입니다. 총융사로 하여금 경기도의 군병 3천~4천명을 조발하여 즉시 신이 있는 곳으로 보내도록 하시고, 하삼도의 군병들을 또한 계속해서 조발하여 방어의 방도로 삼도록 하소서." 하니, 상이 허락하다.

인조5년(1627) 1월 17일   신경진은 임진강을, 이시백은 경성을 지키게 하다
비국이 아뢰기를, "임진강을 차단하는 일이 오늘에 있어서 급선무입니다. 혹자는 '장만이 지금 서쪽으로 내려가더라도 수하에 병력이 없으니, 임진강에 먼저 기내(畿內)의 군대를 보내어 각 여울을 수비하도록 하는 것만 못하다.' 하기에, 감히 아룁니다." 하니, 상이 이르기를, "**신경진은 임진강을 수비하고, 이시백**은 들어와 경성을 보위토록 하라." 하였다.

인조5년(1627) 1월 21일 **장만이 병력과 탄약이 모자라 수비하기 어렵다고 하다**
장만이 치계하였다. "안주가 적병의 공격을 받을 위급한 지경에 처하게 되자
사람들은 두려워하여 이곳 저곳에서 급한 상황을 보고해 오고 있습니다. 신은
수하에 병력이 없어서 달려가 구원하지 못하고 앉아서 수백리 강토를 상실하
여 오랑캐의 손아귀에 넘겨주게 되었습니다. 사태가 급박하게 발생하다 보니
미처 조처할 수 있는 계책은 없고 생각하면 맥이 빠질 따름입니다. 기보(畿輔:
경기도)의 군병 1천여 명이 이제 비로소 와서 모였는데 다 탄약이 없으며, 현재
빈손으로 있습니다. 해조로 하여금 조속히 내려보내도록 하소서."

장만은 전쟁에 대비하여 군사를 훈련시키고 탄약도 저장해 두자고
그렇게도 주장했지만, 인조는 쿠데타가 두려워 감찰반을 보내서 모집
도 훈련도 못하게 하였다. 훈련도 안되고 탄약도 없는 군사로 어떻게
싸우라는 말인가? 정묘호란은 인조가 일으켰다.

조선왕조실록 자료

인조5년(1627) 1월 23일 **박동선 등이 친히 근왕병을 이끌고 나갈 것을 청하다**
대사헌 박동선, 대사간 이목, 등이 아뢰기를, "전하께서 신임하고 총애하는 신하
로는 김류, 이귀, 이서, 신경진, 심기원, 김자점 만한 이가 없습니다. 그런데
혹은 해도(海島:강화도)로 들어가고, 혹은 남한산성으로 올라갔으며, 혹은 호
위한다고 칭하고, 혹은 검찰에 제수되는 등 다 편안하고 안전한 자리를 차지하
였습니다. 오직 **장만 한 사람만을 맨손으로 적진으로 향하도록 하였으니** 장만의
입장에서 보면 원망이 없을 수 있겠습니까? 그래서 조정을 하직한 지 7일 만에
비로소 개성에 도착하여 잠시 머물러 있으면서 관망하는 태도를 역력히 보인
것입니다. 신 등이 생각하기에는 **장만이 항복하지 않는다면 도주할 것으로 여겨**
집니다. 삼가 바라건대 전하께서는 근왕병들을 불러모아 친히 이끌고 이어서
나가신다면 삼군의 사졸들은 싸우지 않고도 사기가 배나 치솟을 것입니다."
하니, 답하기를, "논한 바가 태반은 현실성이 없다." 하였다.

박동선도 인조반정의 실세로 장만을 시기하는 인물이다. 인조가 박동선을 언론의 수장으로 등용하니 1624년부터 장만을 비방하는 인물들이 언관으로 많이 들어와, 실록에도 장만을 비방하는 글이 많아졌다. 박동선은 지금 출전하는 장만이 항복하거나 도주할 것이라고 비방하였다. 장만은 죄도 없이 이들로부터 많은 비방과 탄핵을 받았다.

조선왕조실록 자료

인조5년(1627) 2월 4일   **안주에서 전사한 김준·장돈 등에게 포상을 청하다**

비국이 아뢰기를, "안주에서 싸우다 죽은 여러 장수들 중에 유독 **남이흥**만 이미 표창 증직되었고, 나머지는 적실한 보고를 기다려 거행하려고 하였습니다. 지금 윤훤의 장계를 보니, 초관 **김여수**가 성 안에서 살아 돌아왔는데 그 실상을 목격하였다고 합니다. 김준 부자는 남이흥과 더불어 한 곳에서 분사(焚死)하여 가장 장렬하였고, **장돈(張暾)**·전상의·송도남·이상안·김양언 등도 모두 살신보국(殺身報國)하였다 하니, 진실로 가상스럽습니다. 모두 증직 구휼하는 은전을 내려 격려 권장하는 방도로 삼으소서." 하니, "속히 거행하도록 하라"고 답하였다.

장돈은 장만의 4촌 동생으로 인조반정에서는 2등공신이며 정묘호란에서는 안주성에서 공을 이루어 옥산부원군에 봉하여졌다. 장만보다 8세 아래로, 무관으로서 재질이 뛰어나 항상 장만의 막부에서 공을 세웠다. 경기도 광주시에 사당과 영정이 모셔져 있다.

장돈 영정

인조5년(1627) 2월 7일　　청 군대의 방어·장수 임명·상벌 등에 관한 논의

▶장유가 아뢰기를, "서로의 4장수에게 군사가 5천명 미만이니 매우 한심스럽습니다." 하니,

▶상이 이르기를, "병력이 이러한데 조정에서는 **장만이 항복하지 않으면 달아날 것이라고** 하니 장수와 병사가 해체될 것이 당연하다." 하였다.

▶대사헌 박동선, 대사간 이목이 아뢰기를, "장만이 사조(辭朝)할 적에 '**평안북도는 마땅히 버려야 된다.**'고 하였는데 이것이 진실로 무슨 마음입니까? 적봉이 핍박하기도 전에 개성에 물러가 있으니, 항복은 아니지만 이 역시 달아난 셈입니다." 하였다.

　박동선과 이목은 장만의 안주성방략과 전쟁대비를 허무는데 한몫을 한 인물들이다. 지금도 장만의 안주성방략을 평안북도를 포기하자는 전략이라고 비난한다. 장만이 평산까지 나갔다가 평산은 방어 진지를 치기가 어려워 개성으로 물러나 진을 친 것을 보고, '장만이 달아났다' 고 우기고 있다. 무능한 인조가 이런 자들을 키웠다.

인조5년(1627) 2월 8일　　장만을 시켜 임진강을 지키도록 합계하다

합계하기를, "급히 **장만**에게 하유하여 산길로 가지 말고 물러와 임진강을 지키게 하고, 한편으로 조기를 독촉하여 주야로 임진강으로 달려 나아가 파수하게 하는 계책을 정하도록 하소서." 하니, **왕이 답하기를**, "이미 **체신 장만**과 의논하여 정하였으니 번거롭게 하지 말라." 하였다.

인조5년(1627) 2월 8일　　조기·장만을 시켜 임진강을 지키도록 합계하다

합계하기를, "**장만**에게 물러와서 임진강을 지키면서 **조기**의 병사를 지휘하여 굳게 지킬 계책을 삼게 하소서." 하니, 상이 이르기를, "**체신 장만**이 반드시 잘 지휘할 것이다." 하였다.

합계는 대사헌 박동선과 대사간 이목이 합동으로 아뢰는 말이다. 이들은 군사 지식이 전혀 없는 무뢰한들인데, 사사건건 군사 전략에까지 간섭하였다. 이는 인조가 잘못 키운 것이다. 이들은 장만이 진지를 평산에서 개성으로 옮긴 것도 도주한 것이라고 비난했던 자들인데, 지금은 더 남쪽으로 물러나 임진강을 지키라고 작전을 훈수하였다. 구체적인 전략은 인조의 말처럼 현지 도체찰사에게 맡기는 것이 원칙이다. 박동선과 이목이 무슨 제갈공명이라고 함부로 전략을 훈수하는가? 이렇게 내버려 둔 것이 인조의 잘못이다.

청이 화친 조건으로 왕자를 인질로 보내라고 하였는데 왕자가 어리니 왕제를 보낸다고 하였다. 소현세자는 16세였다. 왕제 또한 하나뿐인데 아프다. 그래서 가짜 왕제를 보냈다. 가짜는 이미 청쪽에서 양해한 사항이다. 청은 이미 전쟁을 포기한 상황이었다. 그래서 조건에 까다롭지 않았다. 조선 조정은 그러한 커다란 상황의 변화는 모르고, 왕제를 속여서 보내는 작은 일에만 신경을 쓰고 있다. 이는 외교의 무능이다.

인조5년(1627) 3월 3일   **유해와 함께 회맹하고 화친하는 맹세를 하다**

조선 국왕이 맹세하였다. "조선국왕은 지금 정묘년 모월 모일에 금국(金國)과 더불어 맹약한다. 우리 두 나라가 이미 화친을 결정하였으니 이후로는 서로 맹약을 준수하여 각각 자기 나라를 지키도록 하고, 잡다한 일로 다투거나 도리에 어긋나는 일을 요구하지 않기로 한다. 만약 우리나라가 금국을 적대시하여 화친을 위배하고 군사를 일으켜 침범한다면 하늘이 재앙을 내릴 것이며, 만약 금국이 불량한 마음을 품고서 화친을 위배하고 군사를 일으켜 침범한다면 역시 하늘이 앙화를 내릴 것이니, 두 나라 군신은 각각 신의를 지켜 함께 태평을 누리도록 할 것이다. 천지 산천의 신명은 이 맹약을 살펴 들으소서."

청의 남목태 등도 맹세하였다. "조선국왕은 지금 대금국 **이왕자(아민)**와 맹약을 한다. 두 나라가 이미 아름다운 화친을 맺었으니, 이후로는 마음과 뜻을 함께 하여야 한다. 만약 조선이 금국을 적대시하여 병마를 정비하거나 성보(城堡)를 새로 세워 불선한 마음을 갖는다면 하늘이 앙화를 내릴 것이며, **이왕자도** 만일 불량한 마음을 갖는다면 하늘이 재앙을 내릴 것이다. **만약 양국의 두 왕이 마음을 같이 하고 덕을 같이 하여 공도로서 처신한다면 하늘의 보호를 받아 많은 복을 누릴 것이다.**"

맹세하는 절차를 마치자, 유해는 돌아가겠다고 고하였다.

위의 문구로 볼 때 청은 화친에 크게 관심이 없었다. 당초 전쟁을 일으킨 목적은 조선의 항복인데, 이미 포기하였으니 화친에 무슨 관심이 있겠는가? 그래서 회맹 때 청태종은 고사하고 전쟁 책임자인 아민마저 모습을 나타내지 않았다. 이때 아민은 이미 청태종의 명을 받고 주력군을 이끌고 압록강을 넘어 귀대한 상황이었다. 명나라 국경에서 위급한 조짐이 보였기 때문이다. 그래서 회맹은 아민의 부장인 유해가 맡았다. 몇 안되는 군사만 남아 있는 상황이었다. 그러나 조선은 이러한 내막은 전혀 모르고 회맹 절차만 시시콜콜 따졌다. 이미 전쟁을 포기한 자들에게 무슨 겁을 먹고 계속해서 굽실거리는 것일까? 인조의 외교 무지는

여기저기서 헛발질을 하고 있다. 인조는 전략을 장만에게 맡기지 않았다. 오직 무능한 이귀·김류와 함께 틀어쥐고 망치고 있었다.

조선왕조실록 자료

인조5년(1627) 3월 24일 **도체찰사 장만이 풍병이 들어서 체차시키다**
도체찰사 **장만**이 풍병(중풍)이 들어서 기무(機務)를 감당할 수 없게 되자 비국이 체차하도록 청하니, 허락하였다.

장만이 결국 피로가 누적되어 쓰러졌다. 이때 교체되어 4월부터 8월까지 병석에서 앓았다. 9월에야 조정에 나아가자 시기하는 자들이 자신들의 무능한 책임을 장만에게 뒤집어 씌워서 탄핵하였다. 인조는 "장만에게는 죄가 없다."고 하였지만 장만은 무능한 인조의 등 뒤로 숨고 싶지 않았다. 그리고 부하들을 보호하기 위해서 유배를 자청하였다.

조선왕조실록 자료

인조5년(1627) 3월 26일 **장만이 도망을 다녀, 귀양을 보내도록 합계하다**
합계하였다. "옥성부원군 **장만**은 길에 오른 뒤에 이르는 곳마다 머물러 평양과 황주가 차례로 무너지고 적의 기마병이 마치 무인지경을 달리는 것처럼 하였으며, 급보를 조금 들으면 지레 겁을 먹어 적들이 평산에 이르지도 않아서 **철원으로 도망하여** 산골로 드나들며 마치 피난간 사람처럼 행동하여 양서(兩西)의 백성들로 하여금 비참하게 약탈의 화를 당하게 하였습니다. 그가 시종 몸을 움츠려 국가를 저버리고 일을 그르친 죄는 용서해줄 수 없습니다. 먼 곳으로 귀양을 보내도록 하소서."
왕이 답하기를, "장만은 중병을 앓고 있는데다가 휘하에 군사가 없었으니 설사 실책이 있다 하더라도 용서해 줄 만한 도리가 없지 않다. 더군다나 지금은 병세가 위독하여 시간을 다투고 있는데 이와 같이 논하는 것은 지나치지 않은가. 중병을 앓고 있는 사람에게 결코 벌을 줄 수 없으니 다시는 시끄럽게 하지 말라." 하였다.

정묘호란에서 누구의 공로가 제일 크고, 또 누구의 잘못이 제일 큰가 한번 따져보자. 장만은 정묘호란이 일어나기 1년 반 전부터 (실록 1625년 6월 19일 참조) 전쟁을 예고하며 대비를 강력하게 주장하였다. 그러나 이귀·박동선·이목 같은 부류들은 전쟁이 없을 것이라며 장만의 대비에 사사건건 반대하였다. 막상 전쟁이 터지자 이들은 모두 뒤로 숨고 장만 홀로 전쟁터로 나갔다. 박동선과 이목은 장만이 나가는 날부터 '항복하지 않으면 도망갈 것'이라고 트집을 잡았다. 장만이 철원의 군사들이 동요되어 그것을 진정시키려고 철원으로 잠시 나가자, 또 '철원으로 도망갔다'고 트집을 잡았다. 적들이 물러가자 자신들의 무능함을 감추기 위해서 전쟁의 책임을 모두 장만에게 뒤집어 씌웠다.

정묘호란의 가장 큰 공로자는 장만과 남이흥, 장돈, 정봉수, 정충신, 신경원 같은 장만의 부하들이다. 또 정묘호란의 가장 큰 죄인은 이귀, 김류, 박동선, 이목 같은 인조의 최측근들이다. 그런데 이들은 온전하게 자리를 지키고, 오히려 공로가 가장 큰 장만만 유배를 갔다. 장만이 유배지 부여에 도착하여 나랏일을 생각하니 참으로 기가 막혔다. 마침 윤황이 위로편지를 보내오자, 답장을 보내며 억울한 심경을 토로하였다. "내가 한번이라도 부끄러운 일을 했다면 더한 곳도 가겠으나 항복을 운운하는 것은 참을 수가 없다." 하였다. (『낙서집』권4 서찰편 참조)

그리고 [풍파-사공]이라는 시를 지어서 광해와 인조의 이기주의 정치를 비판하였다. "풍파에 놀란 사공 배 팔아 말을 사니, 구절양장이 물도곤 어려왜라! 이후엘란 배도 말도 말고 밭갈이나 하리라." 이 시는 해방 후 교과서에 여러 번 소개될 정도로 유명하다. 광해군 때는 사공이 되어 백성들을 구했지만 폭정 때문에 배를 팔고 인조의 산길로 따라 나섰는데, 인조의 정치는 광해의 폭정보다도 더 험하다는 내용이다.

인조5년(1627) 4월 1일   **명나라에 청과 화친하기까지의 사정을 아뢰다**

중국에 주문(奏聞)하였다. "이달 13일 4경(새벽2시)에 노적(奴賊) 3만여 기(騎)가 갑자기 **의주성**을 습격하여 수구문(도랑)으로 들어와 수문장을 죽이고 몰래 성안으로 들어왔으므로 군문에서는 적군이 온 줄을 깨닫지 못했습니다. 본진의 절제사 **이완**이 급히 나아가 방어하면서 통판 **최몽량** 및 수하 장관들과 함께 아침까지 전투하여 적병을 많이 죽였으나 중과부적으로 버틸 수 없었습니다. 이완·최몽량 등은 적에게 굴복하지 않고 끝까지 항전하다가 함께 죽었고, 대소 장관과 수만의 민병들도 남김없이 도륙당하였습니다.

＊ **이날 저녁에 적의 선봉은** 벌써 정주까지 와서 한 떼의 대부대를 선천포구로 갈라 보내어 **모장(毛將:모문룡)**을 잡으려 하였지만, 모장은 강에 얼음이 언 뒤로 운종도에 가 있었기 때문에 적병이 들어가지 못했고, 사포에 살고 있던 요동 백성과 모진(毛陣)의 군병들은 모두 살해 당하였습니다. 17일 적병이 승세를 타고 진격하여 곽산의 **능한산성**을 포위하고 전 병력으로 공격하여 함락시켰는데, 성을 지키던 장수 선천절제사 **기협**은 피살되고, 정주절제사 **김진**, 곽산절제사 **박유건**은 사로잡혔습니다.

＊ 1월 20일 적이 청천강을 건너 **안주**를 급히 공격하였는데 절도사 **남이흥**, 방어사 **김준** 등이 성을 돌면서 굳게 지키자 적은 운제(雲梯)를 사용하여 전 병력이 개미떼처럼 붙어 올라왔는데 세 차례 싸워 모두 물리치니 적의 사상자가 매우 많았습니다. 오랫 동안 혈전하였으나 힘이 다해 성이 함락되자 남이흥·김준 등 장관 수십 명은 진영 안에 화약을 쌓고서 스스로 불타 죽었고, 성을 지키던 군사와 백성 수만 명은 모두가 도륙당하였습니다. 적의 유기(游騎)가 갑자기 숙천과 순안까지 다가왔다고 하였습니다.

＊ 그리고 도체찰사 장만의 치계에 의하면, **평양대진(平壤大鎭)**의 성을 지키는 군기(軍器)를 엄숙하게 갖추었는데 안주가 도륙당한 뒤로 군민(軍民)들이 넋이 나가서 줄을 타고 성을 넘어 도망치자, 도순찰사 **윤훤**이 금지시키지 못하고 그도 역시 도망쳤으므로 본성에 여러 해 동안 모아 놓았던 저축이 죄다 없어졌습니다. 중화(中和) 이남의 황주대진(黃州大鎭) 및 봉산·서흥·평산 등 고을의 군민들은 새와 물고기 떼가 놀라 흩어지듯이 소문만 듣고도 지레 무너졌습니다.

＊ **적이 또 한 떼의 군대를 보내어** 의주에서 강을 따라 올라와 **창성부**를 공격하자

절제사 **김시약**이 홀로 외로운 성을 지켰으나 힘이 다하고 원군도 없어서 성이 드디어 함락되었습니다. 시약이 적에게 잡히자 적이 칼로 위협하였으나, 시약은 적을 꾸짖으며 굴복하지 않고 그의 두 아들과 함께 살해당했습니다.

* 그리고 계속 전해오는 각처 장령들의 치보에 의하면, 구성부의 청룡산, 의주의 금강산에 주둔해 있던 중국인 민병과 창성에 주둔해 있던 모진(毛鎭)의 표하군이 모두 적의 침범을 받았으며, 용천절제사 이희건은 용골성이 격파된 뒤 흩어진 군사를 수습하여 여러 곳을 옮겨 다니며 전투하였고 적을 만나면 힘껏 싸워 많은 적을 쏘아 죽였는데 활시위가 갑자기 끊어지자 맨 주먹으로 적의 칼날을 무릅쓰고 싸우다가 적에게 살해되었습니다.

* 적이 줄곧 달려 깊숙이 들어와 평산(平山)에 이르러서는 세 진(陣)으로 나누어 주둔하고, 군사를 풀어 사방에서 약탈하고 있습니다"라고 하였다. (후략)

인조5년(1627) 4월 22일   **안주성 함락 때 김준·장돈 등이 전사했다고 아뢰다**

김기종이 치계하였다. "안주성이 함락되던 날 **김준**의 아들 김유성은 아비를 따라 불 속으로 뛰어들어 함께 죽었고, 김준의 첩인 양녀(良女) 김씨 여인은 적에게 잡히자 굴복하지 않고 '남편은 충신이 되었으니 나는 열녀(烈女)가 되겠다.' 하며 적에게 욕을 퍼붓다가 죽었습니다. 개천군수 **장돈**(張暾)은 김양언과 함께 **남이흥**에게 강력히 간쟁하기를 '성첩에 있는 군사는 모두 민정(民丁)들이니 중영(中營)의 사수(射手)·포수(砲手)를 네 개의 부대로 나누어 무너지는 곳에 따라 구원하게 하라.'고 하였으나 남이흥이 그 말을 듣지 않았습니다.

* 성이 함락되려 할 때 장돈은 '일은 이미 틀렸다.' 하고 끝내 자기의 구역을 지키다가 죽었습니다. 김양언은 중영에서 치솟는 불길(남이흥의 죽음)을 바라보며 '절의는 높지만 장부는 아니다.' 하고 성에 다가가서 적에게 활을 쏘다가 화살이 다하자 편곤(鞭棍)으로 많은 적을 쳐죽이고는 마침내 북당수에 투신하여 죽었습니다. 구성부사 **전상의**, 동루장 **김언수**도 **김양언**과 함께 적을 쳐죽이다가 힘이 다해 죽었습니다."

* 상이 죽은 사람들에게 모두 제사를 지내주게 하고, 김언수의 처자에게는 요미(料米)를 주고, 모든 휼전을 전례에 비추어 거행하라고 하였다.

* 또 치계하였다. "신(김기종)의 군관(軍官)과 의주의 **김계립**이 죽음을 무릅쓰고 용골산성으로 들어가서 신(김기종)의 명령을 **정봉수**에게 전하자 성중 사람이 모두 격려되었으나 군량이 떨어져서 앉아서 말라 죽기를 기다리고 있다 하므로 부득이 독부(督府)에 정문(呈文)하였더니 특별히 **모영선**을 보냈는데,

그는 '성지(城池) 및 장사(將士)의 인원수를 조사하여 책(冊)을 만들어 가지고 가면서 군량을 내보내겠다'고 하였습니다. **왕사선도 문서를 보내어 적의 수괵을 간절히 요구하면서 모장(毛將)도 이러한 뜻을 가졌다고 하는데 거절하기 어려운 형편입니다.**"

장돈은 장만의 종제로 용맹한 장수인데 1월 22일 안주성에서 전사하여 옥산부원군에 봉군되었다. 김기종은 장만의 오래된 종사관으로 이괄의 난 때도 함께 했으며, 정묘호란 때도 중책을 맡아서 전쟁을 이끌었다. 김기종은 문과에 장원급제한 수제인데 광해군 때 이이첨의 당파에 빠졌다가 인조반정후 궁지에 몰렸는데, 장만이 적극 구원하여 다시 등용되었다. 김기종은 장만의 리더십에 감동되어 늘 장만의 군막에 종사하기를 원했다. 장만의 사후에도 장만의 유언에 따라 안주성방략을 추진하였지만 이귀의 반대로 실패하였다. 인조의 명에 따라 이괄의 전쟁사를 기록으로 남겼다.

조선왕조실록 자료

인조5년(1627) 4월 22일　　비국이 용골산성·의주성·능한산성에서 전사한 이들에게 상줄 것을 청하다

비국이 아뢰기를, "**용골산성**의 전투에서 중군(中軍) **김종민**의 시종 역전한 상황이 장계 내용에 여러 번 나오니 우선 논상하여 권장하는 뜻을 보이소서." 하니, **왕이 답하기를**, "당상으로 승진시키라." 하였다.

또 아뢰기를, "**남이흥, 김준, 장돈, 전상의, 김양언** 등에게는 이미 포증(褒贈)의 명이 계셨습니다. 그러나 김준의 아들 **김유성(金有聲)**과 김준의 첩 양녀 **김씨** 성을 가진 여인이 동시에 함께 죽었으니 더욱 가상합니다. 정표하시어 절의를 권면하소서. **의주성** 안에 있던 장수들은 방비를 잊고 있다가 습격을 받은 것으로서 잘못이 없지 않기 때문에 즉시 포상하지 않았던 것입니다. 그러나 지금 듣건대 **이완** 등이 군사를 모아 거리에서 싸워 매우 많은 적을 죽였고 힘이 다하

여 패했다 하니, 그 중에서 뚜렷이 드러난 **이완, 최몽량, 여영원, 김제정, 양극** 등에게는 모두 추증(追贈)하게 하소서. **능한산성**이 함락되던 날 선천부사 **기협**은 단의(段衣)도 벗지 않은채 적을 쏘다가 살해 되었습니다. 본성을 지키던 신하들은 모두 포로가 되었는데 기협만이 홀로 죽었으니 더욱 가상합니다. 포증(褒贈)하소서." 하니, 상이 따랐다.

정묘호란 때 장만의 부하들은 모두 용맹하게 싸웠다. 장만은 인조정권 초기에 국방의 책임을 맡아서 광해군 때 들어온 무능하고 부패한 수령들을 모조리 갈아치웠다. 이때 유능한 수령들이 대거 임용되었는데, 그 결과가 정묘호란 때 나타난 것이다.

조선왕조실록 자료

인조5년(1627) 7월 27일 **강홍립의 졸기**

강홍립(姜弘立)이 **병사하였다.** 상이 그의 관작을 회복시키도록 명하고, 또 해조로 하여금 상사에 수요되는 물품을 제급하게 하였다.

강홍립은 광해 때 1619년 3월 군사를 이끌고 청의 진영 심하(深河, 사르하)로 들어갔다가 광해군의 밀명에 따라 적극적으로 투항하였다. 이후 8년 동안 청에 갇혀 있다가 정묘호란 때 아민의 군사를 따라 조선으로 들어왔다. 화친을 주선하고 조선에 남았다. 투항 후에도 역관 자질을 발휘하여 조국을 위해서 많은 노력을 하였다. 조선과 청이 화친하기에 힘썼다. 전쟁이 끝나고 조선에 남았지만 반역자라고 심하게 비난을 받자, 식사를 끊고 스트레스가 가중되어 병으로 죽고 말았다. 인조 역시 강홍립을 반역자로도 또 충신으로도 규정짓지 못하고 애매하게 대하였으니 시대의 비극이다. 지금 서울의 난곡동이 강홍립의 고향이다.

강홍립묘

조선왕조실록 자료

인조5년(1627) 11월 19일 **장만을 사면하다**

충청감사 이경여가 아뢰기를, "부여에 정배된 **장만**과 문의에 정배된 이안직은
의당 사면자 명단에 들어야 할 듯하나 감히 마음대로 결단할 수가 없으니, 금
부로 하여금 품하여 처리하게 하소서." 하니, **왕이 답하기를,** "모두 회계한 대
로 시행하라." 하였다.

　인조는 장만에게 죄가 없다는 사실을 가장 잘 아는 인물이다. 죄가
없을뿐더러 정묘호란에서 가장 큰 공로자라는 사실도 잘 알고 있었다.
그러나 인조는 자신이 장만의 대비를 허물었기 때문에 장만의 공적을
거론조차 할 수가 없었다. 그래서 언관들의 엉터리 주장에도 적극적으
로 야단치지 못하고 미온적으로 대하였다. 언관들이 장만을 유배를 보
내라고 할 때에도 처음에는 거절하다가, 언관들의 주장이 드세지니 장

만이 자청하였고 인조도 할 수 없이 유배를 명하였다. 처음에는 유배지를 황해도 연안으로 정했는데, 언관들이 '장만의 고향과 가깝다'고 반대하여 부여로 보냈다. 9월에 유배가서 11월에 사면되어 통진으로 갔다. 이때 장만은 유배소에서 [풍파-사공]이라는 시를 지어서 후세에 전하였다. 장만은 전쟁 대비가 잘 안되고 민생이 잘 안되는 것은 군주의 무능과 이기주의 때문이라고 생각하였다. [풍파-사공]은 광해군과 인조의 무능과 이기주의를 비판하며 후세에 경각심을 주려는 메시지였다.

조선왕조실록 자료

인조7년(1629) 11월 15일 **옥성부원군 장만의 졸기**

옥성부원군 장만이 졸하였다. 장만의 자는 호고(好古)인데 **의표(儀表)가 훤출**하고 재예가 통민(通敏)하였으며 관직에서 일을 처리함이 물 흐르듯 하였다. **특히 군무(軍務)에 밝아** 여러번 병권을 쥐었고 원수(元帥)에 제수되기에 이르렀는데, 깊이 **군사들의 심복을** 받았다. 역적 이괄의 변란에는 원수(元帥)로서 적병을 뒤쫓아 안현(鞍峴)에서 적을 섬멸한 뒤에 원훈(元勳)에 책록되었는데, 졸함에 미쳐 장수와 사졸들이 생각하지 않는 자가 없었다. 그러나 안으로는 **성색(聲色)에** 음탕하고 밖으로는 **재물을** 끌어모았으며, **폐조(廢朝:광해)** 때에는 **아부했다는** 비웃음을 면치 못했고 **폐모론(廢母論)을** 주장한 정청(庭請)에도 참석하였었으므로 사론(士論)이 비루하게 여겼다.

조선 전쟁시대를 지켜냈던 장만이 세상을 떠나자, 실록을 기록하던 사관이 이같이 높이 평가하였다. 그런데 비판이 객관성을 잃었다. 시기심으로 비판하는 자들에게 변명은 의미가 없다. 필자는 단 한 줄만 변론하였다. 장만은 현직 국방장관으로서 광해군의 폭정을 중단하라는 질책 상소를 19번이나 올리다가 파직까지 당한 인물이다. 성색이 음탕하고 재물을 모으고 아부하는 자들은 절대로 임금을 질책하는 상소를 올리지 않는다. 장만은 청렴하고 강직했기 때문에 임금을 질책하는 상소를 올릴

장만 사당

수가 있었던 것이다. 인조시대의 사관들은 장만을 시기하는 무리들로 이번까지 7번이나 장만을 비방하는 글을 올렸다. ① 1624년 3월 20일 · ② 1624년 12월 22일 · ③ 1625년 2월 13일 · ④ 1625년 12월 15일 · ⑤ 1626 년 3월 28일 · ⑥ 1627년 11월 19일 · ⑦ 1629년 11월 15일 등으로 7번이다. 가짜뉴스 꾼이다. 독자들은 비방글에 빠지지 말고 장만의 역사를 살펴 평가를 해주기를 바란다.

장만의 사당은 김포시 하성면에 있다. 김포시에서 해마다 추모제를 지내주고 있다.

조선왕조실록 자료

인조10년(1632) 11월 1일 **이귀가 북방의 방어책에 대해 상소하다**
이귀가 차자를 올렸다. "병사(兵使)는 한 도(道)의 주장(主將)이고, 영변은 도

내의 주진(主鎭)입니다. 조종조(祖宗朝)에서 영변에다 병영(兵營)을 설치하고
창성에다 행영(行營)을 설치하여 겨울철 방어의 계책으로 삼은 것은 의도한
바가 있었습니다. 그런데 **장만이 처음 안주(安州)를 병영으로 삼은 것은 남이흥**
을 위한 계책이지 국가를 위한 계책이 아니었는데, 김기종이 또 다시 안주에다
병사를 옮기자고 하니 매우 온당치 못합니다."

선조와 광해군은 비교적 장만의 전술을 이해하고 믿고 잘 따라 주었
다. 하지만 인조는 워낙 무능하여 장만을 등용해놓고도 우왕좌왕하여
장만의 전술을 허물어버렸다. 그 대표적인 것이 정묘호란 직전의 안주
성방략과 전쟁 대비였다. 인조와 이귀는 지금 또 장만이 주장하는 안주
성방략을 허물고 있다.

이 차자에서 병자호란의 패인이 만들어진다. 장만은 죽기 직전 김기
종에게 '청군이 또 침공할테니 이번에는 반드시 안주성방략으로 대응하
라'고 하였다. 그래서 김기종이 다시 안주성방략을 주도하는데, 이번에
도 또 이귀가 나서서 안주성방략을 허물어 버렸다.

이귀와 인조는 아직도 안주성방략의 유리한 점을 잘 모른다. 정묘호
란 때 이완 장군이 의주성에서 적의 기습침공으로 맥없이 당했는데도,
또 의주성에서 지키라고 하였다. 병자호란 때 이 말 때문에 임경업이
주력군을 이끌고 의주에서 지키다가 장만의 예언대로 적의 기습침공에
속수무책으로 당하고 싸워보지도 못하고 파발도 못 띄우고 항복하고 말
았다.

장만의 전략대로 임경업이 주력군을 이끌고 안주성에서 지켰다면 임
금이 강화도로 피난가는 시간은 충분히 벌어주었을 것이다. 강화도에
2만의 군사만 배치하고 항전했다면, 최소한 항복까지는 하지 않았을 것
이다. 진도로 피난가는 길도 열려 있었다.

장만의 안주성방략은 군사가 적은 우리의 입장에서는 유일한 승부처

다. 그런데 이귀와 인조가 이해하지 못하고 자꾸 장만이 백패의 전술이라는 의주성방략만 고집하였다. 정묘호란과 병자호란은 순전히 인조와 이귀의 무지가 만들어낸 전쟁들이다.

조선왕조실록 자료

인조11년(1633) 2월 15일 **연평부원군 이귀의 졸기**

연평부원군(延平府院君) 이귀(李貴)가 졸하였다. 이귀는 강개한 성품에다 큰 뜻을 품어 벼슬에 오르기 전부터 자주 글을 올려 국사를 말하였는데 그 말이 수천 마디나 되었다. 광해(光海)의 정사가 어지러운 것을 보고 드디어 바로잡아 구제할 뜻이 있어 김류·신경진과 함께 의병을 일으켜 반정하여 정사훈(靖社勳) 1등에 책록되고 연평부원군(延平府院君)에 봉해졌다. 이조와 병조의 판서를 거쳐 좌찬성에 이르고 충정(忠定)의 시호가 내려졌다. 이귀가 조정에 있을 때 알면서 말하지 않은 것이 없었고, 간혹 분개하여 공경(公卿)을 꾸짖다 누차 상의 꾸지람을 받았으나 고치지 못하였다. 또 추숭과 화친론을 극력 주장하였으므로 사론이 그를 비난하였다. 급기야 졸하자 상이 비통해 하며 특별히 하교하기를,

"연평부원군 이귀는 정성을 다하여 나라를 도왔다. 그 충직한 풍도가 세상에 비할 데 없었으므로 내 몹시 애석하게 여긴다. 염습이나 장례를 치르는 의물을 평상시의 수량보다 특별히 더 주라."

하였다. 또 중사(中使)를 보내 호상하게 하고는 어의(御衣) 및 내고의 쌀과 베를 내어 부의하였다. 세자는 이귀가 일찍이 이사(貳師)였다 하여 궁료(宮僚)를 거느리고 내전(內殿)에서 곡하고 또 그의 집에 친히 가려고 하자, 예관이 '사부(師傅)가 아니라' 하여 난색을 표명하였으나 상이 따르지 않으니 세자가 친히 가 위문하였다.

이귀는 잡군자라는 평을 듣는 특별한 성품의 인물이다. 인조반정을 이끈 실세로 인조에게는 의리있는 대우를 받았지만 성품이 특별나서 싸우지 않은 사람이 없었다. 시기심이 많아서 장만, 이원익, 신흠, 박동선 같이 신망을 받던 아군에게도 신랄하게 비난하였다. 이귀가 장만의 안주

성방략을 허문 것이 병자호란의 결정적인 패인인데, 인조가 동조하였기 때문에 공론화되지는 못하였다. 그러나 그의 아들 이시백은 의기가 있어서 대우를 받았다. 이귀는 정묘호란에서도 또 병자호란에서도 안주성 방략을 허물어서 결정적인 패인을 만들어 놓고도 책임도 모르고 죽었다.

조선왕조실록 자료

인조14년(1636) 5월 4일   금난군 정충신의 졸기

금남군(錦南君) 정충신(鄭忠信)이 졸하였다.

충신은 광주(光州)의 아전이었다. 젊어서부터 민첩하고 총기가 있었다. 임진왜란으로 선조가 용만(龍灣, 의주)으로 피난하였을 적에 본도 병사가 사람을 뽑아 행재소(行在所)에 일을 아뢰고자 했으나 응모하는 사람이 없었는데, 충신이 솔선하여 용만으로 달려가자 선조께서 불러 보았다. 고상(故相) 이항복(李恒福)이 이끌어 휘하에 두었는데 매우 친애를 받았다. 갑자년에 별장(別將)으로 원수(元帥) 장만(張晚)을 따라 남이흥(南以興)과 더불어 역적 이괄을 토벌하여 죽임으로서 1등공신에 책훈(策勳)되었다. 여러 번 곤직(閫職)을 역임했으며, 부원수가 되었는데, 이때에 이르러 병으로 졸한 것이다.

정충신은 상민 출신이지만 재주가 뛰어나 남이흥과 함께 장만의 부관으로 의형제로 그림자처럼 장만을 섬겨온 인물이다. 장만이 죽은 후에도 국방을 맡아서 조선의 전쟁사에 많은 업적을 남긴 인물이다. 병자호란 직전에 죽었다. 광주광역시의 금남로는 정충신의 호로 지어진 도로명이다. 정충신의 사당은 서산시에 있다. 그 이유는 장만 덕분이다. 정충신은 공신이면서도 사폐지를 받지 못하였다. 상민 출신이라고 박대한 것이다. 이에 장만이 임금에게 고하였다. "1등공신으로는 오직 정충신만 사폐지를 받지 못했습니다. 서산에 이괄의 땅이 있는데 이를 정충신에게 주면 다행이겠습니다." 하니 인조가 허락하여 광주출신인 정

정충신 사당

충신이 이때부터 서산을 고향으로 삼아 후손들이 대대로 살게 되었다. 지금도 서산시 지곡면에 가면 정충신의 사당과 사폐지가 있다. 서산시에서 추모제를 지내주고 있다.

장만, 이귀, 정충신의 세 주역이 차례로 세상을 떠나면서 전쟁시대가 마무리되는 듯하였지만, 결국 반년 뒤에 병자호란이 일어났다. 인조정권이 곪을대로 곪자, 마침내 터질 것이 터진 것이다.

병자호란

드디어 병자호란이 일어났다.

조선왕조실록 자료

인조14년(1636) 12월 13일 **도원수 · 김자점이 적병이 안주에 이르렀다고 치계하다**
**도원수 김자점이 "적병이 이미 안주까지 이르렀다"고 치계하였다. 상이 삼공과
비국당상을 인견하고 이르기를, "적이 이미 깊이 들어왔으니 어찌해야 하겠는
가?"하니, 김류가 아뢰었다.**
"사태가 이미 급박하게 되었으니 속히 징병을 하는 것이 마땅합니다. 또 송경
(松京)의 병사 1,600명을 원수에게 넘겨주어 그로 하여금 조용(調用)하도록
하는 것이 마땅합니다."
상이 이에 동의하였다. 김류가 기보(畿輔)의 군사를 소집하여 어가(御駕)를 호
위하게 해서 강도(江都)로 들어갈 것을 청하자, **상이 "적이 반드시 깊이 들어오
지는 않을 것이니, 잠시 정확한 보고를 기다려 보자."고 하였다.** 그러나 김류가
굳이 청하자 마침내 허락하였다. 대신과 대간이 세자의 분조(分朝)를 청하였으
나, 상이 윤허하지 않았다. 김류가 유도대장(留都大將)을 선출할 것을 청하자,
상이 물었다. "누가 적당한가?" **최명길(崔鳴吉)이 아뢰었다.** "심기원(沈器遠)이
현재 상중에 있는데, 기복(起復)시켜 등용해야 하겠습니다."
상이 조정의 신하 가운데 늙고 병든 자를 먼저 강도로 가게 할 것을 명하고,
이어 죄수를 소방(疏放)할 것과 파산된 문무관을 서용할 것을 명하였다.

실록의 기사에서 또 한번 인조의 무능한 판단력을 볼 수 있다. 적은
이미 12일 전에 침공하여 지금은 벌써 강화도 길을 막았는데 인조는 아

직도 기다려 보자고 한다. 인조가 무능한 김자점을 도원수로 등용한 것 자체가 나라를 망쳤다. 파발조차 실패하여 12일이나 지난 뒤에야 보고 하여, 패배하는데 결정적인 원인을 김자점이 제공한 것이다. 그런데 인 조는 누구의 잘못인지도 몰랐다. 전쟁에서 패하고도 패전의 원인조차 몰랐다. 그래서 인조는 후회는 있어도 교훈은 없는 인물이다.

병자호란은 장만의 안주성방략을 허물어서 패한 전쟁이다. 조정에서 는 아무것도 모르고 있다가 12일이 지나서야 전쟁의 소식을 들었다. 너 무 늦었다. 청태종은 '의주성과 안주성은 포위만 하고 곧바로 서울로 진격하여 강화도 피난길부터 차단하라'고 하였다. 그런데 우리는 전략 가가 없어서 그저 국경에서 창을 들고 지키기만 하면 되는 줄 알고 있었 다. 최소한 파발만 실패하지 않았다면 임금이 강화도로 피난가는 일을 망치지는 않았을 것이다. 임금이 강화도로 피난만 갔어도 항복하는 치 욕은 없었을 것이다. 전투다운 전투도 한번 못하고 파발까지 실패하여 피난길마저 망쳤으니 전략가가 없는 자리가 이렇게도 크게 나타난 것이 다. 장만이 죽자 김류가 체찰사를, 김자점이 도원수를 맡았는데 이들은 모두 군사 일을 모르는 자들이다. 그래서 최명길만 고군분투하였다.

조선왕조실록 자료

인조14년(1636) 12월 14일 **최명길에게 강화(講和)를 청하게 하다**
저물 무렵 대가(大駕)가 출발하려 할 때 태복인(太僕人: 말 관리인)이 다 흩어 졌는데, 내승(內乘) **이성남**이 어마(御馬)를 끌고 왔다. 대가가 숭례문에 도착 했을 때 적이 이미 양철평(良鐵坪)까지 왔다는 소식을 접했으므로, 상이 남대 문 루(樓)에 올라가 **신경진**에게 문 밖에 진을 치도록 명하였다. **최명길**이 "노진 (虜陣)으로 가서 변동하는 사태를 살피겠다"고 청하니, 드디어 **최명길을 보내 어 오랑캐에게 강화(講和)를 청하면서 그들의 진격을 늦추게 하도록** 하였다. 상이 돌아와 수구문(水溝門)을 통해 남한산성으로 향했다. 이때 변란이 창졸간에 일어났으므로 시신(侍臣) 중에는 간혹 도보로 따르는 자도 있었으며, 성안 백성은 부자·형제·부부가 서로 흩어져 그들의 통곡소리가 하늘을 뒤흔들었다. 초경이 지나서 대가가 남한산성에 도착하였다.

인조가 강화도로 가려다 적이 이미 길목을 지키므로 못가고 남한산성으로 갔다. 장만은 최명길에게 유언으로 "내 몸을 버려 나라를 구하라"고 하였다. 또 "사태가 이미 어쩔 수 없게 되거든 화친으로 나라와 백성들을 구하라"고 하였다. 최명길은 17살 때부터 장만이 데려다가 가르치고 길러낸 구국의 인재였다. 병자호란 때는 최명길이 온갖 비난을 받아가면서도 화친으로 나라를 구하였다. 인조반정의 공신 가운데 오직 최명길만 쓸만한 인재였다. 최명길이 자신을 희생하여 나라를 구한 정신에는 장만의 가르침이 큰 영향을 주었다.

조선왕조실록 자료

인조14년(1636) 12월 15일 **김류가 강도로 옮길 것을 청하였으나 허락하지 않다**
호차(胡差:청의 사신)가 성 아래에 도착했다. **최명길**도 노영(虜營)에서 와서 아뢰었다.
"그들의 말과 기색을 살펴보니 세 가지 조건으로 강화를 정하는 외에는 다른 마음이 없는 것 같았습니다."
상이 말하였다.
"경은 필시 속은 것이다. 어찌 세 가지 조건 때문에 이렇게(전쟁)까지 했겠는가."

최명길은 "청도 인정하자"는 장만의 중립사상을 전수받았다. 그래서 청의 화친 주장을 그대로 받아들였지만, 인조는 명을 따르며 청을 극혐(極嫌)하였다. 그래서 그들의 화친주장을 믿지 않았다. 하지만 실제는 청도 조선을 전쟁보다는 화친으로 다루고 싶어했다. 그래서 전쟁 초기

부터 화친을 들고 나온 것이다. 그런데 인조의 판단이 너무 늦어서 항복까지 당하고 말았다. 인조의 오판이 환란을 더 키운 것이다.

조선왕조실록 자료

인조14년(1636) 12월 18일 **전 참봉 심광수가 최명길을 베길 청하다.**

상이 행궁의 남문에 거둥하여 백관을 교유(敎諭)하였다. 전 참봉 **심광수가 땅에 엎드려, 한 사람을 목베어 화의를 끊고** 백성들에게 사과할 것을 청하였다. 상이 하문하기를, "그 한 사람은 누구를 가리키는가?" 하니, 대답하기를, "**최명길입니다.**" 하자, 상이 유시하기를, "너의 뜻은 내가 이미 알고 있다." 하였다. 이때 최명길이 반열(班列)에 있다가 그말을 듣고는 바로 자리를 피하였다.

최명길은 병자호란이 일어나니 장인의 유언이 떠올랐다. 며칠 후면 식량이 떨어져 모두가 굶어죽을 상황인데 무엇을 믿고 저러는가? 백성은 살려야 한다. 그래서 최명길이 비난을 받더라도 화친으로 나라를 구하려고 나섰는데, 인조마저 그 뜻을 이해하지 못하였다.

김상헌처럼 "죽더라도 끝까지 싸우자"고 주장하면 명예도 살고 위엄도 있어 보인다. 하지만 나라가 절단 난다. 장인이 이래서 네 몸을 버려서 나라를 구하라고 한 것이다. 최명길은 장인의 유언을 상기하며 다시 용기를 내서 화친을 주장하였다. 병자호란은 최명길이 목숨을 걸고 화친을 주장하여 구해낸 전쟁이다.

그런데 후일 인조반정의 실세들은 최명길 때문에 목숨을 구하고도 장만과 최명길의 화친사상을 배신의 사상으로 낙인을 찍어서 매도해 버렸다. 반면 김상헌의 "죽더라도 나가서 싸우자!"라는 사상은 의리의 사상으로 높이 추앙하였다. 의리도 중요하고 실리도 중요하지만 모두가 때가 있는 것이다. 병자호란 시 남한산성에서 식량이 떨어질 때는 의리로 다 죽는 것 보다는 화친으로 살아 남는 것이 더 소중한 가치가 아니겠는가?

소대장이라면 의리로 싸우다가 다 죽을 수도 있다. 그러나 임금의 입장에서는 다 죽을 수는 없는 일이다. 와신상담(臥薪嘗膽)이 이를 말해 준다.

조선왕조실록 자료

인조15년(1637) 1월 30일 **삼전도에서 삼배구고두례를 행하다.**
상이 세 번 절하고 아홉 번 머리를 조아리는 예를 행하였다.

병자호란은 결국 인조가 뒤늦게 최명길의 화친을 선택하고 항복의 수모를 감당하면서 마무리되었다.

정묘호란은 청이 실패한 전쟁이다. 청태종이 조선을 깔보고 침공했다가 조선 군사가 생각보다 저항이 강하자 포기하고 돌아갔다. 따라서 조선이 잘 막아낸 전쟁이다. 그런데도 불구하고 현대의 역사가들은 정묘호란을 조선이 패한 전쟁으로 인식한다. 그토록 피해가 막심했던 임진왜란도 잘 막아낸 전쟁이라고 평가하면서, 왜 정묘호란은 패한 전쟁으로 인식을 하는 것일까?

정묘호란을 패한 전쟁으로 인식하는 이유가 무엇일까? 9년 후 일어난 병자호란의 패전 인식이 강하기 때문이다. 그리고 그 당시 화친을 굴복처럼 인식하는 지나친 명분 때문이다. 그래서 정묘호란은 잘 막아내고도 패전으로 인식하였다. 하지만 분명한 것은 용감하게 싸운 공로자들에게 상(賞)을 주었다는 사실이다. 공로자들에게 상을 주고 항복하지 않았다면 잘 막아낸 전쟁이 틀림없다. 비록 화친의 맹세가 있었다해도, 그 조약이 지나치게 불리하지 않다면 패전은 아니다. 정묘호란의 조약은 일방적으로 불리한 조약은 아니었다. 명과의 관계도 그대로 유지되었으며, 인질도 왕자가 아닌 가짜로 보내는 것도 인정된 명분상의 조약이었다. 그런데도 정묘호란을 패한 전쟁으로 인식하고 있으니 재조명이 필요하다.

정묘호란은 조선 건국 이후에 일어난 전쟁 가운데 유일하게 우리 힘만으로 막아낸 전쟁이다. 임진란은 명군의 힘을 빌려서 막았고, 병자호란은 항복하였고, 육이오전쟁은 미국과 연합국의 힘을 빌려서 막아냈지만, 정묘호란은 순전히 우리 힘만으로 막아냈다. 비록 안주성에서 패하고 화친으로 종결을 지었지만, 청군도 싸울 힘이 없어서 화친한 것이니 분명 우리 힘으로 막아낸 전쟁이다. 그런데 참으로 아쉬운 점은 안주성방략이다.

인조가 조금만 더 현명하여 장만의 전략만 밀어 주었다면, 안주성방략을 허락하고 군사를 모집하여 훈련시켜 주었다면 용맹한 남이흥이 성을 내주지는 않았을 것이다. 화친하더라도 명예스럽게 화친했을 것이다. 혹자들은 안주성방략을 허락했더라도 반드시 이긴다는 보장은 없을 것이라고 한다. 우리 군사가 청군 3만의 군사를 당할 수 없다는 의미이다.

우리 역사가들은 조선군사를 과소평가하고 청군을 너무 과대평가한다. 군사의 능력은 장수에게 달려 있다. 장만은 병법을 잘 아는 장수다. 그리고 공격과 수비는 다르다. 조선군사는 수성전(守城戰)에는 청군보다 강하다. 인조가 장만의 안주성방략만 들어 주었다면 조선 군사들이 청군을 이겼을 것이다. 정묘호란 때 조선 군사들은 참으로 열심히 싸웠다.

병자호란 때는 인조의 어처구니없는 고집 때문에 패했다. 처음부터 최명길의 화친 전략을 받아주었다면 항복까지 하지는 않았을 것이다. 장수와 군사들은 용맹했다. 야전에서는 우리 군사가 청군보다 약할지는 몰라도, 성곽 수비에는 우리 군사가 더 강했다. 역사가들은 병자호란의 책임을 100% 인조에게 물어야 한다.

① 장만이 광해군 때 이이첨의 연줄로 들어온 수령들은 모조리 잘라내고 용맹하고 책임감 있는 수령들로 교체시켰다. 그래서 정묘호란시 4대 전투는 부족한 군사로도 치열하게 싸울 수 있었다.

② 청군이 세다고 하는데 이는 근거리 야전 뿐이다. 기마군은 원정 전투에 약하고, 성을 공략하는 데는 쓸모가 없다. 그래서 안주성전투에서 그렇게 많이 죽었다.

③ 전쟁은 전투보다 전략으로 하는 것이다. 청은 명과 조선이라는 두 개의 전투를 동시에 치러야 하는 전략적인 약점이 있었다. 그래서 장만은 적들을 깊이 끌어들여 안주성에서 결판을 내려는 전략을 세웠건만, 인조의 고집이 그르쳤다.

　생각해보면 정묘호란은 참으로 아쉬운 전쟁이었다. 무능한 인조는 장만이라는 탁월한 전략가와 용맹한 장수들이 있었는데도 불구하고 이를 활용하지 못했다. 다음은 정묘호란 때 용맹하게 싸운 장수들이다.

개성군 : 장만, 정충신, 신경원, 변흡
의주성 : 이완, 최몽량, 여영원, 김제정, 양극, 양함
용골성 : 정봉수, 김계립
능한성 : 기협, 김진, 박유건
안주성 : 남이흥, 김준, 장돈, 전상의, 김양언, 김언수, 김유성, 박명룡, 이상안, 이희건, 윤혜, 송도남, 함응수, 양진국, 임충서, 송덕영, 김양수, 한덕문, 권이고

　정묘호란 때 공신을 정하지 않은 이유는 무엇일까? 인조와 인조정권 실세들이 장만의 대비를 너무도 무너트려서, 자신들의 실책을 감추느

라 정묘호란의 전투를 높게 평가하지 않았다. 또 화친을 치욕으로 여겨 전쟁결과 자체를 평가절하 하였다.

현대의 사가들이 정묘호란의 전투를 높이 평가하지 않는 이유는 무엇일까? 9년 후 일어나는 병자호란의 항복이 너무도 크게 겹쳐서 정묘호란의 전투가 가려졌다. 또 장만의 역사를 잃어버렸기 때문에 정묘호란의 가치를 잘 모른다. 전쟁사는 전투보다 전쟁직전 준비단계가 더 소중한데 임진왜란, 정묘호란, 병자호란 중 그나마 전쟁 준비가 있었던 전쟁은 정묘호란뿐이다. 정묘호란에서 전쟁 직전 장만의 대비가 이제까지 한 번도 조명되지 못한 것이 아쉽다.

낙서집 자료

『낙서집』 제4권 66. **시재(時宰) 최상공에게 줌 【與遲川崔相公.】**
서남쪽은 적막하여 소식이 끊어졌거니와, 바삐 뛰어다니는 중에도 그리워하는 한 마음은 영공(令公)에게 두고 있지 않은 적이 없었네. 지금 영공의 서찰을 받고 나서 나도 모르게 눈물을 훔치며 세 번 거듭 읽었네.
이 오랑캐가 비록 강하다 하더라도, 우리나라는 천승(千乘)의 나라로서 어찌 막아낼 방도가 없겠는가? 그런데 평상시에는 **우리나라의 조정이 국방을 제3, 제4 순위의 일로** 여기면서 한갓 겉치레하는 방법으로 한창 일어나는 오랑캐를 막으려고 하네. 병졸은 평소에 훈련을 시키지 않았고 장수는 사람을 잘 가려 뽑지 않은 채로 있다가, 변란이 생긴 뒤에야 비로소 훈련되지 않은 오합지졸을 내몰아 적을 막게 하네.
출사(出師)하던 날 내가 가진 군사는 단지 송도의 시정배 1천여 명과 마전 및 적성의 농민 5, 600명뿐이었네. 전진하여 서흥에 이르러서 들으니, '안주 이북의 3개 성(城)이 함락되었고, 송도의 군사가 하룻밤에 모두 궤멸되었으며, 평양과 황주도 뒤이어 마침내 스스로 궤멸된 나머지, 열읍의 인심이 동요되어 진정되지 않는다'고 하였네. 적군이 **평산**에 들어갔으니 양서(兩西) 지역은 이미 우리의 소유가 아니어서, 백성들은 혹 스스로 오랑캐처럼 삭발하되 오히려 적군에게 빌붙는 데에 남보다 뒤처질까를 걱정한다네.

동북(강원도) 지역의 군병은 기일이 지났는데도 이르지 않기에 홀로 빈주먹을 벌리며 도로에서 방황하다가, 부득이 산군(山郡: 철원)으로 옮겨 들어와 남도·북도의 군사와 접응(接應)하면서 강원도의 군사를 수습하여 회복할 일을 도모하고 있었네. 지금은 남병사(南兵使) 변흡이 3,000명의 군병을 거느리고 왔으며, 강원도의 군병 1,500여 명이 와 모였네. 그러므로 이들 군병을 부원수 정충신에게 주어서 토산·우봉 등지에서 매복하고 있다가 평산으로 다가가게 하였으며, 조기의 군병 3,000여 명은 임진강을 지키게 하였네. 북군(北軍)은 또 조정의 명령에 따라 덕양을 경유하여 관서(關西)의 방백(方伯)에게 보내었고, 호남(湖南)의 군병은 강화도에 들여보내었으며, 호서(湖西: 충청도)와 경기도의 군병들은 한강(漢江)을 지키게 하였으니, 이는 조정의 지시와 계획일세. 책응(策應)이 비록 이와 같다 할지라도 군졸들이 모두 멀리서 와 지쳐 있기에 바람소리나 학의 울음소리만 들려도 놀라서 심장과 간을 떨어뜨릴 판이니, 비록 나날이 격동·고무시켜서 충의(忠義)에 힘쓰게 할지라도 전혀 귀담아 듣지 않으면서 오로지 도망쳐 숨을 일만 생각하네. 모두 믿을 수 없는 군병들이거니와 국사가 이 지경에 이르렀으니, 다시 무슨 말을 더 하겠는가? 사헌부와 사간원은 속히 싸우지 않는다 하여 싸우기를 재촉하네. 한 번 죽는 일이야 실로 아깝지 않으나, 나라의 일은 어찌하여야 하겠는가?

근래에 화의(和議)하는 일 때문에 적군이 평산에 머물러 있는데, 이미 열흘 가까이 되었네. 들으니 화의하는 일이 곧 이루어질 것이며, 조정이 뜻을 굽혀 진격을 늦추는 한편 종실 사람과 사신을 적군의 진영에 인질로 들여보내려 한다네. 교활한 오랑캐가 맹약을 저버리지 않을지를, 그리고 성심으로 적의 요청을 허락해주는 것인지 알지 못하겠네.

강홍립의 장계와 적군의 사신 유해(劉海)의 소지(小紙)를 베껴서 보내니, 영공께서 읽어보시기 바라네. 나는 20여 일 동안 길에 나서서 탈이 없었으니 매우 다행으로 여기건만, 요즈음 5, 6일 사이에는 병세가 지극히 위중해져서 한 숟갈의 물조차도 먹지 못하며, 또 정신도 혼미하여 거의 군무를 보살피지 못하네. 쓰러져 죽을 날이 목전에 다가와 있으니, 아마도 다시 영공의 모습을 볼 수 없을 듯하네. 편지지를 대하니, 생각이 아득하네.

최명길은 장만의 사위로 17살 때부터 장만의 슬하에서 살았다. 그리고 바로 성균관에 입학하여 20세때 생원시에 장원하고 같은 해에 문과

에 급제하였다. 광해군 때 병조좌랑까지 올랐다가 이이첨이 장만을 견제하며 똑똑한 최명길을 모함하여 폐출시켰다. 최명길은 이후 9년 동안 야인생활을 하다가 인조반정에 참여하여 1등 공신으로 부각되었다. 정치사상은 장만의 영향을 받아서 화친의 융통성이 있었다. 후일 병자호란 때 화친을 이끌어 위기를 구하였다. 지금은 재상으로 있는데, 병중의 장인이 전쟁터로 나가자 걱정되어 편지를 보냈다. 이에 장만이 답장을 보내며 조정에서 조치한 내용들을 간단하게 적었다.

장만은 정묘호란 직전 홀로 전쟁을 예고하며 대비를 촉구하였지만 인조와 측근들은 듣지 않았다. 인조와 측근들은 상황을 엉망으로 만들어 놓고는, 전쟁이 터지자 모두 숨고 장만 홀로 전쟁터로 내보냈다. 전쟁터로 나간 장만이 사위 최명길에게 답답한 상황을 그대로 설명하는 이 편지는 정묘호란사를 연구하는데 좋은 자료이다.

전쟁후 장만은 시기하는 자들로부터 심한 비방을 받았다. 박동선과 이목은 위의 내용 가운데 "부득이 산군(山郡: 철원)으로 옮겨 들어와 남도·북도의 군사와 접응(接應)하면서 강원도의 군사를 수습하여 회복할 일을 도모하고 있다."라는 부분을 왜곡시켜 장만이 개성에서 철원으로 도망했다고 덮어씌워 유배를 보내라고 하였다. 장만은 유배지에서 억울함을 토로하였다. "내가 한번이라도 부끄러운 짓을 했다면 더 거친 곳도 가겠다. 하지만 항복이라는 말은 함부로 붙여서는 안 된다."

28. 유배를 자청하다

장만은 부하들을 보호하기 위해서 유배를 자청하였다.

장만은 정묘호란이 일어나기 1년 반 전부터 전쟁을 예고하며 안주성방략을 만드는 등 대비를 촉구하였다. 그러나 어리석은 인조는 전쟁이 없을 것이라는 이귀의 말에 현혹되어서, 안주성방략을 허물어 버렸다. 막상 전쟁이 터지자 인조는 겁을 먹고 뒤늦게 안주성방략을 허락하였지만 너무 늦어서 효과를 보지 못하고, 남이흥이 안주성에서 용맹하게 싸우다가 전사하였다. 안주성이 함락되자 적들은 순식간에 평산까지 밀고 내려왔다. 인조는 장만에게 전쟁터로 나가라고 하였다.

장만은 '어영군 정포수 가운데 1백 명만 데리고 가겠다'고 했으나 인조는 이것마저 거절하였다. 어영군은 왕의 호위에 써야 한다며, '군사는 내려가면서 조발하여 쓰라'고 하였다. 무기도 없이 훈련도 안된 농민들로 싸우라고 하니 기가 막혔지만, 병든 몸을 이끌고 개성으로 달려와 겨우 방어선을 구축하였다. 장만이 개성에서 방어선을 구축하고 탄탄하게 지키고 있자, 적들도 더 이상 내려오지 못해 화친하고 돌아갔다.

적들이 돌아가자 장만의 전쟁대비를 허물던 자들은 또 다시 장만을 비방하기 시작하였다. 장만이 싸우지 않고 도망을 다녀서 백성들이 피해를 입었다고 억지를 부렸다. 인조는 장만에게 죄가 없다고 하였지만, 저들의 억지가 심하자 장만은 부하들을 보호하기 위해서 스스로 유배를 청하였다. "저들의 말이 심히 억지스럽기는 하지만, 소신에게는 전쟁을 제대로 막아내지 못한 죄가 있사오니 유배를 명하소서!" 하니 인조는 눈물을 흘리며 유배를 명하였다. 인조는 죄 없이 귀양가는 장만이 불쌍하여 유배지를 황해도 연안으로 정하였지만, 시기하는 자들이 나서서 "연안은 장만의 고향과 가까워서 안 된다"고 난리를 쳐 다시 부여로 정하였다.

정묘호란은 1627년 1월 13일에 일어나 10일간 의주성, 능한산성, 용골산성, 안주성 등 4개 성에서 치열하게 전투하다가, 이후 40일 동안은 화친협상을 지루하게 이어갔다. 결국 3월 3일에 화친을 맹세하고 적들이 물러갔다.

정묘호란에서 책임을 묻는다면 인조의 책임이 가장 크다. 그 다음이 안주성방략을 무너트린 이귀, 그 다음은 전쟁대비를 허물고 장만을 비방하던 박동선과 이목이다. 그 다음은 신경진, 이서, 김류, 김자점 등 회피한 반정공신들이 될 것이다. 장만은 오히려 그런 상황에서도 장수들을 제대로 쓰고 여러 가지 대비를 해놓은 공로자이다. 그런데 인조는 장만만 처벌하였다.

낙서집 자료

『낙서집』 제4권 67. 윤황(尹煌) 자 덕휘(德輝)에게 답함 [答尹德輝【煌】]

성상의 맑은 치세에 죄를 입고 만 번 죽어 마땅한 처지에서 멀리 귀양살이 와 있는데, 뜻하지 않게 그대(윤황)의 문안 서찰이 궁벽한 시골에 갑자기 이르렀으니 봉투를 뜯고 읽기를 세 번이나 반복하여 마지않았습니다.

지난번에 그대가 보낸 계사(啓辭)의 말씀은 이 귀양살이하는 사람을 언급하기까지 하였으되, 바로 시사(時事)에 분개하여 깨닫지도 못하는 사이에 너무 날카로웠습니다. 그러나 그 말씀이 이 귀양살이하는 사람을 염두에 둔 것은 아니었으니, 무슨 거리낄 바가 있겠습니까? 그 계사를 뒤미처 생각해보면, 참으로 '만세의 직언[萬世之直筆]'으로서 사람들을 탄복시켜 무릎을 꿇게 하는 것'이라고 하겠습니다.

다만 "항복하지 않으면 도망갈 것이다"라고 한 말씀 가운데, '도망갈 것이다'라고 한 것은 적합한 표현이라 할 수도 있겠으나, '항복할 것이다'라는 '항(降)'자를 다른 사람에게 대번에 붙여준 것은 옳지 않습니다. 이 점은 당신께서 '실수하셨음'을 면하지 못한 것입니다. 하! 하!

귀양살이하는 이 사람은 유배지에 도착한 뒤로 풍한(風寒)에 감염되어 10여일 동안 앓아누웠으나 차도가 없으니, 고민스럽습니다. 서로 사는 곳이 멀지 않으나 의지할 인편이 없어서 만나뵐 수가 없습니다. 섭섭한 심경을 어찌 표현할 수 있겠습니까?

정묘호란 때 윤공(尹公)께서 아뢰기를, "전하께서 친애하시는 신하라면 아무아무(김류·이귀·이서·신경진·심기원·김자점) 만한 사람들이 없는데, 그중

어떤 사람은 해도(海島: 강화도)로 들어가고 어떤 사람은 산성(山城: 남한산성)으로 올라와서 모두 편안한 자리를 취하였습니다. 그러나 유독 **장 아무개 [張某: 장만]**에 대해서는 **빈손으로 적을 막게 하셨습니다.** 그의 입장이라면 원망하는 마음이 없을 수 있겠습니까? 신은 생각하기를, **그는 항복하지 않으면 도망갈 것입니다.**"라고 하였습니다. … (이하 낙질됨)

　　장만은 '항복하려고 했다'는 말이 가장 억울하였다. 대장군으로서 치욕이었다. 이 내용은 실록에도 보인다. (1627년 1월 23일 기사 참조) 장만은 유배는 참을 수 있어도 항복이라는 죄목은 참을 수가 없었다. 박동선이야 일개 언관으로서 그런 말을 함부로 한다고 하여도, 인조는 장만의 속마음을 누구보다도 잘 아는 군주로서 어찌 그런 말에 현혹되어 충신의 자존심을 이리도 망가뜨릴 수가 있다는 말인가? 장만은 인조가 실망스럽다. 그래서 윤황의 편지에 이러한 뜻의 답글을 보낸 것이다.

조선왕조실록 자료

인조5년(1627) 1월 23일　**박동선 등이 전장으로 나간 장만이 항복 아니면 도주할 것이라고 말하다**

대사헌 박동선, 대사간 이목, 집의 엄성, 사간 **윤황**, 장령 강대진, 한필원, 지평 유성증·박안제, 헌납 김세렴, 정언 신달도·이경중 등이 아뢰었다.

"전하께서 신임하고 총애하는 신하로는 **김류·이귀·이서·신경진·심기원·김자점** 등만한 이가 없습니다. 그런데 혹은 해도(강화도)로 들어가고, 혹은 산성(남한산성)으로 올라갔으며, 혹은 호위한다고 칭하고, 혹은 검찰에 제수되는 등 다 편안하고 안전한 자리를 차지하였습니다. 그리고 **오직 장만 한 사람만을 맨손으로 적진으로 향하도록** 하였으니 장만의 입장에서 보면 원망이 없을 수 있겠습니까. 그래서 조정을 하직한지 7일 만에 비로소 개성에 도착하여 잠시 머물러 있으면서 관망하는 태도를 역력히 보인 것입니다. 신등이 생각하기에는 **장만이 항복하지 않는다면 도주할 것으로 여겨집니다.**"

위 상소는 박동선과 이목이 주축이지만 윤황도 끼어있었다. 위 글은 언뜻 보면 박동선 등이 장만을 두둔하는 것처럼 비치지만, 사실은 장만이 도주할 것이라는 죄목을 미리 뒤집어씌우는 것이다. 인조는 김류, 이귀, 이서, 신경진, 심기원, 김자점 등 인조반정의 주체세력들에게는 자신의 호위를 맡기고 전쟁터에는 장만만을 보냈다. 박동선은 직언으로 유명한 인물인데 장만을 시기하여 '장만이 도망을 다녔다'고 뒤집어 씌워서 유배를 보내게 한 주동자다. 충신이 귀양을 가고 간신들이 판을 친다. 여기에 윤황도 끼어 있었는데, 윤황은 장만이 억울하게 유배를 가자 위로의 편지를 장만에게 보냈다. (『낙서집』 권4 67. 윤황 편지 참조)

29. 풍파 – 사공

장만은 부여 유배지에서 〈풍파-사공〉이라는 시를 지어 광해의 폭정과 인조의 혼란한 정치를 비판하며 백성들의 아픔을 위로하였다.

풍파에 놀란 사공 배 팔아 말을 사니,
구절양장이 물도곤 어려왜라!
이 후엘랑 배도 말도 말고 밭갈이나 하리라.

이 시는 유명하여 교과서에도 여러 번 소개되었다. 고시조집(古時調集)마다 실려 있는 유명한 시조이지만, 작가 장만의 역사가 알려지지 않았기 때문에 시의 해석이 정밀하지 못하였다. 이에 필자가 장만의 역사를 토대로 작가의 심경을 살피면서 다시 해석하였다.
이제까지 고시조집에 나오는 해석은 이러하였다. "장만은 문, 무관을 겸한 관리로서 벼슬살이의 어려움을 풍자적으로 노래하였다. '풍파에 놀란 사공'은 문관으로서의 어려움을, '배 팔아 말을 사니'는 문관에서 무관으로의 전환을, '구절양장이 물도곤 어려왜라!'는 무관의 어려움이 문관보다 더하다는 뜻이다. '이후엘랑 배도 말도 말고 밭갈이나 하리라.'는 벼슬 다 버리고 전원에서 조용히 살고 싶다는 뜻이다."

위와 같은 해석은 장만의 역사나 철학이 전혀 알려지지 않은 상황에서의 해석으로, 잘못 되었음을 지적하지 않을 수 없다. 장만은 이순신 못지않은 국가관과 민본민생 철학을 갖추고 한 평생을 나라와 백성 구하는데 혼신을 다 바쳤다. "관직도 백성 살리려고 하는 것이다." 생각하는 민본주의 철학자 장수다. 그런 그가 한낱 벼슬살이의 어려움을 노래했다는 것은 이해되지 않는다. 그리고 조선시대나 지금이나 벼슬살이가 얼마나 좋은데 고관대작이 벼슬살이의 어려움을 시조로 읊겠는가? 이는 작가의 심중을 너무 소홀하게 해석한 것이다.

이 당시 장만의 심경은 너무도 처절하였다. 이 시에서 묻어나오는 심경은 한가로운 벼슬살이의 투정이 아니다. 한(恨)이 서려있다. "무엇인가 하려고 하였는데 누구 때문에 되지가 않는다." 하는 강한 원망이 서려 있다. 비록 풍자적으로 표현했지만 단호하고도 처절한 심경이 문구마다 담겨있다. 이 시는 문학적인 수준도 높지만 정치적인 철학이 더 가치가 있다. 필자가 작가의 심경을 살피면서 다시 해석하였다.

▌시(詩)의 재해석

작가의 역사를 모르면 시는 해석할 수가 없다.

선조와 광해군은 임진왜란을 겪으면서 전략가의 필요성을 뼈저리게 느꼈다. 우리 조정에 학자들은 많지만 병법에 능한 전략가는 없었다.

그래서 선조와 광해군은 임진왜란 직후부터 전략가를 찾고 있었다. 이 때 혜성같이 나타난 인물이 장만이다. 장만은 타고난 천재 전략가다. 임진왜란에 우리 군사가 패하는 모습을 지켜보면서 나라를 지키는 병법(兵法)에 몰두하였다. 장만은 거백옥처럼 백성을 살리는 참다운 민본정치를 해보겠다는 포부를 갖고 관직에 들어온 민본주의 철학자 관리였다. 민본정치는 나라부터 지켜야 가능한 일이다. 그래서 다른 일 제쳐두고 "어떻게 하면 전쟁을 막을 수 있는가!"를 연구하기 시작하였다.

타고난 천재가 병법에 몰두하니 어느덧 군사 전문가가 되었다. 형제처럼 지내던 이항복이 추천하니, 선조가 장만의 재주를 시험하여 등용하였다. 장만은 임진왜란 때는 전후복구를 기적처럼 이루었으며 많은 군사제도를 개혁시켜 전투능력을 획기적으로 향상시켰다. 정탐전을 활용하여 오랑캐를 복종시키고 군역을 효율적으로 관리하였다. 심하전쟁때는 4군 땅을 찾아와 국경을 튼튼하게 만들고 중립정책으로 청의 침공을 물리쳤다. 인조 때는 팔도도원수로 등용되어 이괄의 반란을 진압하고 끊어진 조선왕조를 다시 이어놓았다. 정묘호란 때는 안주성방략으로 지키려 했지만 인조의 반대로 어려움을 겪었다.

장만은 이토록 선조·광해·인조에게 등용되어 조선 역사상 가장 어렵던 전쟁시대를 혼신을 다하여 지켜냈다. 병들고 아픈 몸도 사리지 않고 전쟁터로 나갔다. 한쪽 눈을 잃었어도 홀로 전쟁터로 나갔는데, 돌아오는건 겨우 귀양살이다. 자신은 백성 살리려고 외적도 잡았고 탐관들도 잡았다. 그런데 백성 죽이는 도적은 외적과 탐관보다도 폭군과 혼군이었다. 광해군은 궁궐공사로 백성을 죽이더니, 인조는 전쟁대비를 허물어 백성들을 죽였다. "1년도 못가서 이괄이 뒤집더니 3년도 못되어 오랑캐가 뒤집는구나!" 정묘호란은 무능한 인조가 장만의 전쟁대비를 허물어서 일어난 전쟁이다.

장만은 광해군의 폭정에도 목숨 걸고 19번이나 대들어 보고, 또 인조의 무능한 정치에도 7번이나 대들어 보았지만, 광해와 인조는 장만의 주청을 듣지 않아 백성들을 죽였다. 부여로 유배온 장만이 나랏일을 걱정하니 한심하였다. 자신은 광해군의 폭정을 말려보려고 그렇게도 대들었지만 광해는 듣지 않았다. 인조가 광해의 폭정을 뒤엎고 백성 살리는 정치를 한다기에 배 팔고 말을 사서 따라 나섰는데, 인조의 정치는 험하기가 광해군의 폭정보다도 더하였다.

장만이 가장 한스러운 것은 광해군의 폭정(暴政)과 인조의 혼정(昏政)이다. 유배지에서 생각하니 백성을 죽이는건 이 두 혼군들이다. 이 두 혼군들의 무능과 이기주의 때문에 죽어가는 백성들이 불쌍하였다. 그래서 이 시를 지어 백성들의 고통을 위로하였다. 그리고 후대의 군주들에게 경각심(警覺心)을 심어 주려고 하였다.

이 시는 장만의 한평생이 함축적으로 들어있는 대서사시(大敍事詩)이다. 광해와 인조가 조금만 더 현명했다면 장만은 국가를 탄탄하게 지켜냈을 것이다. 두 혼군 때문에 재능을 다 펼치지 못한 한스러운 마음을 시로 표현하였다.

▎장만은 두 혼군에 대한 한(恨)을 노래하였다

'풍파에 놀란 사공'은 광해군의 폭정에서 백성 살리려고 고군분투하는 자신을, '배 팔아 말을 사니'는 광해정권에서 백성 살린다는 인조정권으로의 전환을, '구절양장이 물도곤 어려왜라!'는 전쟁을 불러들이는 무능한 인조정치가 광해의 폭정보다 더하다는 뜻으로, '이후엘랑 배도 말도 말고 밭갈이나 하리라.'는 후대의 군주들에게 경각심을 주어 이런 군주가 다시는 없기를 바란다는 뜻으로 표현하였다. 광해와 인조처럼 한다면 누가 남아서 돕겠는가? 나도 싫다.

風波經險老沙工　광해군의 폭정에 놀란 늙은 관리가
賣却舟還乘馬翁　인조가 산길로 간다기에 배 팔고 말을 사서 돌아오니
九折羊腸尤急路　이 길은 험하기가 광해군의 물길보다 더하구나!
捨其水陸力耕中　이후엘란 배도 말도 말고 밭갈이나 하리라.

위 한시(漢詩)는 후세의 누군가가 만든 듯하다. 필자의 주장이 반드시 맞는다는건 아니다. 하지만 백성 걱정하는 장만장군의 고독한 심경을 읽어보려고 살펴보았다. 이 시는 다시 조명되어야 할 사료적인 가치가 높다. 누군가가 이 시조를 개작하여 현대판 노래로 만들면 좋겠다. 높은 공직자들에게 경각심을 줄 수 있는 노래가 될 것이다.

- 백성 살리려고 남북으로 뛰었건만 광해의 풍파정치가 가로막는구나!
- 배 팔아서 말을 사니 인조의 산길정치가 광해의 풍파정치보다 더하다!
- 이후엘랑 배 말고 말 말고 밭갈이나 하리라~

30. 장만의 마지막 유언과 병자호란

장만은 죽음이 임박하자 김기종과 최명길을 불러 유언을 남겼다. 김기종에게는 안주성방략으로 지킬 것을 유언으로 남겼으며, 최명길에게는 자신을 버려 백성을 구하라는 유언을 남겼다.

우리는 병법을 아는 전략가가 없다. 학문만 중요시하고, 무관의 일은 제3, 제4의 일로 여기며 등한시했기 때문이다. 나라가 200년 동안 큰

전쟁이 없어서 그럴 수도 있겠지만, 그보다는 학문의 허세 때문에 일어난 현상이다. 조금만 학식이 있으면 학식 자랑하느라 입에 게거품을 물지만, 실상은 집에 하루 끼니도 마련하지 못하는 위인들이다. 식구들은 굶기면서 백성들을 어떻게 지키겠는가?

우리는 임진란 이후 대비대비 소리만 요란하지 실상은 대비하는 방법도 몰랐다. 갓끈을 허리에다 매고 버선 대님은 갓에다가 맨다. 병법을 연구하는 학자도 없다. 혹 있어도 학문의 허세 때문에 이루지 못하고 나라에서도 써주지를 않는다. 사전에 대비를 못하다가 전쟁이 나면 맨손으로 죽더라도 나가서 싸우자고 한다. 정신은 좋지만 어린아이 같은 생각이다. 생전 활 한번 칼 한번 잡아보지 못한 생원들이 죽기로 싸우자고 덤빈들 무슨 도움이 되겠는가?

실전에 경험이 없는 무부(武夫)에게 권한을 주면 또 건방져져서 실패한다. 신립도 이래서 실패한 것이다. 김기종과 최명길은 병법을 조금은 아니 나라 지키는데 몸을 사리지 말고 나서라. 이제 청은 정묘호란에서 목적을 이루지 못했으니 반드시 또 올 것이다. 이번에는 3만 5천이 아니라 더 많은 군사를 몰고 올 것이다.

▶ 김기종은 반드시 안주성방략으로 대응하라! 그래야 우리 군사가 싸울 수 있으며 임금이 피난갈 수 있는 시간이라도 벌 수가 있다. 의주성방략은 적의 기습 침공에 또 당하니, 해서는 안 된다. 강화도로 피난하면 1년은 버틸 수 있으며, 수군으로 막으면 청군이 쉽게 건너지 못할 것이다. 청군은 기마군이라 남의 땅에 오래 머물지 못하니 3개월만 버티면 물러갈 것이다. 전쟁은 전략이 중요하다.

▶ 최명길은 중립화친으로 대응하라! 어가가 강화도로 가면 적을 물리치기는 어렵지만 지킬 수는 있을 것이다. 만일 사태가 이미 엎어져서 어쩔 수 없게 되거든 화친으로 대응하라! 화친은 적보다도 우리의 못난 선비

들이 더 반대할 것이다. 그들은 싸우다가 죽더라도 나가서 싸우자고 할
것이다. 그러나 대군의 지휘는 전략상 후퇴도 화친도 필요하다. 이미
전세가 어렵다면 후퇴를 먼저 쓰고 그 다음엔 화친을 써라! 월왕(越王)
구천의 "와신상담"을 상고하라! 화친을 주장하면 비난이 심할 것이다.
그러나 그 길밖에 달리 방법이 없다면 내 몸을 버려서라도 나라와 백성
을 구해야 한다. 외롭고 힘들겠지만 백성을 구하는 일이 큰일이다. 그
리고나서 장만은 1629년 11월에 서거하였다.

장만이 죽은 다음 김기종이 1632년 11월 1일에 안주성방략을 주청하
였는데, 이귀가 또 다시 나서서 허물어 버렸다. 인조와 이귀는 군무(軍
務)에 어두워 정묘호란 때 경험하고서도 근거리 방어의 취약점을 모른
다. 의주에서 이완이 보초를 잘못해서 패했다고 판단한 것이다. 이들은
군무에 경험있고 유능한 김기종의 아이디어를 단칼에 잘라버렸다. 인
조와 이귀는 또 안주성방략을 버리고 병자호란의 패인을 만들었다. 병
자호란 때 임경업이 주력군을 이끌고 의주에서 지키다가 장만의 예언대
로 적의 기습 침공에 포위되어 싸워보지도 못하고 항복하고 말았다.

그러나 최명길은 목숨을 걸고 화친을 주장하였다. 청태종은 정묘호
란 때 3만5천의 군사로 침공했다가 3,000의 군사만 잃고 돌아가 후회하
였다. 그리고 이번에는 3배가 넘는 12만군사로 침공하였다. 그런데 우
린 정묘호란에서 뼈아픈 경험을 하고서도 바뀐게 없다. 필자는 인조
를 "후회는 있어도 교훈은 없는 인물이다."라고 평하였다. 정말로 인조
는 이괄의 전쟁을 겪고도, 또 정묘호란을 겪고도 똑같은 잘못을 반복해
서 저지른다. 교훈이 없는 것이다. 의주성에서 당했으면 대책이 있어야
하는데 대책이 없다. 그래서 전쟁이 난지 12일 만에 겨우 파발을 받고,
강화도 피난길이 막히자 남한산성으로 도주하였다.

적이 이미 남한산성을 포위하고 우린 싸울 군사도 없으며 식량도 한

달을 버티지 못할 위기에 처했다. 남쪽의 군사들도 사전에 훈련시키지 않았으니 전투능력이 없다. 지금부터 조발한들 활도 잡아보지 못한 농민들이 청군과 대적이 되겠는가? 이제 보름만 지나가면 식량이 바닥나서 저절로 죽는다. 이제 길은 오직 화친뿐이다. 장만이 이럴 때를 위해서 최명길에게 유언을 남긴 것이다.

최명길이 화친을 주장하자 논리적 사고가 마비된 선비들이 날뛰었다. "화친을 주장하는 자는 만고의 역신이다. 최명길을 죽이고 나가서 싸우자!" 1636년 12월 18일에는 심광수 등이 인조에게 최명길을 죽이자고 상소하였다. 인조도 '알고 있다'고 하였다. 정말로 등골이 오싹할 지경이다. 최명길은 "이래서 장인이 내 몸을 버려 나라를 구하라고 하였구나!" 하였다.

그러나 최명길은 의리가 있는 인물이다. 장인으로부터 진정한 의리와 용기를 배웠다. 그래서 내 한 몸 사리지 않고 화친을 거듭 주장하였다. 차츰 시간이 흐르자 어리석은 인조도 사태가 파악되었다. 처음에는 성안의 군사로 성 밖의 청군을 공격하라고 가당치도 않는 헛소리를 하더니, 이제는 풀이 죽었다. 최명길에게 "화친하면 죽이지는 않는다고 하던가?" 하였다.

이에 최명길이 "장만은 사람보다 정세를 믿으라고 했습니다. 지금 청 태종은 조선이 목표가 아니라 명나라가 목표입니다. 청이 조선왕을 죽여서 굳이 원수로 만들 이유는 없습니다. 지금 정세는 청이 조선과 화친하여 세력을 키우는 것이 병법에도 부합됩니다. 정세를 믿으소서!" 하니, 인조도 조금은 안심이 되어서 화친을 결정하였다. 이렇게 해서 최명길이 화친으로 나라와 백성들을 구하였다. 그러나 엄청나게 비난받았다. 우리의 슬픈 역사다.

장만은 시대의 선각자로서 국방전문가로서 안보불감증에 빠진 임금과 신하들을 일깨워 전쟁시대를 지켜내느라 무진장 애를 먹었다.

부록(附錄)

31. 장만장군 연보

1566년   장만선생 탄생. 권율장군이 옆집에 살았는데 두 집안은 조부 때부터 절친했다.

선조시대

1574년   장만이 9세 때 이항복이 권율 집안으로 들어오니 이항복과 형 제처럼 친하게 지냈다.

1591년   문과 급제후 관직 시작. 민본 정치를 꿈꾸며 조정에 들어왔지 만 전쟁을 당했다.

1592년   임진왜란 발발. 이때부터 국가를 지키는 병법에 몰두하여 군 사전문가가 되었다.

1594년   부친이 70세로 통진에서 돌아가셨다. 부친은 통정대부로 군수 를 지냈다.

1597년   5년간 끌어온 강화회담이 실패하고 정유재란이 일어났다. 장 만은 시강원 사서가 되어서 광해군에게 민본군주의 도리를 강 의하였다.

1598년   이항복이 장만을 선조에게 군사전문가로 추천하였다.

1599년   봉산군수로 명군 난동문제를 평정하고 선조에게 발탁되어 관 찰사로 전후복구를 맡았다.

1599년 선조가 장만의 재능을 알아보고 당상관으로 파격 승진시켜 국 방요직에 등용했다.

1600년 종2품으로 승진하고 충청도관찰사로 나가 민생복구 및 조총 부대의 양성에 힘썼다.

1602년 명 사신으로 다녀오며 여진족의 동태를 정탐하여 청과의 전쟁 을 예고하였다.

1603년 체찰부사로 선조의 특명을 받고 남쪽국경 방어태세를 탄탄하 게 구축하였다

1603년 전라도관찰사로 민생복구 및 군사방어체제 확립과 수군전함 복구에 힘썼다

1607년 함경도관찰사로 민생복구 및 군사방어체제 확립과 여진족과 의 관계에 힘썼다

광해시대

1608년 광해군에게도 발탁되어 국방의 책임을 맡아서 국경방어체계 를 정비하였다.

1611년 평안도절도사로 진관제를 중진제로 바꾸어 청과의 전쟁에 효 율적으로 대비하였다.

1612년 적에게 넘어갔던 4군 땅을 회복시켜 청과의 전쟁에 대비하였 다. 이때 4군 땅의 회복은 8년후 심하전쟁 당시 국경방어에 결정적인 역할을 하였다.

1612년 모친이 83세로 영변 임지에서 돌아가셨다.

1614년 경상도관찰사로 민생복구 및 일본과의 관계개선에 힘썼다.

1616년 누르하치가 후금을 세우고 명과 대립하였다. 이이첨이 국정을 농단하였다.

1618년 누르하치가 명을 공격하니 명이 조선에게 파병을 요청했다.

이때 이이첨 등 대신들은 임진란의 의리를 들어 명편에 서서 청과 싸워야 한다고 하였다. 오직 부체찰사 장만 홀로 파병을 반대하였다. 하지만 세력에 밀려 광해군은 파병을 결정했다.

1619년 [심하전쟁] 강홍립이 청군 진영에서 패전하고 투항했지만 화가난 누르하치는 조선 정벌을 명했다. 이에 놀란 광해군은 장만을 급히 파견하여 청군을 막으라고 했다. 압록강으로 달려온 장만이 겨우 청군을 막았다. 누르하치가 조선에게 명과의 관계를 끊고 청과의 화친을 강요했다. 광해군은 겁을 먹고 청과 화친하려고 했는데 장만이 말렸다. 장만은 청과의 화친은 항복이라며 중립전략을 제시하였다. 광해군이 장만의 중립전략을 받아들여 전쟁의 확산을 막았다. 광해군의 [중립전략]은 장만이 만들었다. 광해군은 이 공로로 장만을 종1품으로 올리고 체찰사겸 병조판서까지 겸직시켜 국방을 오직 장만 한 사람에게만 맡겼다.

1621년 누르하치가 광해군에게 '탈북하여 조선으로 도망치는 한인(漢人)들을 잡아 보내라'고 하였다. 광해군은 명과의 관계 때문에 고민하다가 이들을 국경에서 죽이라고 했다. 장만이 이는 도리가 아니라며 반대하는 상소를 올려 도망온 한인들을 살려냈다.

1622년 광해군이 궁궐공사로 민생을 파탄내자 장만은 간신 이이첨을 목베고 폭정을 중단하라는 질책성 상소를 19번이나 올렸다. 광해군은 대노하여 장만을 파직시켰다.

1623년 부하들이 쿠데타를 건의했지만 장만은 반대하며 백성 살리는 뜻만 동의하였다.

인조시대

1623년 인조반정이 일어나 광해군이 쫓겨나고 인조가 정권을 잡았다.

인조도 장만을 등용하여 국방을 맡겼다. 장만은 팔도도원수가 되어서 국경으로 나갔다. 이때 장만은 안주성방략을 세웠다. 정충신을 안주성으로 보내 기계와 전략을 만들게 하고, 이괄을 영변으로 보내 1만2천 군사를 훈련시켜 장차 안주성에 배치하여 청과의 전쟁에 대비코저 하였다. 그런데 이괄이 반란을 일으켰다.

1624년 [이괄의 난] 이괄이 서울을 함락시키고 새 왕까지 세웠다. 장만은 불리한 여건에서도 백성들을 이괄의 무신정권에 내줄 수 없다며 끝까지 싸워서 역전시켜 끊어지려는 조선왕조를 다시 이어 놓았다. 인조는 장만을 생명의 은인으로 대우하였다. 하지만 장만은 낙향하여 인조가 불러도 올라오지 않았다. 인조는 장만이 불러도 오지 않자 잡아오라고 하였다. 장만이 놀라서 올라오니 그날로 옥성부원군으로 봉하고 팔도도체찰사라는 관직을 내리며 국방을 또 맡아달라고 하였다.

1625년 인조는 광해군의 중립외교를 폐기하고 친명반청을 천명했다. 장만은 인조에게 외교로 청을 달래기 어렵다면 이제 남은 전략은 안주성방략 뿐이라며 안주성방략을 강력하게 주청하였다. 그러나 인조는 전쟁이 없을 것이라는 이귀의 말에 현혹되어 장만의 안주성방략을 허물고 훈련도 못하게 하였다.

1627년 [정묘호란] 정묘호란이 일어나고 조선군사가 밀리자 인조는 뒤늦게 안주성방략을 승인하지만 너무 늦어서 남이홍이 안주성에서 패하고 전사하였다. 인조는 장만에게 나가서 싸우라고 하였다. 장만이 전쟁터로 나가면서 도감군의 포수 100명만 달라고 했지만 인조는 이 마저도 거절하고 군사를 조발하여 싸우라고 하였다. 장만이 개성으로 나가서 훈련도 안된 농민들로 방어선을 구축했지만 청군은 안주성전투에서 희생이 크자

돌연 화친을 주장하고 철군하였다.

＊적이 물러가자 장만의 전략마다 태클을 걸며 반대하던 간신들이 장만이 싸우지 않았다며 귀양을 보내라고 하였다. 인조는 "장만에게는 죄가 없다."고 했지만 장만은 부하들을 보호하기 위해서 유배를 자청하였다.

＊장만은 유배지에서 〈풍파-사공〉이라는 시를 지어서, 국방이 안 되는 이유는 무능한 임금의 이기주의 때문이라며, 광해와 인조의 이기주의 정치를 비판하여 후세의 군주들에게 경종을 울렸다. 이 시조가 유명하게 알려졌지만 시인들이 장만의 역사를 알지 못하여 그 뜻을 제대로 이해하지 못하고 "장만이 관직의 어려움을 노래했다"라고 하였으니 참으로 애석한 일이다. 필자가 재해석을 하였다.

풍파에 놀란 사공 배 팔아 말을 사니,

　－광해군의 폭정을 피해 인조정권으로 바꾸니,

구절양장이 물도곤 어려왜라.

　－이정권은 험하기가 광해의 폭정보다 더하구나.

이후란 배도 말도 말고 밭갈이나 하리라.

　－이제 누가 남아서 나라를 지키겠는가?

1628년　장만이 유배에서 풀려나 태복시의 제조를 맡았다.

1629년　[장만 졸기] 장만이 억울하게 옥에 갇힌 자들을 다시 심리해줄 것을 청하여 많은 사람들을 구제하였다. 장만은 이제 죽을 것을 감지하고 사직을 청했으나 인조가 허락하지 않으니, 입춘날에 이별가를 써서 올렸다. 이때 장만이 써서 올린 충신의 이별가는 많은 식자들의 가슴을 울렸다. 영웅의 이별가는 멋지구나!

내 나이 64세로 포의(布衣)로서 영화 이미 극에 달하였네,
제일의 원(願)은 전원으로 물러나는 것이오.
다음의 원은 명한(溟漢: 저생)으로 돌아가는 것이다.
이밖에 요구하는 것 없으니 신명(神明)이 내 마음 비칠 것이다.

이에 인조는 사직을 허락하였다. 장만이 7월에 고향 통진으로
가서 11월 7일에 졸하였다. 온나라 백성들이 장성이 무너졌다
하며 슬퍼하였다.

1632년 [장만의 안주성방략이 또 무너지다] 김기종이 또 다시 장만의
안주성방략을 주장하니 이귀가 또 반대하고 나섰다. 안주성방
략은 이때 또 무너지고 우리의 주력군은 의주에서 지켰다. 장
만은 군사를 분산시켜 지키면 전투력이 없고 의주의 근접방어
는 효과가 없다며 안주성의 요새지 방어를 강력하게 주장했
다. 그러나 인조는 전략을 모르는 신하들의 말만 믿고 군사를
분산시키고 근접 방어를 고집했다. 가뜩이나 부족한 군사를
헤쳐놓았다.

1634년 [충정 시호] 2월에 장만에게 충정(忠定)이라는 시호가 내려졌다.
*충(忠)은 위신봉상(危身奉上)이며, 정(定)은 대려정민(大慮定民)
이다. "자기가 위태한 것은 돌보지 않고 임금을 받들었으며,
늘 크게 근심하여 백성들을 안정시켰다."라는 의미의 시호이다.

1636년 [병자호란] 12월 1일에 청태종이 12만 군사로 조선을 침공했
다. 장만은 죽기 전에 최명길에게 유언하였다. "저 적은 또 올
것이다. 사태가 이미 기울어 어쩔 수 없게 되거든 화친전략도
써라. 이는 고지식한 사대부들의 반대가 심할 것이다. 그러나
백성을 살리려면 내 몸이 위험해도 써야 한다." 최명길은 장인
의 말에 따라 화친을 주청했다. 역시 사대부들의 반대가 심했

다. 매국노 최명길을 죽이라고 난리다. 그러나 최명길은 장인을 생각하며 끝까지 화친전략을 이끌어 전쟁의 확산을 막아냈다. 병자호란은 장만의 실용국방과 중립전략을 전수받은 최명길이 수습한 전쟁이다.

1730년 [낙서집] 장만장군이 세상을 떠나고 102년이 흐른 뒤 장보현과 증손자 장세광이 장만의 자료를 최명길 후손 집에서 찾아 문집으로 엮어서 만들었다.

1738년 2월에 영조가 『낙서집』을 보고 『낙서집』을 간행한 장보현에게는 정3품당상 도정 벼슬을 내리고, 장세광에게는 선공감역 벼슬을 내렸다. 81세의 노인에게 정3품 벼슬을 내린 것은 파격이다. 또 장만 영정을 찾아오라고 하시어 어람하였다.

4월 5일에는 장만과 정충신의 후손을 녹용하라 하고, 또 대사헌 정익하와 좌의정 조현명에게 〈장만=불만〉에 대하여 물었다. 그리고 장만의 5대종손 장중(張仲)을 옥원군(玉原君)에 봉하였다. 또 영조가 장만의 영전에 치제(致祭)하였다.

1747년 [사당건립] 6월에 영조가 장만의 사당 건립을 경기도관찰사와 호조에 명했다. 이듬해에 옥성사(玉城祠, 현 김포시 하성면 가금리 380)가 완공되어 영정과 위패가 봉안되었다.

1775년 10월 영조가 장만의 영전에 치제하였다.

1797년 12월 정조가 장만의 6대종손 장상원을 첨지중추부사(정3품 당상관)에 제수하고, 옥은군(玉恩君)에 봉하였다.

1798년 2월 정조가 장만의 영전에 치제하였다.

후기(後記)

　이 글은 해방 후 한국사에서 놓쳐버린 장만장군 역사를 알리기 위해
서 썼다. 장만장군은 누구인가? 조선 전쟁시대에서 선조·광해·인조 3
대 임금에게 국방의 책임자로 발탁되어서 전쟁에 휩쓸리는 나라를 3번
이나 구해낸 전쟁영웅이다. 조선은 명·청 교체기 외교에 무지하고 존
명사대사상에 빠져서 국제정세의 변화를 읽지 못하여 여러번 전쟁을 당
했다. 이때 선각자 장만장군은 국제정세의 변화를 정확하게 읽어내고
청도 인정해야 한다는 중립외교를 주창하여 전쟁을 막아냈다.

　그런데 왜 장만장군 역사는 한국사에서 사라져 버렸을까? 그 이유는
인조반정 실세들이 장만장군의 업적을 시기하여 비방하고 지워버렸기
때문이다. 조선왕조실록을 보면 장만의 기사가 520여 개 나오는데, 장
만을 비방하는 글이 7개소나 된다. 인조반정 실세들은 광해군을 몰아내
면서 광해군의 최대 업적인 중립정책을 적폐로 몰아서 매도해 버렸다.
광해군의 중립정책을 만든 인물은 장만장군이지만, 인조는 국방이 위
급하자 장만을 다시 등용하여 국방을 맡게 하였다. 장만이 이괄의 난을
평정하며 업적을 이루자 인조는 장만을 더욱 높이 대우하였다. 하지만
인조반정 실세들은 장만을 시기하여 장만 역사에 비방글을 달아서 묻어
버렸다.

　해방 후의 역사가들은 장만장군의 업적을 미처 보기도 전에 비방글
부터 보게 되었다. 그래서 해방 후의 역사가들은 장만에 대해서 관심을

보이지 않았다. 지금 우리 국민들은 장만장군을 잘 모른다. 그러나 필자가 장만장군에 대한 책을 내면서 이제 조금씩 알려지고 있다. 전쟁사는 귀중한 국민의 안보재산이다. 국민들은 전쟁사 속에서 호국의 정신과 안보지식을 배운다. 장만장군 역사는 이순신 장군 못지않는 호국의 역사다. 널리 알려지기를 바라면서 이 글을 마친다.

|관련 도서|

『팔도도원수 장만장군』(기창출판사, 2009)
『문무겸전의 인물 장만평전』(주류성, 2018, 현재 인터넷과 서점에서 판매 중)
『낙서집 영인본·번역본』(장만장군기념사업회, 2018, 인터넷과 서점에서 판매 중)
『광해의 중립외교와 장만장군』(보고사, 2019, 인터넷과 서점에서 판매 중)

장석규張錫奎

장만장군 연구자. 1948년 충북 청주에서 태어나 청주대학교에서 행정학을 전공했으며,
체신부에서 공무원 생활을 하였다. 30대 후반부터 시화공단에 건축자재 공장을 짓고
현재까지 (주)태흥산업 대표이사로 있다.
장만장군의 직계후손은 아니지만 『낙서집』을 편집 간행한 장보현의 9대손으로, 2006년
부터 장만장군의 국가를 지켜내는 호국사상과 대비철학에 심취되어서 장만에 대한 연구
를 시작하였다.
『팔도도원수 장만장군』·『조선전쟁시대와 장만장군』·『알려지지 않은 이야기 장만장군』
등의 책을 펴냈고, 장만의 문집 『낙서집(洛西集)』의 국역작업과 장만장군기념사업회
등 장만의 역사를 알리는 일에 전력하고 있다. 2016년 언론기관에서 주는 소비자선호
브랜드대상을 수상하였다.

낙서장만총서 1
광해의 중립외교와 장만장군

2019년 10월 4일 초판 1쇄 펴냄

지은이 장석규
펴낸이 김흥국
펴낸곳 도서출판 보고사

책임편집 이경민
표지디자인 손정자

등록 1990년 12월 13일 제6-0429호
주소 경기도 파주시 회동길 337-15 보고사 2층
전화 031-955-9797(대표)
　　　02-922-5120~1(편집), 02-922-2246(영업)
팩스 02-922-6990
메일 kanapub3@naver.com/bogosabooks@naver.com
http://www.bogosabooks.co.kr

ISBN 979-11-5516-933-9 94910
　　　979-11-5516-932-2 (set)
ⓒ 장석규, 2019

정가 20,000원